中國學術思想

研究輯刊

七 編

林慶彰 主編

第 3 冊

魏晉象數易學研究（下）

謝綉治 著

花木蘭文化出版社

國家圖書館出版品預行編目資料

魏晉象數易學研究(下)／謝綉治 著 — 初版 — 台北縣永和市：
花木蘭文化出版社，2010〔民99〕
目 4+228 面；19×26 公分
（中國學術思想研究輯刊 七編：第 3 冊）
ISBN：978-986-254-162-3（精裝）
1. 易經 2. 易學 3. 研究考訂 4. 魏晉南北朝哲學
121.17   99002188

ISBN - 978-986-254-162-3

9 789862 541623

中國學術思想研究輯刊
七 編 第三 冊   ISBN：978-986-254-162-3

魏晉象數易學研究（下）

作　　者　謝綉治
主　　編　林慶彰
總 編 輯　杜潔祥
出　　版　花木蘭文化出版社
發 行 所　花木蘭文化出版社
發 行 人　高小娟
聯絡地址　台北縣永和市中正路五九五號七樓之三
　　　　　電話：02-2923-1455／傳眞：02-2923-1452
網　　址　http://www.huamulan.tw 信箱 sut81518@ms59.hinet.net
印　　刷　普羅文化出版廣告事業
封面設計　劉開工作室
初　　版　2010 年 3 月
定　　價　七編 24 冊（精裝）新台幣 40,000 元

魏晉象數易學研究（下）

謝綉治 著

上 冊

第一章　緒　論 ··· 1

　第一節　研究動機與目的 ······························· 2

　第二節　文獻回顧與探討 ······························· 7

　第三節　研究方法 ··· 14

第二章　象數易的範疇與派別 ····················· 21

　第一節　象數易的義蘊 ································· 21

　　一、象數 ··· 23

　　二、術數 ··· 27

　　三、象數易的義界 ································· 31

　第二節　象數易研究的範疇 ····················· 33

　　一、象數易學家 ····································· 33

　　　（一）注經派與占驗派之區分 ········· 34

　　　（二）注經派與占驗派之代表人物 ··· 38

　　二、義理易學家 ····································· 51

　第三節　象數易學的家法與歸類 ············· 58

　　一、受到東漢末年易學家注經特色的影響 ··· 58

　　二、兼融各家各派 ································· 60

　小　結 ··· 63

第三章　象數易學的發展 ····························· 67

　第一節　象數易學的衰微 ························· 68

　　一、學術風尚的改變 ····························· 68

　　　（一）漢象數學的末流 ····················· 68

　　　（二）注經方式的改變 ····················· 70

　　二、義理易學的崛起 ····························· 75

　　　（一）何晏以義理解《易》，不涉象數 ··· 76

　　　（二）董遇突破象數，力陳新義 ····· 79

　　　（三）王肅注重義理，反對煩瑣之風 ··· 82

　　　（四）荀粲、鍾會反對漢代象數之學 ··· 84

　　　（五）王弼掃象 ································· 86

　第二節　象數易學的振衰 ························· 91

　　一、管輅立足於象數立場評論何晏 ····· 92

　　二、孫盛提出「易象妙於見形論」以反對玄理

　　　易 ··· 97

　　三、干寶力倡漢易以對抗玄理易 ………… 107
　第三節　象數易與義理易的融合 ………… 112
　　一、義理易兼論象數者 ………… 112
　　　（一）董遇與象數的關係 ………… 112
　　　（二）王肅與象數的關係 ………… 113
　　　（三）王弼與象數的關係 ………… 115
　　　（四）向秀與象數的關係 ………… 120
　　　（五）韓康伯與象數的關係 ………… 120
　　二、象數易兼闡義理者 ………… 122
　　　（一）陸績融象數、義理之長 ………… 123
　　　（二）姚信崇象數兼重義理 ………… 124
　　　（三）蜀才力倡虞、荀之象數學，不廢義
　　　　　　理 ………… 124
　　　（四）干寶留思京房之學，並彰顯人事之
　　　　　　義理 ………… 126
　　小　結 ………… 130
第四章　注經派的易例說 ………… 131
　第一節　卦變說 ………… 137
　　一、卦變說溯源 ………… 141
　　二、虞翻卦變說 ………… 142
　　三、姚信卦變說 ………… 151
　　四、蜀才卦變說 ………… 153
　第二節　互體說 ………… 158
　　一、互體說溯源 ………… 158
　　二、虞翻互體說 ………… 160
　　三、陸績、姚信、翟元之互體說 ………… 171
　第三節　卦主說 ………… 173
　　一、卦主說溯源 ………… 174
　　二、陸績卦主說 ………… 177
　　三、王弼卦主說 ………… 179
　　四、韓康伯卦主說 ………… 183
　第四節　卦氣說 ………… 184
　　一、卦氣說溯源 ………… 184
　　二、虞翻卦氣說 ………… 189

　　　三、干寶卦氣說 ……………………………………………… 196

　　第五節　旁通說 ……………………………………………… 204

　　　一、旁通說溯源 …………………………………………… 204

　　　二、虞翻旁通說 …………………………………………… 204

　　　三、陸績旁通說 …………………………………………… 208

　　　四、翟元旁通說 …………………………………………… 209

　　小　結 ………………………………………………………… 210

第五章　注經派的易義說 …………………………………………… 213

　　第一節　天人合德 …………………………………………… 214

　　　一、推天道以明人事 ……………………………………… 215

　　　二、以人事成天地之功 …………………………………… 218

　　　三、融天道人事爲一體 …………………………………… 220

　　第二節　吉凶之辨 …………………………………………… 227

　　　一、吉凶之由 ……………………………………………… 227

　　　二、恐懼修省 ……………………………………………… 229

　　　三、知幾待時 ……………………………………………… 230

　　　四、補過無咎 ……………………………………………… 231

　　第三節　權變合道 …………………………………………… 233

　　　一、通權達變、巽以行權 ………………………………… 234

　　　二、吉凶適變、與時偕行 ………………………………… 236

　　　三、著卦之德、至神至變 ………………………………… 239

　　第四節　論道與神 …………………………………………… 241

　　　一、論道 …………………………………………………… 243

　　　二、論神 …………………………………………………… 247

　　小　結 ………………………………………………………… 251

下　冊

第六章　占驗派的學說 ……………………………………………… 255

　　第一節　援《易》以爲術 …………………………………… 261

　　　一、納甲五行 ……………………………………………… 263

　　　二、名物射覆 ……………………………………………… 268

　　　三、占候 …………………………………………………… 271

　　　四、占夢 …………………………………………………… 274

　　第二節　借《易》以說理 …………………………………… 282

一、萬物有靈 ……………………………… 283
二、天人感應 ……………………………… 285
三、修德趨避 ……………………………… 288
小　結 …………………………………………… 294
第七章　納甲說與納甲筮法 ………………… 299
第一節　納甲說與注經 ……………………… 300
一、納甲說溯源 …………………………… 300
二、虞翻納甲說 …………………………… 306
三、陸績納甲說 …………………………… 316
四、干寶納甲說 …………………………… 321
第二節　納甲筮法與占卜 …………………… 327
一、管輅的納甲筮法 ……………………… 328
二、郭璞的納甲筮法 ……………………… 330
第三節　納甲說、納甲筮法與火珠林法 …… 340
一、火珠林法源於納甲筮法 ……………… 340
二、納甲筮法源於納甲說 ………………… 347
小　結 …………………………………………… 352
第八章　易象觀與易數觀 …………………… 357
第一節　易象論 ……………………………… 357
一、象之分類 ……………………………… 360
二、象與意 ………………………………… 384
第二節　易數論 ……………………………… 391
一、大衍之數與天地之數 ………………… 391
二、陰陽之數 ……………………………… 401
第三節　象與數 ……………………………… 406
一、象數先後 ……………………………… 407
二、陰陽循環 ……………………………… 410
小　結 …………………………………………… 415
第九章　魏晉象數易學的影響與評價 ……… 419
第一節　影　響 ……………………………… 419
第二節　評　價 ……………………………… 440
小　結 …………………………………………… 446
第十章　結　論 ……………………………… 449
參考書目 ………………………………………… 463

第六章 占驗派的學說

漢代象數家解《易》與天文、曆律、節氣、物候等相結合，藉由卦爻符號與卦爻辭來探討宇宙變化之道，雖然無法脫離揲蓍布卦、納甲五行等占筮術數的內容，然大抵都以天地萬物的變化之道作爲探討的重心，以注經作爲主要的任務。但是到了魏晉時代，解經派的象數易學家對《周易》的詮解雖然仍以天地、自然、人生等變易之規律作爲探索的範疇，但其氣象已無法與漢象數易學相抗衡，尤其在王學義理易盛行之後，象數易學更形衰落，爲了挽救頹勢，一些易學家就在漢象數易學的基礎上，加強陰陽、五行、納甲、卦氣、世應、飛伏等易例在占筮系統的運用，於是把《周易》視爲占卜活動的理論基礎，凸顯其「卜筮者尚其占」的易學特色。其中包括注經派的虞翻與干寶都曾以象數學理論從事占筮的活動，〔註 1〕足見卜筮運用結合象數之學，已悄悄替魏晉象數易學史填上新的篇章。但這並不意味欲將象數與術數混淆而論，更不是將占術等同於象數之學，而是要釐清魏晉的術數學是如何將孟、京之象數易發展爲易占活動？又如何加深其術數意味卻又有別於方術之技？

術數到了魏晉有那些改變？《周易》又是如何與術數結合的呢？從各種方技到術數，舉凡煉丹、行氣、導引等一直到天文、曆譜、五行、卜筮、風角、鳥鳴、六壬、風水、相術、占候……等都屬術數的範圍，《漢書・藝文志》記載的術數家包含一百九十家，有天文、曆譜、五行、蓍龜、雜占、形法六大類。這些術數到了魏晉南北朝逐漸趨向鼎盛，不但門類增廣，其技巧與方

〔註 1〕 見第二章註解 31。此二例之詳解可參考本章第一節的〈納甲五行〉。

式也不斷在改變，翻開《隋書·經籍志》所著錄的各類術數書目就比《漢書·藝文志》超出甚多，《隋書》天文類已單列，術數類皆歸於五行類，五行的範疇比起漢代要廣闊很多，《隋書·經籍志》在〈五行類·序〉說：

> 五行者，金木水火土，五常之形氣者也……是以聖人推其終始，以通神明之變。爲卜筮，以考其吉凶；占百事，以觀於來物；睹形法，以辨其貴賤。〔註2〕

《隋志》收錄曆書、風角、遁甲、六壬、周易占、易林、分野、星占、相書、堪輿等五行類書二百七十二部，這些內涵正是人們通過卜筮、五行生克的原理以及各種相形之法形成一套可以推斷人類生命吉凶的方式。《周易》的筮法被引入占候、占夢、射覆、納甲等方術當中，借助《周易》所衍生的卦爻之象、陰陽之數，加上漢以後逐漸興盛的五行生克、干支爻辰、世應飛伏、八宮納甲等理論去進行事物吉凶禍福的判斷，在這些技術的運作之下，《周易》的象數學與術數學很快地就結合在一起了。

　　魏晉象數派術數易在漢代術數學與象數學的基礎上，結合易占與五行術來推算易卦並判斷人事吉凶禍福，使卜筮與陰陽五行緊密聯繫，遂讓《周易》沾染生殺刑德、王相休廢等氣味，因爲過於關注在布卦的技巧與解卦的方法上，往往忽略《周易》的精神、哲思，所以被斥爲「末流小術」，甚至貶爲江湖術士的技倆。廖名春、康學偉、梁韋弦等在《周易研究史》在第三章〈魏晉隋唐易學〉中說：「這種心靈感應的預測，從哲學上看是純粹唯心主義的，宣揚的是有神論的迷信，從理論上是無法講得通的。從易學史上看，這一術數派歷代都有承繼者，說穿了也不過以《周易》爲幌子，用神秘主義的玄虛解釋來騙人混錢而已。綜上可知，管輅並非易學家，實乃占算家者流。」〔註3〕然而事實是否如此呢？此章便是希望從術數學的原理及文化史的角度去探研這一時期的象數易學內涵，並釐清《周易》又是如何成爲占筮術數所援以立論之依據？以及象數易學術數派所展現的思想深度爲何？將一一作論述。

　　這一時期出現的術數大師有擅於相術的朱建平、張裕、劉札、陳訓、師圭、崔懿之、公師彧等人；有擅於堪輿的管輅、郭璞、孔恭等人；有擅於占候的周群、吳範、趙達等人，以及占夢大師如管輅、爰邵、周宣、趙直、萬

〔註2〕　見《隋書·經籍志》(台北：成文出版社，1971 年 10 月初版)，頁 12023～12024。
〔註3〕　見廖名春、康學偉、梁韋弦《周易研究史》(湖南：湖南出版社，1991 年 7 月第 1 版)，頁 170。

推、郭璞、郭瑀、索紞等人。〔註4〕爲了清楚掌握這些術數家之事跡，筆者依據史傳記載，分四類列於下：

（一）與《易》全然無涉者

1. 朱建平。《三國志・朱建平傳》：「朱建平，沛國人也。善相術，於閭巷之間，效驗非一。太祖爲魏公，聞之，召爲郎。文帝爲五官將，坐上會客三十餘人，文帝問己年壽，又令遍相眾賓。」

2. 周群。《三國志・周群傳》：「周群字仲直，巴西閬中人也。父舒，字叔布，少學術於廣漢楊厚，名亞董扶、任安。數被徵，終不詣。時人有問：「《春秋讖》曰『代漢者當塗高』，此何謂也？」舒曰：『當塗高者，魏也。』鄉黨學者私傳其語，群少受學於舒，專心候業。於庭中做小樓，家富多奴，常令奴更直於樓上視天災，才見一氣，即白群，群自上樓觀之，不避晨夜，故凡有氣候，無不見之者，是以所言多中。」

3. 吳範。《三國志・吳範傳》：「吳範字文則，全稽上虞人也。以治歷數知風氣聞於郡中。舉有道，詣京都，世亂不行。會孫權起於東南，範委身服事，每有災祥，輒推數言狀。其術多效，遂以顯名。」

4. 趙達。《三國志・趙達傳》：「趙達，河南人也。少從漢侍中單甫受學，用思精密。謂東南有王者氣，可以避難，故脫身渡江。治九宮一算之術，究其微旨，是以能應機立成。對問若神，至計飛蝗，射隱伏，無

〔註4〕　《晉書・藝術傳》：「陳訓，字道元，曆陽人。少好秘學，天文、算曆、陰陽、占候無不畢綜，尤善風角」、「戴洋，字國流，吳興長城人也。及長，遂善風角。爲人短陋，無風望，然好道術，妙解占候卜數」，《晉書・陸績傳》：「術數則吳範、趙達以機祥協德。」見唐房玄齡《晉書》（北京：中華書局，2006 年 6 月第 8 次印刷）。《三國志・周群傳》：「周群字仲直，巴西閬中人也。父舒，字叔布，少學術於廣漢楊厚，名亞董扶、任安。數被徵，終不詣。時人有問：『《春秋讖》曰『代漢者當塗高』，此何謂也？』舒曰：『當塗高者，魏也。』鄉黨學者私傳其語，群少受學於舒，專心候業。於庭中做小樓，家富多奴，常令奴更直於樓上視天災，才見一氣，即白群，群自上樓觀之，不避晨夜，故凡有氣候，無不見之者，是以所言多中。」《三國志・吳範傳》：「吳範字文則，全稽上虞人也。以治歷數知風氣聞於郡中。舉有道，詣京都，世亂不行。會孫權起於東南，範委身服事，每有災祥，輒推數言狀。其術多效，遂以顯名。」又：「趙達，河南人也。少從漢侍中單甫受學，用思精密。謂東南有王者氣，可以避難，故脫身渡江。治九宮一算之術，究其微旨，是以能應機立成。對問若神，至計飛蝗，射隱伏，無不中效。」見盧弼《三國志集解》（臺北：漢京文化事業有限公司，2004 年 3 月初版）

不中效。」

5. 趙達。《晉書・藝術傳》：「陳訓，字道元，曆陽人。少好祕學，天文、算曆、陰陽、占候無不畢綜，尤善風角。」

6. 戴洋。《晉書・藝術傳》：「戴洋，字國流，吳興長城人也。及長，遂善風角。爲人短陋，無風望，然好道術，妙解占侯卜數。」

7. 師圭。《晉書・陶侃傳》：「有善相者師圭謂侃曰：『君左手中指有豎理，當爲公。若徹於上，貴不可言。』」師圭善於手相，從手掌玉柱紋得知其將位至公位，後果爲兩州刺史。

8. 崔懿之、公師彧。《晉書・劉元海傳》：「有屯留崔懿之、襄陵公師彧等，皆善相人，及見元海，驚而相謂曰：『此人形貌非常，吾所未見也。』於是深相崇敬，推分結恩。太原王渾虛襟友之，命子濟拜焉。」此相面之術也。

9. 劉札。《晉書・吾彥傳》：「彥，字士則，吳郡吳人也。出自寒微，有文武才幹。身長八尺，手格猛獸，旅力絕群。仕吳爲通江吏。時將軍薛珝杖節南征，軍容甚盛，彥觀之，慨然而歎。有善相者劉札謂之曰：『以君之相，後當至此，不足慕也。』初爲小將，給吳大司馬陸抗。抗奇其勇略，將拔用之，患眾情不允，乃會諸將，密使人陽狂拔刀跳躍而來，坐上諸將皆懼而走，唯彥不動，舉幾禦之，眾服其勇，乃擢用焉。」

10. 孔恭。《南史・卷一・宋本紀上第一》：「時有孔恭者，妙善佔墓，帝嘗與經墓，欺之曰：『此墓何如？』孔恭曰：『非常地也。』帝由是益自負。」帝爲劉裕，時爲東晉末年，劉裕尚未爲宋高祖之時。

（二）雖援《易》以占卜卻無易象或易理可言者

1. 韓友。《晉書・藝術傳》：「韓友，字景先，廬江舒人也。爲書生，受《易》於會稽伍振，善占卜，能圖宅相塚，亦行京費厭勝之術。……宣城邊洪以四月中就友卜家中安否，友曰：『卿家有兵殃，其禍甚重。可伐七十束柴，積於庚地，至七月丁酉放火燒之，咎可消也。不爾，其凶難言。』」

2. 淳于智。《晉書・藝術傳》：「淳于智字叔平，濟北盧人也。有思義，能《易》筮，善厭勝之術。……譙人夏侯藻母病困，詣智卜，忽有一狐當門向之嗥。藻怖愕，馳見智。智曰：『其禍甚急，君速歸，在狐嗥處拊心啼哭，令家人驚怪，大小必出，一人不出，哭勿止，然後其禍可

救也。』藻還，如其言，母亦扶病而出。家人既集，堂屋五間拉然而崩。……其消災轉禍，不可勝紀，而卜筮所占，千百皆中。」

3. 步熊。《晉書‧藝術傳》：「步熊，字叔羆，陽平發幹人也。少好卜筮數術，門徒甚盛。……鄰人兒遠行，或告已死，其父母號哭制服，熊爲之卜，克日當還，如期果至。」

4. 杜不愆。《晉書‧藝術傳》：「杜不愆，廬江人也。少就外祖郭璞學《易》卜。屢有驗。高平郗超年二十餘，得重疾，試令筮之。不愆曰：『案卦言之，卿所苦尋除。然宜於東北三十裏上宮姓家索其所養雄雉，籠盛置東簷下，卻後九日丙午日午時，必當有雌雉飛來與交，……若但雌逝雄留者，病一周方差，年半八十，名位亦失。』超時正羸篤，慮命在旦夕，……索雉果得。至丙午日，超臥南軒之下觀之，至日晏，果有雌雉飛入籠，與雄雉交而去，雄雉不動。超歎曰：『雖管、郭之奇，何以尚此！』」

5. 嚴卿。《晉書‧藝術傳》：「嚴卿，會稽人也。善卜筮。鄉人魏序欲暫東行，荒年多抄盜，令卿筮之。卿筮曰：『君愼不可東行，必遭暴害之氣，而非劫也。』」

6. 隗炤。《晉書‧藝術傳》：「隗炤，汝陰人也。善於《易》。臨終，書版授其妻曰：『「吾亡後當大荒窮，雖爾愼莫賣宅也。卻後五年春，當有詔使來頓此亭，姓龔，此人負吾金，即以此版往責之，勿違言也。』……期日，有龔使者止亭中，妻遂齎版往責之。使者執版惘然，不知所以。」

（三）利用易辭或易象從事術數者

1. 爰邵。《三國志‧魏志‧鄧艾傳》：「初艾當伐蜀，夢坐山上而有流水，以問殄虜護軍爰邵，邵曰：『按《易》卦，山上有水曰〈蹇〉。〈蹇〉繇曰：『〈蹇〉利西南，不利東北。』孔子曰：『蹇利西南，往有功也；不利東北‧其道窮也。』往必克蜀，殆不還乎！艾憮然不樂。」

2. 周宣。《三國志‧周宣傳》：「周宣字孔和，樂安人也。爲郡吏。太守楊沛夢人曰：『八月一日曹公當至，必與君杖，飲以藥酒。』使宣佔之。是時黃巾賊起。宣對曰：『夫杖起弱者，藥治人病，八月一日，賊必除滅。』至期，賊果破。……『前後三時，皆不夢也。聊試君耳，何以皆驗邪?』宣對曰：『此神靈動君使言，故與眞夢無異也。』……宣之敘夢，凡此類也。十中八九，世以比建平之相矣。」

3. 趙直。《三國志·蜀志·蔣琬傳》:「琬見推之後,夜夢有一牛頭在門前,流血滂沲,意甚惡之,呼問占夢趙直。直曰:『夫見血者,事分明也。牛角及鼻,【公】字之象,君位必當至公,大吉之徵也。』頃之,為什邡令。先主為漢中王,琬入為尚書郎。……十二年,亮出北谷口,延為前鋒。出亮營十里,延夢頭上生角,以問占夢趙直,直詐延曰:『夫麒麟有角而不用;此不戰而賊欲自破之象也。』退而告人曰:『角之為字,刀下用也;頭上用刀,其凶甚矣。』」

4. 萬推。《晉書·張茂傳》:「茂少時夢得大象,以問占夢萬推。推曰:『君當為大郡,而不善也。』問其故,推曰:『象者大獸,獸者守也,故知當得大郡。然象以齒焚,為人所害。』果如其言。」

5. 郭瑀。《晉書·郭瑀傳》:「郭瑀字元瑜,敦煌人也。少有超俗之操,東遊張掖,師事郭荷,盡傳其業。精通經義,雅辯談論,多才藝,善屬文。……夜夢乘青龍上天,至屋而止,寤而歎曰:『龍飛在天,今止於屋。屋之為字,尸下至也。龍飛至尸,吾其死也。古之君子不卒內寢,況吾正士乎!』遂還酒泉南山赤崖閣,飲氣而卒。」

6. 索紞。《晉書·索紞傳》:「索充初夢天上有二棺落充前,紞曰:『棺者,職也,當有京師貴人舉君。二官者,頻再遷。』俄而司徒王戎書屬太守使舉充,太守先署充功曹而舉孝廉。」

(四) 以易象、易辭、易理占卦,覺世牖民並以道德趨吉避凶者

1. 管輅。
2. 郭璞。

此二人之生平事跡在第二章已作介紹且在本章也有詳論,故此處略之。

在這些人當中有些方士與《易》全然無涉,故不列入本論文的論述範疇,如朱建平、周群、吳範、趙達、陳訓、戴洋、師圭、崔懿之、公師彧、劉札、孔恭等人。有些雖利用《周易》從事占卜,卻無易象或易理可言,亦不論之,如韓友、淳于智、步熊、杜不愆、嚴卿、隗炤等人。有些利用易辭與易象從事術數者,然其哲學深度不足,本論文雖加以介紹,則不發揚其思,如爰邵、周宣、趙直、萬推、郭瑀、索紞等人。最足以代表魏晉術數易之大師者,則是以易象、易辭、易理論卦,又具有《周易》以道德趨避之憂患意識者,如管輅、郭璞耳!他們二人的占卜之術是否對易象數學作出任何貢獻?以及他

們的易占理論表現出何種思想特色？在易學發展史上是否具備他們應有的地位與作用？這都是本章所欲推闡者。

第一節　援《易》以爲術

《四庫全書總目提要・易類一》提要言「易道廣大，無所不包，旁及天文……算術以逮方外之爐火，皆可援《易》以爲說。」〔註5〕《易》本身不包含一切的術數，但後世一些術數家卻援《易》以從事卜筮之占算，如爰邵、周宣、趙直、萬推、郭瑀、索統等人往往利用《周易》之陰陽、五行、卦象等理論來論斷吉凶妖祥，然卻缺乏《易》之義理作爲設教之內涵，故筆者對於這些人大致介紹其術援《易》之情形，並不專於易理之闡發。本章主要的重點還是擺在管、郭之術，原因在於此二人能將易占的精神與《周易》之哲思作結合，並關心道德趨避，窮理盡性之事，故本章以爲足以爲術數易之代表者，惟此而已！

據《三國志・魏書・管輅傳》記載，管輅，三國魏人，乃當時山東平原著名的占算家。他容貌醜陋，不講禮儀，性好嗜酒，言談無常，從小即喜仰視星辰，每與小兒遊戲，輒於地上畫天文，人們嘆爲奇才，故稱之爲神童。及長，擅長陰陽曆算，尤精《周易》、仰觀、風角、占相之道，能知吉凶禍福、過去未來之事，爲人卜卦決疑，無不應驗。管輅易占之思雖得自《周易》，然卻運用在風角、仰觀、鳥鳴、射覆等諸術當中，以術論易、斷事如神的精神已超越漢象數易及諸家術數，達到神乎其技之境，〈管輅別傳〉說他分蓍下卦，用思精妙，占卜人們的疾病死亡、貧富喪衰，都不會有所差錯，〔註6〕以致其他的占候、射覆、形法等術皆能開神無窮，〈管輅別傳〉說：

> 至於仰察星辰，俯定吉凶，遠期不失年歲，近期不失日月，辰以甘、石之妙不先也。射覆名物，見術流速，東方朔不過也。觀骨形而審貴賤，覽形色而知生死，許負、唐舉不超也。〔註7〕若夫疏風氣而

〔註5〕　見《四庫全書總目・易類一》（台北：藝文印書館，1989 年 1 月 6 版），頁 63。
〔註6〕　《三國志・魏書・管輅傳》裴松之注引〈管輅別傳〉說：「於此分蓍下卦，用思精妙，占嘗上諸生疾病死亡貧富喪衰，初無差錯，莫不驚怪，謂之神人也」，見盧弼《三國志集解》（臺北：漢京文化事業有限公司，2004 年 3 月初版），頁 693。
〔註7〕　齊甘公、魏石申都是戰國時代天文學家。東方朔乃漢代之術家，以善射覆名物聞名。唐舉乃戰國時期之相術家。許負則是西漢的相術家。天文、射覆、形法、占候、鳥鳴皆爲術數。

探微候，聽鳥鳴而識神機，亦一代之奇也。〔註8〕

凡術中之天文、射覆、形法、相術、占候、鳥鳴等，管輅無不精通，他的象數易學往往結合納甲、名物射覆、占風候等方術活動，故歸諸爲術數易實屬妥當，這種術數易亦是魏晉象數易的特色之一，代表漢象數易發展至極的另一轉機，在玄學易盛行的時代，不注《易》，不講卦爻辭之義理，完全以術數直通易道精神，是管輅易學特殊之處。高懷民在《兩漢易學史》說：

> 回頭綜觀漢代易學的流衍發展，實不得不在學術思想上給管輅一席重要的地位。他的不屑於文字注《易》，實爲時代對象數易注經派所產生的反動；他的以數術合易，實爲自兩漢以來數術家的最高成就，而對易學來說，毋寧說是一個新的開創；……這一位不可多得的奇才，應是易學史上關鍵人物之一。〔註9〕

對於象數易學繁複的注《易》體例，產生反動的不只是王弼的掃象擯數而已，即使是象數易學家的管輅也是不屑的，他主張將術數的「神妙精微」與《周易》的「精義入神」合一，這是他「妙不盡意」的思想基礎，稱之爲「周易之紀綱」，〔註10〕也是數術合《易》的最高境界。三國時代能將京房此術發揮到淋漓盡致者，僅管輅一人而已。因此在易學史上也算得上是一位特殊人物，若是純以占驗家視之，恐也不十分妥適。

另外，東晉的郭璞也十分擅長卜筮，占驗無比，精妙異常，即使是京房與管輅都無能出其右者。劉義慶《世說新語‧術解篇》說：「璞消災轉禍，扶厄擇勝，時人咸言京（房）、管（輅）不及。」〔註11〕又《晉書‧郭璞傳》說：

> 有郭公者，客居河東，精于卜筮，璞從之受業。公以《青囊中書》九卷與之，由是遂洞五行、天文、卜筮之術，禳災轉禍，通致無方，

〔註8〕 見《三國志‧魏書‧管輅傳》裴松之注引〈管輅別傳〉，見盧弼《三國志集解》（臺北：漢京文化事業有限公司，2004年3月初版），頁702。

〔註9〕 見高懷民《兩漢易學史》（台北，中國學術著作獎助委原會，1970年12月初版），頁270。

〔註10〕《三國志‧魏書‧管輅傳》裴松之注引〈管輅別傳〉：「夫天地者則乾坤之卦，著龜者則卜筮之數，日月者離坎之象，變化者陰陽之爻，杳冥者神化之源，未然者則幽冥之先，此皆周易之紀綱。」見盧弼《三國志集解》（臺北：漢京文化事業有限公司，2004年3月初版），頁701。

〔註11〕 見劉義慶撰、余嘉錫著《世說新語箋疏》（北京：中華書局，1989年3月出版）（劉孝標注引王隱《晉書》），頁708。

　　　　雖京房、管輅不能過也。〔註12〕

從《世說新語》、《晉書》所描述的內容以及今日輯佚的《易洞林》來看，想
要研究郭璞易學思想就得從其五行、天文、風水等占卜之術開始，也就是從
他所卜的占驗事例來著手。

　　管、郭之術一同寫著魏晉時期術數合《易》的歷史，但二人論《易》的
態度並不十分相同，管輅不用《周易》卦爻辭去解釋占卜之結果，而郭璞則
採用《周易》的卦爻辭去闡釋占得之卦，甚至把卦爻辭改成形式整齊的數句
詩文，〔註13〕並以此來解釋其卜筮的結果。一般而言，郭璞的易占之術主要
呈現兩個特色：一、擅長以納甲、五行、六親、象數等說法來解釋占卦的吉
凶禍福。二、引用《周易》卦爻辭來闡釋占卜的結果並曉以人事之義理，這
表示《周易》卦爻辭對於郭璞而言也是卜筮重要的理論根據。

　　這時期的術數易學家，在占筮之時大都運用納甲、射覆、占候、相術等
來突顯《周易》尚占的功能，以致推測陰宅怪異、占斷墓地、預言生死之期
等諸說皆納入其中，可說是自漢・焦、京之後，易占活動又掀起的另一熱潮。
除了將《周易》結合各種方術外，最主要的還是利用取象運數的方式與原理，
把所有的占斷透過陰陽之數的推衍找出卦爻象之間的變化規律，再藉由卦爻
符號推求出種種象徵吉凶禍福的易象，在多方運象、廣泛取譬的運用下，小
自個人修咎吉凶，大至國家治亂，都可預為先兆，靈驗非常，這就是《周易》
術數派的基本特色。那麼到底他們在易占活動中運用了那些方術呢？述之於
下：

一、納甲五行

　　將納甲、干支、五行、取象、變卦、互體這些象數易例及原理應用在易
卦占術上，在漢時的京房已開始，這時期的象數學家並無提出更新的理論系
統，然從其實際的占卦中，可以看出方術的意味逐漸增強，納甲筮法的運用、
五行生克的盛行，造成易占遠離〈繫辭上傳〉所說的大衍筮法而逐漸往術數
的路向前進，因此開啓唐以後各種收關《周易》筮法的興起與流傳，其中最

〔註12〕 見唐房玄齡《晉書・郭璞傳》（北京：中華書局，2006 年 6 月第 8 次印刷），
　　　　頁 1899。
〔註13〕 故其書稱爲《洞林》，冠以『林』字，殆與焦贛《焦氏易林》一樣，以籤詩方
　　　　式表述，讓人易於明瞭。

有名的莫過於火珠林法。因爲此法的來龍去脈甚爲廣遠，且其學理博大精深，有許多值得討論的地方，因此本書將另立一章來探討魏晉時期納甲筮法，本節則以卜筮諸法整體概念的介紹爲主。

以納甲五行、六親六神、生克刑害等方式進行易占活動正流行於漢魏六朝，尤其是五行生克已成爲各種筮法的基本要素，如《三國志》記載時人牛輔害怕其城失守，終日寢食難安，因此每逢客人求見之時，總要使方術之士觀察來客之相格，看看是否有反氣，同時兼用《周易》之筮法，得知吉凶之情然後才敢接見。一日逢中郎將董越來訪牛輔，牛輔使術士卜，得〈睽〉卦，牛輔隨即殺掉董越。《三國志・魏書・董卓傳》說：

> 輔恇怯失守，……見客，先使相者相之，知有反氣與不，又筮知吉凶，然後乃見之。中郎將董越來就輔，輔使筮之，得兌下離上，筮者曰：「火勝金，外謀內之卦也。」即時殺越。〔註14〕

〈睽〉䷥兌下離上，兌金代表牛輔，離火代表董越，依照五行生克之說，火克金，離在上，故曰勝，是外謀內之卦，牛輔因此殺將董越斬殺。

納甲筮法在八宮、五行、干支的基礎下，以占得之卦所隸屬的宮卦爲母，以每一爻所配得的干支爲子，八宮卦有其相應的五行，每一爻的地支也有其相應的五行，再利用卦與爻之間五行的生克制化來決定世爻和六親的關係，並從而進行吉凶的預測與事物的占算，這就是納甲筮法的運用。如郭璞爲顧球筮其姊之病，得〈大過〉䷛之〈升〉䷭，林辭說：

> 〈大過〉卦者義不嘉，冢墓枯楊無英華。振動游魂見龍車，身被重累嬰妖邪。法由斬祀殺靈蛇，非己之咎先人瑕。案卦論之可奈何？
> 〔註15〕

〈大過〉卦在八宮中屬於震宮，五行爲木，因屬震宮游魂卦，所以世爻在第四爻；〈大過〉卦由初爻至上爻所分配的干支爲辛丑（土）、辛亥（水）、辛酉（金）、丁亥（水）、丁酉（金）、丁未（土），依照五行之生克制化，推算出六親的關係，由初爻至上爻則爲妻財、父母、官鬼、父母、官鬼、妻財。

〔註14〕見盧弼《三國志集解》（臺北：漢京文化事業有限公司，2004年3月初版），頁216。

〔註15〕引自黃奭輯郭璞《易洞林》，見嚴靈峯編輯無求備齋《易經集成》第153冊（台北：成文出版社，1976年臺1版）（無月份），頁29。

財	▬▬	未		官	▬▬	酉
官	▬▬	酉		父	▬▬	亥
父	▅▅	亥		財	▬▬	丑
官	▅▅	酉		官	▅▅	酉
父	▅▅	亥		父	▅▅	亥
財	▬▬	丑		財	▬▬	丑
	大過				升	

〈升〉卦在八宮中亦屬於震宮，五行亦爲木，因屬震宮四世卦，所以世爻也在第四爻。〈升〉卦由初爻至上爻所分配的干支爲辛丑、辛亥、辛酉、癸丑、癸亥、癸酉，依照五行之生克制化，推算出六親的關係，由初爻至上爻則爲妻財、父母、官鬼、妻財、父母、官鬼。

由〈大過〉卦變爲〈升〉卦，依據生旺墓絕，丑爲亥墓；〔註16〕按照五行生克，丑土克亥水，〔註17〕水被克則乾枯，無法生震宮之木，故說「冢墓枯楊無英華」。〔註18〕又世爻居震宮游魂之位，震卦變到第五爻又退回變至第四爻，故其上卦仍爲震卦，震之象爲龍、爲車，故說「振動游魂見龍車」。至於「身」則有世身、卦身之說，京房、干寶各有其世身、卦身之論，〔註19〕到底郭璞用的是那種說法，惠棟《易漢學·卦身考》說：「郭璞《洞林》以世

〔註16〕一套筮法的完善必然是歷經時代的孕化而逐漸完成，一個文化的現象也不可能突然產生，必有一段時間的蘊量及形成，生旺墓絕之說雖在火珠林法之時已大量運用，然卻也屢屢見之於《易洞林》當中，如林辭說：「卦象出墓氣冢因，變身見絕鬼潛游，爻墓充刑鬼煞俱。」又說：「時陽在初卦失度，殺陰爲刑鬼入墓。」足見火珠林法的生旺墓絕之說在晉郭璞之時已奠下基礎。此處說：「丑爲亥墓」，這是從動爻立言，亦即生旺墓絕若無法從占卦月日判斷時，則從動爻論斷，如本卦（〈過卦〉）世爻爲亥水，變到〈升卦〉的四爻則成丑土，從亥水變出丑土，丑土克亥水，故謂之化「墓」。

〔註17〕五行相生相勝之說在漢代已然成熟，只是魏晉時期的占驗派將此理論直接運用在《周易》的占筮上，並且加深術數之意味。

〔註18〕此乃郭璞用《周易》爻辭來斷解占筮之結果者。〈大過·九五〉說：「枯楊生華，老婦得其士夫，無咎無譽。」郭璞取〈大過·九五〉爻辭來解卦，故有「冢墓枯楊無英華」的林辭產生。

〔註19〕依照京房世應之說，八卦各依其世卦而有世身之說。另外在魏晉人注《易》中，又以六爻地支五行屬性與該卦的五行屬性相應稱之爲卦身。因此往往出現二身之說。如干寶注〈震·六二〉：「六二木爻震之身」，六二爻地支在五行屬性中爲木，震卦本身亦屬木，故六二爻爲卦身。又依照京房世應之說，震卦爲八純卦，震之世身在上九爻。如此一來，震卦就二身之說。可參見第七章納甲說。

爲身」，〔註20〕考郭璞筮驗之例，其卦身即爲世身，因此本卦之世身宜爲九四爻而非上六爻，〔註21〕那如何詮解「身被重累嬰妖邪」呢？只要看世身上下爻皆爲官鬼所纏即可明瞭。又世爻値亥，亥沖巳，巳爲蛇，因此郭璞主張以斬蛇來解危，故說「法由斬祀殺靈蛇」。〔註22〕然據《易洞林》之記載，訪顧球先世因伐大樹而得大蛇殺之，女遂病，天遂異象，殆天人感應所致！此筮例〈大過〉䷛之〈升〉䷭是以納甲、干支、五行並兼天人感應等說來詮解卦爻象與人事之吉凶者。

此外，以象取義更是術數易學家用來比附吉凶最方便的方式，他們占卦之時往往取本卦或變卦的上下體之象、互體之象、爻辰之象及諸家八卦逸象等來通解禍福之情，如虞翻曾替孫權卜關羽之命運，得節䷆之臨䷒，《三國志・吳書・虞翻傳》說：「關羽既敗，權使翻筮之，得兌下坎上〈節〉，五爻變之〈臨〉，翻曰：『不出二日，必當斷頭。』果如翻言」，蓋因節卦上坎下兌，坎象爲險，兌象爲毀折，變而爲臨。臨卦上坤下兌，坤爲地，其旁通卦爲乾、爲天、爲首。從這些八卦之象，看出頭毀折於地，有凶險象。〔註23〕裴松之

〔註20〕 引自惠棟《易漢學・卷五・卦身考》，見惠棟《周易述、易漢學、易例》（北京：中華書局，2007 年 9 月第 1 版），頁 607。

〔註21〕 將在第七章納甲筮法一節詳論「身論」，尚秉和注、常秉義點校《周易古筮考・周易尚氏學》卻以上六爻爲身，此與後世《卜筮正宗》的找世身之法同，然不知所據爲何？見尚秉和注、常秉義點校《周易古筮考》（北京：光明日報出版社，2006 年 1 月第 1 版），頁 44。

〔註22〕 《京氏易傳・卷下》說：「於六十四卦，遇王則吉，廢則凶，衝則破，刑則敗，死則危，生則榮。」見陸績《京氏易傳》，見嚴靈峯編輯無求備齋《易經集成》第 177 冊（台北：成文出版社，1976 年臺 1 版）（無月份），頁 112。依照納甲法，十二地支有所謂「六沖」之說，即子與午相沖，亥與巳相沖，戌與辰相沖，酉與卯相沖，申與寅相沖，未與丑相沖。從此六沖之說，知「亥沖巳」，如何突破此困境呢？巳爲在地支中爲第六順位，配十二生肖之第六生肖則爲蛇，故郭璞以斬蛇破解。這些沖克之說是從其占驗筮例歸納分析而得，可證唐以後流行的錢著法與火珠林法確實可從郭璞的占筮之例中找到一些蛛絲馬跡。

〔註23〕 尚秉和注、常秉義點校《周易古筮考》指出此筮例宜從卦變占解。理由是〈節〉䷆是由泰䷊九三之五而得，從九三至五位，凡遷二爻，以一爻値一日，二爻則爲二日，故斷之「不出二日」，又變爻在九五一爻，從〈節〉䷆之〈臨〉䷒，九五之陽爻—則變成陰陽之--，有項斷之象，故解爲「斷頭」。見尚秉和注、常秉義點校《周易古筮考・周易尚氏學》（北京：光明日報出版社，2006 年 1 月第 1 版），頁 28。考尚秉和、常秉義二先生之見，與清代學者趙一清之說有些近似者。《三國志集解・吳書・虞翻傳》引趙一清之話說：「卦變又與今說不同，〈節〉五陽爻也，動則變陰，二陽在下，四陰在上，臨之象也。臨卦辭云：『至於八月有凶』，自二至五，乃隔三四兩爻，不出二日，是以一爻當一

引〈虞翻別傳〉指稱虞翻之易有「依易設象，以占吉凶」之特色，〔註24〕由此占例視之，果然如斯！又干寶爲弦超筮一神女，得〈頤〉䷚之〈益〉䷩，《太平御覽》卷七二八引有〈智瓊傳〉說：

> 弦超爲神女所降，論者以爲神仙，或以爲鬼魅，不可得正也。著作郎干寶以《周易》筮之，遇〈頤〉之〈益〉，以示同察郎，郭璞曰：「〈頤〉貞吉，正以養身，雷動山下，氣性惟新。變而之〈益〉，延壽永年，乘龍御風，乃升於天：此仙人之卦也。」〔註25〕

這是從變卦（之卦）取象以及象辭立論的，〈頤〉䷚上艮下震，代表上止下動，口嚼食之貌，爲頤養之象，人唯有以正養身方能吉而無凶。之卦變爲〈益〉，〈益〉䷩上巽下震，巽爲風，震爲龍，故說「乘龍御風」。唯仙人才能乘龍御風，故斷定所卜之人非鬼魅，乃爲神女。

　　綜述之，管輅、郭璞二人在占術上大抵承襲京房一系納甲、五行、六親等的占筮理論，可視爲京氏易象數派之流。連鎮標在〈郭璞易學淵源考〉一文中說：

> 郭璞占術之高明，雖京、管不能過也，殆非溢美之辭。這裡提到的管輅，也是郭璞心儀的一位易學大師。……顯然，管輅也是屬於京氏易象數派。《三國志》本傳所載管輅的占卜活動，皆用京房的納甲、五行、六親之術，故世人比之京房，譽爲「一代之奇」。不過，他與京房相比，術數家的意味更濃，理論家的色彩卻減褪了。〔註26〕

京房易學雖然是以《周易》來占卜人事的吉凶，然仍兼用陰陽、五行、消息等體系以注《易》。但管、郭二人逐漸遠離《周易》學術理論而往術家之路前進，他們的術數易，大都結合八宮、世應、納甲、五行、變卦、互體等諸說來從事易占活動，藉由多方取象以達到廣泛比附之效，推衍繁複，極盡數理

日也。」趙一清所言「卦變」與尚秉和、常秉義二先生之「卦變」不同，嚴格說來，趙一清的「卦變」應爲「變卦」也。見盧弼《三國志集解》（臺北：漢京文化事業有限公司，2004 年 3 月初版），頁 1080。

〔註24〕見盧弼《三國志集解》（臺北：漢京文化事業有限公司，2004 年 3 月初版），頁 1082。

〔註25〕引自李昉《太平御覽・卷七百二十八》第六冊（石家莊：河北教育出版社，2000 年 3 月第 2 次印刷），頁 675。

〔註26〕連鎮標〈郭璞易學淵源考〉一文見《周易研究》，1999 年第 3 期（總第 41 期）。另見其書《郭璞研究》第三章第四節〈郭璞易學思想考〉（上海：上海三聯書店，2002 年 7 月），頁 176。

之精微，故能占驗精妙，無比神奇。朱震《漢上易傳・叢說》說：「八卦兼用五行，乃盡其象。管輅、郭璞共用此術。」〔註27〕洵為的論。

二、名物射覆

射為猜，覆為蓋，將覆蓋之物通過卜筮或其他方式猜出其物，是為射覆。在《漢書・東方朔傳》就記載君上嘗使諸數家射覆，置守宮盂下，射之，皆不中，獨東方朔布卦而射覆出其物為守宮。像這種通過占卦而讓射者指出所藏之物的活動，亦是《周易》設卦觀象另一個趣味性地運用。管輅、郭璞都是射覆活動中的高手，都曾藉由《周易》之占卦卜筮以射物。

（一）管輅之射覆

《三國志・魏書・管輅傳》中記載著：

> 平原太守劉邠取印囊及山雞毛著器中，使筮。輅曰：「内方外圓，五
> 色成文，含寶守信，出則有章，此印囊也。高嶽巖巖，有鳥朱身，
> 羽翼玄黃，鳴不失晨，此山雞毛也。」〔註28〕

管輅藉由占筮的卦象中推得其物為印囊和山雞毛，然而究竟占得何卦，已無資料留下，尚秉和在《周易古筮考・周易尚氏學》中則根據這段言辭及管輅卦爻取象的原則，推得印囊之射為〈泰〉卦，〔註29〕山雞毛之射為〈旅〉卦（或〈賁〉卦），析之於下：

1. 印 囊

不知管輅所卜者為何卦，但他說：「内方外圓，五色成文，含寶守信，出則有章。」於是射之為印囊也，尚秉和與邵偉華推測管輅所占之卦應為乾坤二者所組成，是為泰卦。〔註30〕二人皆以天圓地方解之，天在内卦，地在外卦，故曰「内外方圓」。又根據〈說卦傳〉：「乾為大赤」，〈說卦傳〉：「其於地也為黑」，《荀九家易》：「坤為黃」，泰卦互體為震，〈說卦傳〉：「震為玄黃……為蒼筤竹」蒼筤竹為碧色，於是赤、黑、黃、玄黃、碧等稱為五色成文。至

〔註27〕見朱震《漢上易傳叢說》，收錄於《通志堂經解》本第一冊，清徐乾學輯、納蘭成德校訂（台北：漢京文化事業有限公司）（無年月版次），頁664。

〔註28〕引自《三國志・魏書・管輅傳》，見盧弼《三國志集解》（臺北：漢京文化事業有限公司，2004年3月初版），頁699。

〔註29〕見尚秉和《周易古筮考・周易尚氏學》（北京：光明日報出版社，2006年1月第1版），頁11。

〔註30〕見邵偉華《周易預測例題解》（廣東：敦煌文藝出版社，1993年3月），頁328。

於含寶守信、出則有章者，〈說卦傳〉：「乾爲玉、爲金」有寶象，《荀九家易》：「乾爲言」，《孟氏逸象》：「乾爲言、爲信」，言必守信，故言「含寶守信」。而〈說卦傳〉：「坤爲文」文爲章也，又《荀九家易》：「坤爲囊」，震動而出，煥然有章。由以上之分析，既有方有圓，又具五色成文，且內含寶信之物，外具文章，故射其物爲印囊也。

然根據《魏書》記載，這段原文宜爲「內方外圓」。故不宜解爲泰卦，泰上卦（外卦）爲地，爲方；泰下卦（內卦）爲天，爲圓。此「內圓外方」顯與「內方外圓」相反，尚秉和與邵偉華二人將載原文爲「內外方圓」，實不知所據爲何？本文以爲此射覆雖不知卜得何卦，但其中運用了乾、坤二卦之象應是可信的，同時也可由此肯定管輅是善取《周易》卦象的。

2. 山雞毛

管輅筮而後說：「高嶽巖巘，有鳥朱身，羽翼玄黃，鳴不失晨。」並射之爲山雞毛也，尚秉和與邵偉華推測管輅所占之卦應爲賁卦或旅卦。取賁卦爲說，〈說卦傳〉：「艮爲山」，〈孟氏逸象〉：「艮爲石」，故「高嶽岩岩」宜爲艮卦之象。〈孟氏逸象〉：「離爲飛……爲鳥、爲飛鳥」，故「有鳥朱身」宜爲離卦之象。《易林》：「震爲鳥……爲飛、爲翼」，〈孟氏逸象〉：「震爲響、爲聲、爲音、爲鳴」，既爲鳥自有鳥翼之象，不必強巽爲雞爲翼也，由此知「羽翼玄黃」、「鳴不失晨」宜爲震卦之象。整體而言，賁卦既有離卦之象，又有艮卦之象，且互體爲震卦之象，似頗符合管輅之言，又〈雜卦傳〉：「震爲起」，一年之始起於春，一日之始起於晨，晨之鳥鳴於山，殆爲山雞毛。然此例與印囊之例同，都是管輅善取卦象之證。

除印囊、山雞毛二例外，《三國志‧管輅傳》又載有燕卵、蜂窠、蜘蛛之射覆，且皆靈驗無誤，〔註31〕今學者尚秉和《周易古筮考‧周易尚氏學》及常秉義《易經圖典精華》皆對管輅射覆之例詳加分析，〔註32〕其解之法殆如

〔註31〕《三國志‧魏書‧管輅傳》：「館陶令諸葛原遷新興太守，輅往祖餞之，賓客並會。原自起取燕卵、蜂窠、蜘蛛著器中，使射覆。卦成，輅曰：『第一物，含氣須變，依乎宇堂，雄雌以形，翅翼舒張，此燕卵也。第二物，家室倒縣，門戶衆多，藏精育毒，得秋乃化，此蜂窠也。第三物，觳觫長足，吐絲成羅，尋網求食，利在昏夜，此蜘蛛也。』舉坐驚喜。」

〔註32〕關於管輅之射覆，得燕卵、蜂窠、蜘蛛三物。尚秉和認爲燕卵之卦當爲火雷噬嗑、蜂窠之卦當爲震、蜘蛛之卦當爲歸妹。見《周易古筮考‧周易尚氏學》（北京：光明日報出版社，2006 年 1 月第 1 版），頁 12。另見常秉義《易經圖典經華》，分別解燕卵、蜂窠、蜘蛛三物爲噬嗑、震、歸妹三卦。（北京：

上印囊、山雞毛之說，此皆根據《周易》卦象而驗證推敲所得。

印囊、山雞毛、燕卵、蜂窠、蜘蛛射覆之例，是否如學者所言當年管輅所占者爲泰卦、賁（或旅）卦、噬嗑、震卦、歸妹卦？本文以爲管輅射覆之法已不復尋，且史傳又無留下確切卦名，當以存疑爲宜。何況八卦、六十四卦所代表的卦象，從《周易》本身的經傳到《國語》、《左傳》的易象，又到〈孟氏逸象〉、《易林》、〈虞翻逸象〉、〈九家易象〉等所釋之象已至繁複之極；加上取象之法，有取方位之象、爻變之象、互體之象、錯綜之象、半象、大象等又十分駁雜，若是輕易論斷此射覆爲何卦，恐非管輅原來本意，因此本文僅發揮其卦爻取象之特色，而不直斷其爲何卦。這些例子與下面郭璞射鑷的情況不同，郭璞《易洞林》一書至宋元之時仍存，宋·朱震並載其卦名，故可確定其爲何卦，而管輅之射覆並無留下任何卦名，故以闕疑存之。

（二）郭璞之射覆

郭璞也有數例射覆之事記載於《易洞林》一書之中，如璞避難至新息，有人以茱萸令璞射之，璞占而後說：「子如赤鈴含玄珠」，因此射爲茱萸。又參軍周稚炎卦物使璞射，郭璞射覆得蠶蛾與毛蠹。〔註33〕又有縣令施安，置鑷令璞射覆，究竟他占到何卦？又如何從該卦的象數得到啓發呢？《易洞林》未載，朱震《漢上易傳·叢說》卻明載爲〈節〉之〈噬嗑〉卦，此資料是否可靠呢？考此射覆之例，在《北堂書鈔·卷一百三十六·鑷子》下曾引《洞林》此事：「卷縣令施安，置鑷令璞射之，璞曰：非簪非釵，常在領下，鬢髮飾物，是有兩岐。」《北堂書鈔》爲唐人虞世南在隋末任祕書郎時所編撰，據晉未遠，應仍看到完整的《易洞林》一書。朱震《漢上易傳·叢說》明白舉證，這表示他曾見《易洞林》，且傳鈔之時把卦也記載下來。加上元·胡一桂《周易啓蒙翼傳》說此書乃從王楚翁才古抄得之，可見《易洞林》在元代時仍尚存，〔註34〕故知射鑷占

光明日報出版社，2005 年 9 月），頁 342～343。

〔註33〕見《易洞林》所載：「璞避難至新息，有以茱萸令璞射之，璞曰子如赤鈴含玄珠，案文言之是茱萸。」、「東中郎參軍周稚炎，卦蠶蛾載蠹使璞射之。璞曰射覆得此大落度，必是蠶蛾與毛蠹，稚炎饒鬢，故因以調之也。」見嚴靈峯編輯無求備齋《易經集成》第 153 冊（台北：成文出版社，1976 年臺 1 版）（無月份），頁 6 及 9。

〔註34〕見胡一桂《周易啓蒙翼傳·外篇》說：「世皆罕有其書，余從王浩古仲氏楚翁才古得《洞林》書。」收錄於《通志堂經解》本第七冊（台北：漢京文化事業有限公司）（無年月版次），頁 4210。另外見朱彝尊《經義考》說：「胡氏撰啓蒙翼傳云世罕有其書，從王楚翁才古抄得之，則元時此書尚存也。」卷十

得〈節〉䷂ 之〈噬嗑〉䷔ 實屬可信。朱震《漢上易傳·叢說》並對此作一解說：

> 又筮遇〈節〉䷂ 之〈噬嗑〉䷔，曰簪非簪，釵非釵，此以內卦兌
> 言也。兌爲金，大抵斷卦當先自內，又曰在下頭，斷髭鬢，所謂頭
> 者，坎中之乾也。須者，在首下而裔也。〔註35〕

兌爲金，代表一種金屬，坎爲下首（〈說卦傳〉），朱震以坎中一陽爻象徵乾，此物置於乾首下者，又爲金屬，故射爲飾品鑷也。又〈噬嗑〉䷔ 上離下震，震爲動，離爲明麗之貌，鬢髮飾物，著於領下，有動而明美之象。

　　射覆是一種以象數爲基礎的術數活動，它深受象數易影響，從八卦、六十四卦中推衍出各種卦象，極盡比類推闡之功，從而猜測出所覆之物。然而爲何如此百射百中呢？其理在於數，起卦生象，非數不成，〈繫辭傳上〉說：「極其數，遂定天下之象。」《周易》藉由取象與運數就能推測一切的天人事物，因此易數成爲占筮定卦的基本運用。數不僅是揲蓍運算之工具，它更代表著天文地理變化之理路、一切事物變化之法則，故說：「夫卜非至精不能見其數，非至妙不能睹其道。」（《三國志·魏書·管輅傳》裴松之注引〈管輅別傳〉）陰陽之數通於萬類，然此數必須通過人之神明（靈明之德）才能與天地參，與蓍龜通，故能通達天地之靈，直至神妙之境。

三、占　候

　　占候術乃透過觀察自然萬物種種變化之象來判斷人事吉凶趨避的方術，往往與天文、律曆、候氣、星占、陰陽、五行脫離不了關係。漢代就出現過一些有名的占候家，如《史記·天官書》所提的魏鮮，《後漢書·李南傳》所提到的李南及其女兒，以及《後漢書·樊英傳》所提到的樊英，這些都是善於占歲、風角、星算等推步災異的高手。另外，漢代也留下一些占候之篇，如《東方朔占》、〔註36〕唐《開元占經》所引的《黃帝占》、《九家易》、《京氏易傳》、《京房別對災異》等都記載著測候日月星雲之事。

　　　引（北京：中華書局，1998 年 11 月第 1 版），頁 70。

〔註35〕參見朱震《漢上易傳·叢說》，收錄於《通志堂經解》本第一冊（台北：漢京文化事業有限公司）（無年月版次），頁 664。

〔註36〕有關東方朔占，案：《隋書·經籍志》五行家有《東方朔歲占》一卷，又有《東方朔占》二卷，《東方朔書》二卷，《東方朔書鈔》二卷，《東方朔曆》一卷，《東方朔占候水旱下人善惡》一卷。凡六種《開元占經》引見統稱《東方朔占》。

　　在這樣的基礎之下，管輅善於占候是有跡可尋的。然而，占候與管輅之易學又有什麼關聯呢？從〈管輅別傳〉的記載，就可看出他是如何運用《周易》以占候的：

> 輅與倪清河相見，既刻雨期，倪猶未信。輅曰：「夫造化之所以爲神，不疾而速，不行而至。……水氣之發，動於卯辰，此必至之應也。又夫昨檄召五星，宣佈星符，刺下東井，告命南箕，使召雷公、電父、風伯、雨師，……殷殷雷聲，噓吸雨靈，習習穀風，六合皆同，欬唾之間，品物流形。……天有常期，道有自然，不足爲難也。」〔註37〕

管輅以其清明的靈智透過對天文氣候的觀測以及占卜活動而得知何時將雨，並用《易傳》之理以說明占候神驗之由。〈繫辭上傳〉說：「唯神也，故不疾而速，不行而至。」「神」與「感應」是管輅徹底發揮《周易》所謂「寂然不動，感而遂通天下之故」的幽微意蘊，如《中庸》所說：「至誠之道，可以前知。國家將興，必有禎祥；國家將亡，必有妖孽。見乎著龜，動乎四體。禍福將至，善，必先知之；不善，必先知之。故至誠如神。」有別於《周易》的是，他再加上五星、雷公、電母等這些神助，於是推衍出一套天人感應的候氣理論。

　　然而《周易》所謂「寂然不動，感而遂通」並非是一種直覺，而是經由長期經驗累積，以心契道，一旦證得內外相感、天人合一之時，便能知曉「天有常期，道有自然」之理而達到出神入化之境。故說管輅靈驗若神的占候結果，是有其過程與理論根據的。今雖不傳其所占得爲何卦？然從其對卦象的描述，可知占候理論是運用《周易》以從事占卜之活動。析之如下：

> 樹上已有少女微風，樹間又有陰鳥和鳴。又少男風起，衆鳥和翔，其應至矣。〔註38〕

少女微風與少男風起指的又是什麼呢？〈管輅別傳〉爲之詮釋說：

> 須臾，果有艮風鳴鳥。日未入，東南有山雲樓起。黃昏之後，雷聲動天。到鼓一中，星月皆沒，風雲並興，玄氣四合，大雨河傾。〔註39〕

〔註37〕引自《三國志・魏書・管輅傳》裴松之注引〈管輅別傳〉，見盧弼《三國志集解》（臺北：漢京文化事業有限公司，2004年3月初版），頁701。

〔註38〕引自《三國志・魏書・管輅傳》裴松之注引〈管輅別傳〉，見盧弼《三國志集解》（臺北：漢京文化事業有限公司，2004年3月初版），頁701。

〔註39〕引自《三國志・魏書・管輅傳》裴松之注引〈管輅別傳〉，見盧弼《三國志集

清‧王宏撰從「艮風鳴鳥。日未入，東南有山雲樓起。黃昏之後，雷聲動天」這幾句話推論管輅所卜者爲〈屯‧上〉，其原因是「蓋上處屯極，屯極必解漣如雨甚之象。」〔註40〕王宏撰殆從〈屯‧大象〉：「雲雷屯，君子以經綸」以及上六爻辭：「泣血漣如」二處卦爻辭之義聯想所得。然從〈管輅別傳〉之描述中可知，管輅並非從卦爻辭之義來做占斷，而是從八卦所象徵的事物去論斷，所以仍是發揮著卦爻取象的特色，故屯卦之說應是不可信者。雖然我們不敢斷言，他卜到的是何卦？但從「艮風鳴鳥」數語中透露出管輅占候之時至少用到四個卦象，少女與風正好是八卦中的兌卦及巽卦。少男與鳴鳥正好是八卦中的艮卦與震卦。兌卦及巽卦、艮卦與震卦二者在取象之法上正好是相反取象法，又從後面描述的東南方可確定管輅所占者，在文王八卦方位中，是爲巽卦，且從「雷聲動天」更可確定有震卦之象存乎其中。管輅藉由占卦即可推出四個小成卦，並從中衍生出許多的天象及自然之象，因而判定天之必雨。此卦象之用乃占候之中介爾。

　　占候術源於《周易》天人合一之學，人與其生存的自然環境有著極親密之關係，〈繫辭下傳〉說：「古者包犧氏之王天下也，仰則觀象於天，俯則觀法於地，觀鳥獸之文，與地之宜。近取諸身，遠取諸物。於是始作八卦，以通神明之德，以類萬物之情。」一切的日、月、星、辰、風、雲、雨、氣、雷、電、霜、雪和山、川、水、土這些天文地理，以及草、木、蟲、魚、鳥、獸等動植物與人之間都存在一種奧妙的聯繫，如人在天氣變化之時，關節便會疼痛；在高山上便會耳鳴、耳熱；地震來臨前，地下之物如蚯蚓或蟲類便會爬出土壤，因此占候學嚴格來說可算是一種神秘的科學，至今科學家還在努力尋找這種不可見卻可感通的奇異現象及道理。象數易用的不是科學儀器，而是觀察術與占卜術，之所以占驗若神者，在於卦爻之象、陰陽之數與天人感應耳！管輅說：「夫天雖有大象而不能言，故運星精於上，流神明於下，驗風雲以表異，役鳥獸以通靈。表異者必有浮沈之候，通靈者必有宮商之應。」（〈管輅別傳〉）看來似乎是一套天人相感的神秘學，時人子春也稱他說：「英

解》（臺北：漢京文化事業有限公司，2004 年 3 月初版），頁 701。

〔註40〕王宏撰《周易筮述‧卷八》，他說：「艮風鳴鳥，日未入東方，山雲起，黃昏後，雷聲動天，入夜大雨河傾，後世傳其卜得屯上爻，蓋上處屯極，屯極必解漣如雨甚之象。」屯卦乃人們所傳，王宏撰加以印證。然此亦是猜測之辭，爲不可信者。見《中國古代易學叢書》第三十六卷（中國書店出版，1998 年 3 月第 1 版）（無載出版地），頁 141。

神以茂，必能明天文地理變化之數。」（〈管輅別傳〉）實際上，管輅卜天象風雨之變，之所以善透玄機，神驗精妙，真正的原因在於對天象、地象作長期的觀察，歸納其規律，尋繹其道理，再加上他有異於常人之洞察力與判斷力，能參悟天人之間的陰陽之數，故能占驗靈妙。因爲天地、日月、山川、蟲魚、鳥獸等天人之間必有一定的變化法則，而這些全具備於卦爻象之中，依其陰陽變化之數，必可推斷天文地理、隱微幽暗之事，管輅啓開了人們探索自然變化的數理法則，這與其他占候術士常以自然現象比附人事災異，一味強化天人感應的情況是有所不同的。

四、占　夢

占夢是直接對夢的內容直接作吉凶的分析，或是利用各種方式進行占斷的一種術數。自先秦已有之，《周禮・春官宗伯第三・占夢》說：「掌其歲時，觀天地之會，辨陰陽之氣。以日月星辰占六夢之吉凶，一曰正夢，二曰噩夢，三曰思夢，四曰寤夢，五曰喜夢，六曰懼夢。」此時有專人職掌占夢之事，其占夢之法以陰陽之氣斷之，以日月星辰論之。春秋時期任何人皆可占夢，《左傳》出現許多占夢之例，有直接針對夢中之象予以占斷者，〔註41〕有以《周易》爲中心，透過陰陽、五行、八卦、卦象、卦辭等理論來解釋夢象者，〔註42〕也有用《周易》筮卦而占夢者，如《左傳・昭公七年》記載衛卿孔成子與史朝都夢到衛之先祖康叔要讓它們立元爲衛君，孔成子要史朝卜筮，遇〈屯〉，得「元尚享衛國」之辭，〈屯〉卦辭說：「元亨利貞。勿用有攸往，利建侯。」史朝以「元亨」、「利建侯」來爲夢解卦，顯然是受到「筮襲於夢」的影響，〔註43〕爲了國

〔註41〕 如《左傳・成公二年》記載，齊晉開戰，韓厥夢到子輿謂己曰：「旦辟左右」，韓厥依其父夢中之言避開車之左右，故躲避了災禍，這是根據夢象本身直接判斷事情之吉凶者。

〔註42〕《左傳・昭公三十一年》：「十二月辛亥朔，日有食之。是夜也，趙簡子夢童子臝而轉以歌，旦占諸史墨，曰：『吾夢如是，今而日食，何也？』對曰：『六年及此月也，吳其入郢乎！終亦弗克。入郢必以庚辰，日月在辰尾。庚午之日，日始有謫。火勝金，故弗克。』」杜預注說：「午，南方，楚之位也。午，火；庚，金也。日以庚午有變，故災在楚。楚之仇敵唯吳，故知入郢必吳。」以日月星象與五行生克爲之說辭占斷。

〔註43〕《左傳・昭公七年》：「衛襄公夫人姜氏無子，嬖人婤姶生孟縶。孔成子夢康叔謂己：『立元，余使羈之孫圉與史苟相之。』史朝亦夢康叔謂己：『余將命而子苟與孔烝鉏之曾孫圉相元。』史朝見成子，告之夢，夢協。晉韓宣子爲政聘于諸侯之歲，婤姶生子，名之曰元。孟縶之足不良能行。孔成子以《周

家的發展，他們心中都希望立元爲君，只是借夢與筮支持此舉而已，此例則是以占卜來解夢，甚至是襲夢以爲占者，更證明《左傳》的占夢之例與《周易》已聯繫在一起。

夢的占法形式多樣豐富，《中華文化神秘辭典》提出有以日月星辰占夢者，以五行八卦占夢者，以直解占夢者，以反釋占夢者，以象釋占夢者，以關連占夢者，以諧音占夢者，以解字占夢者，以反切占夢者等。〔註44〕其中以《周易》系統結合占夢仍是一個重要的方式，《漢書‧藝文志》說：「雜占者，紀百事之象，候善惡之徵。《易》曰：『占事知來。』眾占非一，而夢爲大，故周有其官。而詩載熊羆虺蛇眾魚旂旐之夢，〔註45〕著明大人之占，以考吉凶，蓋參卜筮。」卜筮在漢時已運用在多種術數當中，易占與夢占結合則成爲雜占中最重要的項目。自春秋兩漢以來，陰陽五行的觀念逐漸盛行，與《周易》相參並進行災異占卜成爲象數易的特色之一。到了魏晉時期以陰陽五行來進行各種吉凶禍福的術數活動已成爲普遍現象，占夢在這種風尚下，不能不受社會文化背景的影響，用《周易》來占斷夢境之吉凶，或採《周易》之陰陽、五行、卦象等系統來設辭斷夢的情形，在此時也興盛起來。容邁《容齋續筆》說：

《左傳》所書尤多孔子夢坐奠於兩楹，然則古之聖賢未嘗以夢爲大，
是以見於七略者如此，〔註46〕魏晉方技猶時時或有之，今人不復留

─────────────────────

易》筮之，曰：『元尚享衛國，主其社稷。』遇屯䷂。又曰：『余尚立縶，尚克嘉之。』遇屯䷂之比䷇，以示史朝。史朝曰：『『元亨』，又何疑焉？』成子曰：『非長之謂乎？』對曰：『康叔名之，可謂長矣。孟非人也，將不列於宗，不可謂長。且其繇曰：『利建侯。』嗣吉，何建？建非嗣也。二卦皆云，子其建之！康叔命之，二卦告之，筮襲於夢，武王所用也，弗從何爲？弱足者居。侯主社稷，臨祭祀，奉民人，事鬼神，從會朝，又焉得居？各以所利，不亦可乎？』故孔成子立靈公。十二月癸亥，葬衛襄公。」衛襄公有二子：孟縶與元。縶是長子，但腿有疾，元乃健全之人，爲了「臨祭器，奉民人，事鬼神」，故不可讓弱足者居國君之位。

〔註44〕見吳康主編《中華文化神秘辭典》（海口：海南出版社，2002年2月第2次印刷），頁406～408。

〔註45〕《詩經》提及夢境者，如〈小雅‧斯干〉說：「下莞上簟，乃安斯寢。乃寢乃興，乃占我夢。吉夢維何？維熊維羆，維虺維蛇。大人占之：維熊維羆，男子之祥；維虺維蛇，女子之祥。」，以及〈小雅‧無羊〉：「牧人乃夢，眾維魚矣，旐維旟矣。大人占之：眾維魚矣，實維豐年；旐維旟矣，室家溱溱。」

〔註46〕此《左傳》應爲《禮記》之誤，七略宜指《漢書》之六略。《禮記‧檀弓上》：「孔子蚤作，負手曳杖，消搖於門，歌曰：『泰山其頹乎？梁木其壞乎？哲人其萎乎？』……『予疇昔之夜，夢坐奠於兩楹之間。夫明王不興，而天下其孰能宗予？予殆將死也。』蓋寢疾七日而沒。」殷禮，人死，靈柩則置於兩

意此卜。〔註47〕

夢有預示生死的功能，孔子夢見坐奠於兩楹之間即知自己將亡，後果如是。夢者能預示未來，故知占夢為大。此占夢術至魏晉仍時而見之，其中管輅、爰邵、周宣、趙直、萬推、郭璞、郭禹、索紞等都是占夢之名家。這些占夢家多半直接以夢中之象比附人事之吉凶，如三國時蔣琬夜夢一牛頭在門前流血如注，問於趙直，直以血為顯明之兆，牛頭、牛角與牛鼻為三公之形，斷得琬必得公位，後果應驗。〔註48〕再如晉人索充夢見天上有二棺墜落身前，索紞說棺者之象為官，當有京師貴人舉充，且連續升遷，後果如之。〔註49〕又如《晉書‧張茂傳》記載張茂少時夢得大象，問於占夢家萬推，萬推以象為大獸而解為得郡守之徵，然大象又有齒焚之象，故斷為凶，後果與三子皆被沈充害死。〔註50〕又有晉人羅含夢文彩之鳥飛入口中，其養母硃氏曰：「鳥有文彩，汝後必有文章。」後果應驗。〔註51〕然而，因為這些占夢之例與《易》無甚關連，故暫不論之。本章直接就與《周易》相關之占夢予以論述。魏晉以《周易》為核心而進行各種占夢的活動，有透過陰陽、五行、象數等體系以占夢者，有以《周易》之卦象占之者，有以《周易》之卦辭斷之者，有以《周易》卜筮的方式占夢者，凡此皆可稱為五行八卦占夢法。

楹之間，故知孔子此夢，乃預知自己之將死。

〔註47〕 見容邁《容齋續筆‧卷十五》（北京：中華書局，2006 年 10 月第 2 次印刷），頁 410。

〔註48〕 《三國志‧蜀志‧蔣琬傳》：「琬見推之後，夜夢有一牛頭在門前，流血滂沱，意甚惡之，呼問占夢趙直。直曰：『夫見血者，事分明也。牛角及鼻，【公】字之象，君位必當至公，大吉之徵也。』頃之，為什邡令。先主為漢中王，琬入為尚書郎。」，見盧弼《三國志集解》（臺北：漢京文化事業有限公司，2004 年 3 月初版），頁 885。

〔註49〕 《晉書‧索紞傳》：「索充初夢天上有二棺落充前，紞曰：『棺者，職也，當有京師貴人舉君。二官者，頻再遷。』俄而司徒王戎書屬太守使舉充，太守先署充功曹而舉孝廉。」見唐房玄齡《晉書‧索紞傳》（北京：中華書局，2006 年 6 月第 8 次印刷），頁 2494。

〔註50〕 《晉書‧張茂傳》：「茂少時夢得大象，以問占夢萬推。推曰：『君當為大郡，而不善也。』問其故，推曰：『象者大獸，獸者守也，故知當得大郡。然象以齒焚，為人所害。』果如其言。」，見唐房玄齡《晉書‧張茂傳》（北京：中華書局，2006 年 6 月第 8 次印刷），頁 2065。

〔註51〕 《晉書‧羅含傳》說：「含幼孤，為叔母朱氏所養。少有志尚，嘗晝臥，夢一鳥文彩異常，飛入口中，因驚起說之。朱氏曰：『鳥有文彩，汝後必有文章。』自此後藻思日新。」見唐房玄齡《晉書‧羅含傳》（北京：中華書局，2006 年 6 月第 8 次印刷），頁 2403。

（一）以《周易》之卦象占夢

三國時，何晏夢見青蠅數十頭，來駐鼻上，驅之不去，管輅曾引《周易》〈艮〉、〈謙〉、〈大壯〉三卦之卦象直接爲何晏解夢，艮卦象徵鼻子，鼻子如天中之山，爲高危之徵，而青蠅臭惡聚集鼻子，則表害盈峻危之象，故要實踐〈謙〉卦、〈履〉卦之德，轉危爲安。〔註52〕晉時，黃平夜夢舍中馬舞，數十人向馬拍手，問於索紞，索紞以易象來占斷黃平之夢，以十二屬相對應十二地支，馬爲午、爲離卦，跳舞象徵烈火熊熊，數十人向馬拍手代表眾人救火之象，黃平未歸，人即來告知火災之事。〔註53〕又索紞占張宅之夢，張宅夢到走馬上山，還繞舍三周，只見松柏不見門，索紞以馬爲離、爲火，代表禍端；人上山以字形看則爲凶象，只見松柏不見門代表墓門象，三周代表三年，故說三年後必有大禍。〔註54〕又如《晉書‧符融載記》記載京兆人董豐，遊學在外，某一年回來寄住岳父家中，當夜其妻爲賊所殺，妻兄疑豐殺之，便將豐送往有司，值符融巡查至此，問董豐可有怪異或卜筮之事？豐說：「夜夢乘馬南渡水，返而北渡，復自北而南，馬停水中，鞭策不去。俯而視之，見兩日在於水下，馬左白而濕，右黑而燥。寤而心悸，竊以爲不祥。還之夜，復夢如初，問之筮者，筮者云：憂獄訟，遠三枕，避三沐」，符融以《周易》〈離〉與〈坎〉二卦之方位、卦象及變卦解之，並兼用解字法，終於占斷董豐之夢並破解此案。董豐所夢之水爲坎，馬爲離，水與馬合爲一馮字，又因董豐見兩日在於水下，故以解字法斷爲昌字，符融因此斷得凶手爲馮昌，後果如之。〔註55〕前面所述諸例主要都是結合夢象與易象，並將所得之象與實

〔註52〕　參見本論文第三章論〈管輅立足於象數立場評論何晏〉一節。

〔註53〕　《晉書‧索紞傳》：「黃平問紞曰：『我昨夜夢舍中馬舞，數十人向馬拍手，此何祥也？』紞曰：『馬者，火也，舞爲火起。向馬拍手，救火人也。』平未歸而火作。」見唐房玄齡《晉書‧索紞》（北京：中華書局，2006年6月第8次印刷），頁2494～2495。

〔註54〕　《晉書‧索紞傳》說：「郡主簿張宅夢走馬上山，還繞舍三周，但見松柏，不知門處。紞曰：『馬屬離，離爲火。火，禍也。人上山，爲凶字。但見松柏，墓門象也。不知門處，爲無門也。三周，三幕也。後三年必有大禍。』宅果以謀反伏誅。」見唐房玄齡《晉書‧索紞傳》（北京：中華書局，2006年6月第8次印刷），頁2494。

〔註55〕　《晉書‧符融載記》說：「京兆人董豐遊學三年而返，過宿妻家，是夜妻爲賊所殺。妻兄疑豐殺之，送豐有司。豐不堪楚掠，誣引殺妻。融察而疑之，問曰：『汝行往還，頗有怪異及卜筮以不？』豐曰：『初將發，夜夢乘馬南渡水，返而北渡，復自北而南，馬停水中，鞭策不去。俯而視之，見兩日在於水下，

際事物對應起來加以連類比附，從而解釋夢中所蘊含的吉凶之兆。

（二）以《周易》之卦辭占夢

三國時，爰邵精於以八卦、五行占夢，時鄧艾欲伐蜀，夢坐山上而有流水，問於爰邵，邵以〈蹇〉卦辭解之，〈蹇〉卦辭說：「利西南，不利東北；利見大人，貞吉。」表示往西南得利，往東北則不利，蜀在魏之西南，故可戰勝，然回途必由東北，恐難歸來，後鄧艾在回東北路上果爲鍾會所害，這是就卦辭論夢之禍福者。〔註56〕

（三）以《周易》卜筮的方式占夢

又郭璞《易洞林》提到郭璞爲柳道明占夢，即是以《周易》卜筮的方式占之，然《易洞林》輯有此條，卻不見本卦，尚秉和集馬國翰、王謨之輯佚本，以及朱震《漢上易傳》，和明人《斷易大全》之說，明白指出此占夢所得之卦爲〈晉〉䷢之〈剝〉䷖，尚秉和並以五行八宮之理論解說此卦。〔註57〕

馬左白而濕，右黑而燥。寤而心悸，竊以爲不祥。還之夜，復夢如初，問之筮者，筮者云：憂獄訟，遠三枕，避三沐。既至，妻爲具沐，夜授豐枕。豐記筮者之言，皆不從之。妻乃自沐，枕枕而寢。』融曰：『吾知之矣。《周易》〈坎〉爲水，馬爲〈離〉，夢乘馬南渡，旋北而南者，從〈坎〉之〈離〉。三爻同變，變而成〈離〉。〈離〉爲中女，〈坎〉爲中男。兩日，二夫之象。〈坎〉爲執法吏。吏詰其夫，婦人被流血而死。〈坎〉二陰一陽，〈離〉二陽一陰，相承易位。〈離〉下〈坎〉上〈既濟〉，文王遇之凶牖裏，有禮而生，無禮而死。馬左而濕，濕，水也，左水右馬，馮字也。兩日，昌字也。其馮昌殺之乎！』於是推檢，獲昌而詰之，昌具首服，曰：『本與其妻謀殺董豐，期以新沐枕枕爲驗，是以誤中婦人。』」見唐房玄齡《晉書・符融載記》（北京：中華書局，2006年6月第8次印刷），頁2934。

〔註56〕《三國志・魏志・鄧艾傳》：「初艾當伐蜀，夢坐山上而有流水，以問殄虜護軍爰邵，邵曰：『按《易》卦，山上有水曰〈蹇〉。〈蹇〉繇曰：『〈蹇〉利西南，不利東北。』孔子曰：『蹇利西南，往有功也；不利東北・其道窮也。』往必克蜀，殆不還乎！』艾憮然不樂。」，見盧弼《三國志集解》（臺北：漢京文化事業有限公司，2004年3月初版），頁670。

〔註57〕尚秉和《周易古筮考・晉郭璞筮柳道明夢》說：「郭璞《洞林》：臨淮太守柳道明占，晉之剝卦。〈晉〉係遊魂，遊魂主夢，凶。世己酉，屬金，元系本宮壬午火，伏乾家丈夫。第四爻變〈剝〉丙戌土是火鬼墓，己酉身安在丈夫身上而不見丈夫。壬戌土鬼墓金，己巳火鬼，而有墓主出。所以夢嫁也者去尋丈夫也。問之果然。便教令取井底泥泥竈，欲常應。道明如法，日中塗之，至黃昏，火凡十起竈室兩間而止，其婦果亡。」尚秉和從納甲、八宮、世應、飛伏、五行生克等解晉之剝卦。見尚秉和注、常秉義點校《周易古筮考・周易尚氏學》（北京：光明日報出版社，2006年1月第1版），頁66。又在《易說評議》說：「其夢嫁一條，馬、王所輯雖有，然不得其本卦，故亦無占辭。

　　通過夢來預測吉凶禍福，把無法理解的夢境藉由各種占卜方式轉化成人事之休咎，並預警人們要懂得趨吉避凶，這是占夢的目的。魏晉的占夢家在解夢的活動中運用了《周易》的卦象、卦辭、卦筮等理論與方式，無非是凸顯象數易的尚占、尚象功能。〈繫辭上傳〉說：「天垂象，見吉凶」，為何天垂萬象，人事便可預見吉凶？況此象為夢中之象？又為何探占夢事吉凶便可知未來禍福呢？主要的原因在於人們相信夢中的自己便是精神靈魂之代表，人之心靈與天地鬼神相通，夢中呈現的物象、事象都是神靈的啟示，也是夢與現實的中介，因為畏懼得罪鬼神而罹災，故相信夢象是鬼神顯靈的一種神諭，這是宗教心理的反應，以虔信作為道德情感，自然對占夢感到神驗無比。而實際上，有些占夢是沒有科學根據的，但仍然應驗如神，如三國時魏文帝曹丕問周宣說：「吾夢殿屋兩瓦墜地，化為雙鴛鴦，此何謂也？」周宣回答後宮當有暴死者，曹丕笑著說，其實並無此夢，乃是為了試驗而已，不料，馬上傳來宮人相殺而亡之訊息，曹丕驚問之，聊試之夢，何以皆驗？周宣說：「夫夢者意耳，苟以形言，便占吉凶。」夢是一種神意，藉象而形，此形雖非得自曹丕之真夢，仍是神意所使，一樣可以占卜吉凶。〔註58〕又有人嘗三問周宣說：「夜來夢見芻狗，是為何兆？」周宣第一次回答有美食，第二次回答將墜車下而斷其腿，第三次則回答其家當有起火之象，其人便說三次皆未夢見芻狗，只是聊以相試而已，何以皆驗？又何以三次芻狗，吉凶皆異？周宣說：「此神靈動君使言，故與真夢無異也。」言假夢亦是神意，故與真夢無異。又芻狗者為祭神之物，初夢時有祭祀飲食之事，再夢時已祭祀完畢為人棄於車轍之下，三夢則被人視為柴火。〔註59〕這樣的占解與爰邵以〈蹇〉卦辭為鄧艾

　　　　　及郭所自為解說，大全則皆有之。由是証洞林至明尚未必果亡也。」（北京：
　　　　　光明日報出版社，2006 年 4 月第 1 版），頁 22。

〔註58〕　《三國志・周宣傳》：「文帝問宣曰：『吾夢殿屋兩瓦墜地，化為雙鴛鴦，此何
　　　　　謂也？』宣對曰：『後宮當有暴死者。』帝曰：『吾詐卿耳！』宣對曰：『夫夢者
　　　　　意耳，苟以形言，便占吉凶。』言未畢，而黃門令奏宮人相殺。」見盧弼《三
　　　　　國志集解》（臺北：漢京文化事業有限公司，2004 年 3 月初版），頁 691。

〔註59〕　《三國志・周宣傳》：「嘗有問宣曰：『吾昨夜夢見芻狗，其占何也？』宣答曰：
　　　　　『君欲得美食耳！』有頃，出行，果遇豐膳。後又問宣曰：『昨夜嘗見芻狗，
　　　　　何也？』宣曰：『君欲墜車折腳，宜戒慎之。』頃之，果如宣言。後又問宣：『昨
　　　　　夜夢見芻狗，何也？』宣曰：『君家欲失火，當善護之。』俄遂火起。語宣曰：
　　　　　『前後三時，皆不夢也。聊試君耳，何以皆驗邪？』宣對曰：『此神靈動君使
　　　　　言，故與真夢無異也。』又問宣曰：『三夢芻狗而其占不同，何也？』宣曰：『芻
　　　　　狗者，祭神之物。故君始夢，當得飲食也。祭祀既訖，則芻狗為車所轢，故

伐蜀占斷一樣，都存在著寬闊且自由的詮釋空間，「利西南」明白傳達吉兆，
爰邵卻以回途的東北方向斷為凶兆，而事實也證明占夢之驗，讓人既感神奇
又深覺疑惑，為何如此靈驗卻又無理可尋？明‧柯尚遷說：

> 故惟正夢可以占吉凶妖祥，蓋人心之靈通乎天地，善必先知之，不
> 善必先知之，占夢者，占此而已。〔註60〕

表示人之精神與天地陰陽相契相通，正夢者其心通乎天地，故能洞見夢象妖
祥，辨別吉凶休旺。這樣的理念基本要義有三：一、鬼神觀念。二、以象比
類。三、天人感應。

　　無論如何，這些以《周易》的象數理念來進行占夢之例，多少也體現這
個時代的精神面貌，對於認識魏晉時期的社會文化現象確實是有幫助的。

　　除了前面所提四者之外，占驗派象數易學家還擅長命術、相墓、相形、
風水、鳥鳴等諸技，藉以推斷吉凶禍福，然因本文集中在術數與易學的關係
研究上，故對方技術數與《周易》無涉者，則不論述。

　　管輅除了善於以易卦占卜、占候、射覆外，也善於相墓、相形，如觀毋
丘儉之墓，見「玄武藏頭，蒼龍無足，白虎銜屍，朱雀悲哭」則判此為凶墓，
且預言二年內毋丘儉一族當滅，後果如其言。《葬書》說：「玄武垂頭，朱雀
翔舞，青龍蜿蜒，白虎馴伏，形勢反此，法當破死。故虎蹲謂之銜尸，……
以水為朱雀者，衰旺係乎形應，忌乎湍激，謂之悲泣。」〔註61〕而毋丘儉之
墓南朱雀、北玄武、東青龍、西白虎四方形勢反四神之論，故管輅斷為不吉。
〔註62〕管輅的相形術也有三例，如為鄧颺、何晏看相、〔註63〕斷自己不壽之

中夢當墮車折腳也。芻狗既車轢之後，必載以為樵，故後夢憂失火也。』宣
之敘夢，凡此類也。十中八九，世以比建平之相矣。」見盧弼《三國志集解》
（臺北：漢京文化事業有限公司，2004 年 3 月初版），頁 692。
〔註60〕見柯尚遷《周禮全經釋原‧卷八》，經部，禮類（總第九十六冊，經部第九十
　　　冊），收錄於文淵閣《四庫全書》（台北：商務印書館，1986 年 3 月初版），頁
　　　96-794。
〔註61〕見謝路軍主編《四庫全書術數初集一‧葬書》（三河市：華齡出版社，2006
　　　年 6 月第 1 版），頁 30～31。
〔註62〕《三國志‧魏書‧管輅傳》：「輅隨軍西行，過毋丘儉墓下，倚樹哀吟，精神
　　　不樂。人問其故，輅曰：『林木雖茂，無形可久；碑誄雖美，無後可守。玄武
　　　藏頭，蒼龍無足，白虎銜屍，朱雀悲哭，四危以備，法當滅族。不過二載，
　　　其應至矣。』」見盧弼《三國志集解》，（臺北：漢京文化事業有限公司，2004
　　　年 3 月初版），頁 701。
〔註63〕《三國志‧魏書‧管輅傳》裴松之注引〈管輅別傳〉：「夫鄧之行步，則筋不

相，〔註64〕以及論族兄之二位訪客之凶相。其中最值得一提的是在論二位訪客之凶相時，特別運用了兩個易象，《三國志・魏書・管輅傳》說：

> 輅族兄孝國，居在斥丘，輅往從之，與二客會。客去後，輅謂孝國曰：
> 『此二人天庭及口耳之間同有凶氣，異變俱起，雙魂無宅。』〔註65〕

管輅從客人的天庭及口耳之間看氣色變化，而判斷他們將會遭遇凶橫之事。〈管輅別傳〉有一段說明：「厚味臘毒，天精幽夕，坎為棺槨，兌為喪車。」〔註66〕除了從面相的氣色變化外，管輅則從易卦得到啟示，由兩個易象「坎為棺槨，兌為喪車」認定二人有死凶之相。後二人因醉酒，連同牛車，皆溺漳河而亡。

　　此說使得繁雜至極的象數易學又多了兩個逸象「坎為棺槨，兌為喪車」。此二象未見前人提及，乃管輅所增者。

　　綜上所述，管輅之術如此神妙，其實是因為對《周易》的辭象變占的應用達到至精至神之境，管輅自己曾說：「夫卜非至精不能見其數，非至妙不能睹其道。」（《三國志・魏書・管輅傳》裴松之注引〈管輅別傳〉），對於卜筮，不到精微奧妙無法洞澈天地陰陽之數；對於《周易》之理，不到窮神知化，無法得知「善於易者不論易」之境，管輅之術數易正是魏晉象數易學的特色之一。況且象數易學本為闡明人事義理而作，管輅只是藉由象、術、數以探賾索隱，知禍福之幽微，其目的仍是以仁義之道為趨避之途徑，以天人合德為術數合《易》之最終境界。

　　　束骨，脈不制肉，起立傾倚，若無手足，謂之鬼躁。何之視候，則魂不守宅，血不華色，精爽煙浮，容若槁木，謂之鬼幽。故鬼躁者為風所收，鬼幽者為火所燒，自然之符，不可以蔽也。」他形容鄧颺筋不束骨，脈不制肉，舉手投足若無手足，稱為鬼躁。而何晏則魂不守宅，容若槁木，精散魂失，稱為鬼幽。此二人有死凶之象，後果被誅殺。見盧弼《三國志集解》（臺北：漢京文化事業有限公司，2004年3月初版），頁698。

〔註64〕《三國志・魏書・管輅傳》：「吾額上無生骨，眼中無守精，鼻無梁柱，腳無天根，背無三甲，腹無三壬，此皆不壽之驗。又吾本命在寅，加月食夜生。天有常數，不可得諱，但人不知耳。」輅從額無生骨，眼中無精，鼻無梁柱，腳無天根等看出自己無福氣之相，又從背無三甲，腹無三壬來說明身相之單薄，二者皆不壽之徵。見盧弼《三國志集解》（臺北：漢京文化事業有限公司，2004年3月初版），頁702。

〔註65〕見盧弼《三國志集解》（臺北：漢京文化事業有限公司，2004年3月初版），頁696。

〔註66〕見盧弼《三國志集解》（臺北：漢京文化事業有限公司，2004年3月初版），頁696。

至於郭璞之術，根據《晉書‧郭璞傳》所言，他的五行、天文、卜筮之術比起京房、管輅來更是略勝一籌，郭璞妙於陰陽算曆，精研易理，善於運用八宮納甲、五行生克、世應飛伏、天文地理等說來從事《周易》占筮，尤其對於納甲之術的運用，更是將卜筮方向拓展到人民生活各個層面，影響著後世錢蓍法、火珠林法乃至風水、堪輿等術的發展。因此從文化史的角度而言，他在術數學、生態學、民俗學方面的貢獻實不可忽視。《晉書‧郭璞傳》記載著他為其母卜葬地之事：

> 璞以母憂去職，卜葬地於暨陽，去水百步許。人以近水為言，璞曰：
> 「當即為陸矣。」其後沙漲，去墓數十裏皆為桑田。〔註67〕

雖然史傳並無記載郭璞卜到何卦？但從他能預見水窪變成桑田的情況看來，說明他卜卦的路徑已經伸向堪輿地理等方向。雖然郭璞擅長卜筮方術，而對人生義理的闡揚也十分重視，只是他並無《周易》哲理的專著，往往藉助於卜筮的運用，將哲思道理寓託於術數當中表達強烈的人事關懷。

第二節　借《易》以說理

前面所提的術數易，結合易占及各種術數並借用取象運數、納甲八宮、陰陽五行、生克制化及互體、變卦、旁通等易例來推論人事之吉凶禍福，往往靈驗無比。站在科學的角度來看，這些易占活動似乎過度神秘化且無根據。然而對於不可知的世界，在未經科學證誤之前，實不可輕易以荒誕與迷信視之，畢竟無法的探測的東西並不表示不存在，而神秘也不代表完全的迷信。本節將以嚴肅的態度來給予適當的論述與評價，既不隨意將此術數易斥為荒謬，也不因自己的鑽研而妄稱此為古代的自然科學。

在這些術數易的介紹當中，有些含著深邃之哲思，有些則夾雜著曲折穿鑿之說，秉著不因糟粕而棄其精華的精神，希望藉由這些術數易能探討出揲蓍佈卦為何能如精妙神驗的原因所在？又這些術數易具有那些鮮明的哲理性或人生哲思？

〈繫辭上傳〉說：「其受命如響，無有遠近幽深，遂知來物，非天下之至賾，其孰能與於此。」揲蓍問占，《周易》都能如響應聲地解決人們的疑惑，

〔註67〕見唐房玄齡《晉書‧郭璞傳》（北京：中華書局，2006年6月第8次印刷），頁1908。

無論幽遠、切近之事，都能預知來事，能退藏於密，若非通曉天人之理者，何以能如此呢？管輅說：「若磁石之取鐵，不見其神而金自來，有徵應以相感也。」〔註68〕萬物之相感，非眞有鬼神作用於其中，乃是陰陽二氣，絪縕通感，相和相應以致者。因此，人與天地自然其實是可以相通相感的，只因人意有盡而天道窮遠，無法洞澈天地陰陽之精微，故以神意視之。事實上，蓍龜之所以通神，一方面因爲人們存在著萬物有靈之說。另一方面則是天人相感的結果。然而不論如何神驗，對於周流六虛，變動不居的宇宙人生而言，只有憂患修德才能因時合宜，達到天人合德之境。

一、萬物有靈

原本枯朽的蓍草，用於占卜，即成爲神草，當成是佑神的工具，其原因在於人們相信靈魂的存在，尤其面對不可知的未來與自然，萬物有靈成了揲蓍信仰的中心宗旨，人們不敢褻瀆神明，不敢得罪有靈之物，恐怕一有不愼即招惹災禍，因此多數人對神秘的自然都感到敬畏與信從，如《晉書・郭璞傳》記載殷宣城太守殷祐曾伏取一物，大如水牛，灰色卑腳，腳類象，胸前尾上皆白，令郭璞作卦，遇〈遯〉☶☰之〈蠱〉☶☴，璞根據本卦與變卦的卦象而斷之爲驢鼠，並說：「法當爲禽，兩靈不許」，又時有郡綱紀上祠，請殺之，巫云：「廟神不悅」。〔註69〕此兩靈指的是廟神及驢山君（山神），廟神與人一樣有靈，有喜怒哀樂，這就很清楚地看出萬物有靈是卜筮不可缺少的要義，它牽動著人們的吉凶禍福。

「靈」溝通著天人之間的關係，通過對自然界不同的變化聯繫到人事的變化，管輅把這個靈又視之爲精氣，《三國志・魏書・管輅傳》裴松之注引〈管輅別傳〉提到管輅與清河令徐季龍探討〈乾・文言〉：「同聲相應，同氣相求；

〔註68〕《三國志・魏書・管輅傳》裴松之注引〈管輅別傳〉，見盧弼《三國志集解》（臺北：漢京文化事業有限公司，2004 年 3 月初版），頁 700。

〔註69〕《晉書・郭璞傳》說：「璞既過江，宣城太守殷祐引爲參軍。時有物大如水牛，灰色卑腳，腳類象，胸前尾上皆白，大力而遲鈍，來到城下，衆咸異焉。祐使人伏而取之，令璞作卦，遇〈遯〉之〈蠱〉，其卦曰：『〈艮〉體連〈乾〉，其物壯巨。山潛之畜，匪兕匪武。身與鬼并，精見二午。法當爲禽，兩靈不許。』遂被一創，還其本墅。按卦名之，是爲驢鼠。』卜適了，伏者以戟刺之，深尺餘，遂去不復見。郡綱紀上祠，請殺之，巫云：『廟神不悅』曰：『此是共卩亭驢山君鼠，使詣荊山，暫來過我，不須觸之。』其精妙如此。」見唐房玄齡《晉書・郭璞傳》（北京：中華書局，2006 年 6 月第 8 次印刷），頁 1900。

水流濕，火就燥；雲從龍，風從虎」這句話的意義時，季龍以爲龍是火星，虎是參星，火星出則雲至，參星出則風到，這是陰陽二氣所感，非眞由龍虎所致，管輅說：

> 夫論難當先審其本，然後求其理，理失則機謬，機謬則榮辱之主。……
> 龍者陽精，以潛爲陰，幽靈上通，和氣感神，二物相扶，故能興雲。
> 夫虎者，陰精，而居於陽，依木長嘯，動於巽林，二氣相感，故能
> 運風。若磁石之取鐵，不見其神而金自來，有微應以相感也。況龍
> 有潛飛之化，虎有文明之變，招雲召風，何足爲疑？〔註70〕

管輅表示雲從龍，風從虎確實是陰陽二氣所感，但此陰陽二氣亦是得諸於龍虎者，他認爲龍虎具有靈氣、精氣，龍爲陽精有陰潛焉，虎爲陰精有陽潛焉，此陰陽二氣確從龍虎產生，而又相應相感，故能興雲運風。季龍以龍爲井底之物，虎嘯亦是百步之弱，何以能招雲召風？故再疑而問之，管輅解說：

> 苟精氣相感，懸象應乎二燧；苟不相感，則二女同居，志不相得。
> 自然之道，無有遠近。〔註71〕

自然之道，無有遠近，之所以相感相應，皆得自於陰陽二氣，此亦萬物之精氣也。由於強調萬物皆有精氣、靈魂，所以當平原太守劉邠以官舍連有變怪請教於管輅時，管輅便說：

> 此郡所以名平原者，本有原，山無木石，與地自然；含陰不能吐雲，
> 含陽不能激風，陰陽雖弱，猶有微神；微神不眞，多聚凶奸，以類
> 相求，魍魎成群。或因漢末兵馬擾攘，軍屍流血，汙染丘岳，強魂
> 相感，變化無常，故因昏夕之時，多有怪形也。〔註72〕

很明顯地管輅認爲天地萬物皆有靈魂，故能激發陰陽二氣之氳氳，山岳經過一些軍屍污染，則有鬼魂相感，因而形成所謂的魍魎怪形。

這些說法證明萬物有靈關係到人事之吉凶禍福，由於靈氣之賦與，所以事事物物皆能產生磁場之相應，應之宜則吉，應之失則凶，演吉凶之兆，事無大小，都能纖微委曲，盡其精神，這就是「靈」的作用。因此當安德令劉

〔註70〕引自《三國志・魏書・管輅傳》裴松之注引〈管輅別傳〉，見盧弼《三國志集
　　　　解》（臺北：漢京文化事業有限公司，2004 年 3 月初版），頁 700。
〔註71〕引自《三國志・魏書・管輅傳》裴松之注引〈管輅別傳〉，見盧弼《三國志集
　　　　解》（臺北：漢京文化事業有限公司，2004 年 3 月初版），頁 701。
〔註72〕引自《三國志・魏書・管輅傳》裴松之注引〈管輅別傳〉，見盧弼《三國志集
　　　　解》（臺北：漢京文化事業有限公司，2004 年 3 月初版），頁 700

長仁聞管輅能曉鳥鳴，便譏之以「鳴者則無知之賤名，何由以鳥鳴爲語，亂神明之所異也？」管輅則表示鳥亦有靈，所鳴者必有應，故說：

> 天雖有大象而不能言，故運星精於上，流神明於下，驗風雲以表異，役鳥獸以通靈。表異者必有浮沈之候，通靈者必有宮商之應。
> 〔註73〕

「驗風雲以表異，役鳥獸以通靈」表現術數易在面對人事的無常與超自然的力量時接受「萬物有靈」的觀念，並且認同「生者能出亦能入，死者能顯亦能幽，此物之精氣，化之游魂，人鬼相感，數使之然也」〔註74〕這樣的理念，放棄以科學理念解釋自然，也放棄以理性的人文主義看待吉凶，因此一旦流入江湖術數的手中，即成騙人之法術，此爲其失。朱伯崑在《易學哲學史》中說：「認爲生死鬼魂都受陰陽之數支配，所以推陰陽之數，可以知死後之事，從而宣揚了有鬼論」，〔註75〕以鬼神靈魂支配陰陽之數，的確讓人有不可思議之感。

　　然而管、郭之術也正因爲提倡萬物有靈，故能百筮百中，無所不驗，因此管輅說：

> 靈著者，二儀之明數，陰陽之幽契，施之於道則定天下吉凶，用之於術則收天下豪纖。纖微，未可以爲易也。〔註76〕

鬼魂相感而爲魍魎，著草亦可與神相感而成靈著，只要人之靈魂妙與神合者，無所迷惑，就能懂吉凶之道，占盡天下之事而無所差錯。

二、天人感應

　　萬物有靈是占卜的首要條件，其次是天人感應的問題。占易家把天告災異、天人感應之說納入其中，因此當季龍問管輅爲何將有軍事發生之時，雞雉就會先感而鳴之？管輅就回答說：

> 夫雞者兌之畜，金者兵之精，雉者離之鳥，獸者武之神，故太白揚輝則雞鳴，熒惑流行則雉驚，各感數而動。……晉平奢泰，崇飾宮

〔註73〕引自《三國志・魏書・管輅傳》裴松之注引〈管輅別傳〉，見盧弼《三國志集解》（臺北：漢京文化事業有限公司，2004年3月初版），頁695。

〔註74〕引自《三國志・魏書・管輅傳》裴松之注引〈管輅別傳〉，見盧弼《三國志集解》（臺北：漢京文化事業有限公司，2004年3月初版），頁699。

〔註75〕見朱伯崑《易學哲學史》（台北，藍燈文化事業，1981年9月初版），頁359。

〔註76〕引自《三國志・魏書・管輅傳》裴松之注引〈管輅別傳〉，見盧弼《三國志集解》（臺北：漢京文化事業有限公司，2004年3月初版），頁700。

室，斬伐林木，殘破金石，民力既盡，二精並作，金石同氣，則兌
為口舌。〔註77〕

管輅認為鳥獸金石皆能感數而動，山澤亦能通靈，雖然戰事發生是人為之不
當，怨讟動於民所致。然此戰禍之怨氣往往動於靈石，怨及山澤，因此災異
將生，山川鳥獸必先感物而動。術數易學家透過天地萬物之象的比附，認為
萬物之間存在著一種感應，一種共鳴，如雞在八卦中代表〈兌〉卦，象徵戈
兵；雉則代表〈離〉卦，象徵金；金與獸則象徵兵之精、武之神；雞雉之靈
與兵戈之事相應，象與象之間因數而感通，如水流濕，火就燥，以天人相感
的理論就可說明人們休咎旺相、吉凶悔吝之由來。故管輅又說：

是以宋襄失德，六鶂並退，伯姬將焚，鳥唱其災⋯⋯此乃上天之所
使，自然之明符。〔註78〕

人事之吉凶與自然的氣數相通相感，這是有神論的思想特質，因為自然現象
與天地萬物都有一定的氣數規律，人象與天象互相感通，從天象之毫纖委曲
便可預示著人事的吉凶，因為天象即代表著人象，天象是人象的預兆，天象
不可違，人象之禍福吉凶亦不可違，這就是魏晉象數易學家以神秘的天人感
應來解釋易占的特色。晉‧紀瞻見長安不守，欲勸進帝王，帝不許，瞻說：

「但國賊宜誅，當以此屈己謝天下耳。而欲逆天時，違人事，失地
利，三者一去，雖復傾匡於將來，豈得救祖宗之危急哉！⋯⋯臣等
區區，尚所不許，況大人與天地合德，日月並明，而可以失機後時
哉！」帝猶不許，使殿中將軍韓績撤去御坐。瞻叱績曰：「帝坐上應
星宿，敢有動者斬！」帝為之改容。〔註79〕

〔註77〕引自《三國志‧魏書‧管輅傳》裴松之注引〈管輅別傳〉，見盧弼《三國志集
解》（臺北：漢京文化事業有限公司，2004 年 3 月初版），頁 701。

〔註78〕《三國志‧魏書‧管輅傳》裴松之注引〈管輅別傳〉記載安德令劉長仁家，
有鳴鵲來在閤屋上，管輅因能曉鳥鳴而為此占斷吉凶，長仁不信，管輅為說
鳥獸同數相感之理，管輅曰：「表異者必有浮沈之候，通靈者必有宮商之應，
是以宋襄失德，六鶂並退，伯姬將焚，鳥唱其災，四國未火，融風已發，赤
烏夾日，映在荊楚。此乃上天之所使，自然之明符。考之律呂則音聲有本，
求之人事則吉凶不失。⋯⋯夫鳥鳴之聽，精在鶉火，妙在八神，自非斯倫，
猶子路之於死生也。」長仁言：「君辭雖茂，華而不實，未敢之信。」須臾有
鳴鵲之驗，長仁乃服。見盧弼《三國志集解》（臺北：漢京文化事業有限公司，
2004 年 3 月初版），頁 695。

〔註79〕見唐房玄齡《晉書‧紀瞻傳》（北京：中華書局，2006 年 6 月第 8 次印刷），
頁 1820～1821。

天時、人事、地利都互相感應，國君上應星宿、受天符命，必施德政以合天命，如此上天才能降下祥瑞，因此紀瞻說：「大人與天地合德，日月並明。」此則〈乾‧文言〉所說：「夫大人者，與天地合其德，與日月合其明，與四時合其序，與鬼神合其吉凶。先天而天弗違，後天而奉天時。天且弗違，而況於人乎？況於鬼神乎？」之義。人的道德與行為感應上天，上天的徵兆也預示著人世的種種休咎，天人相感雖援鬼神符應之思，但也以德性作為休咎之依據，魏晉占驗派象數家往往藉由此說來推步災異、運算人事吉凶。

　　因此郭璞承京房、管輅的易占之術以斷人事休咎禍福時，更推闡天人感應之理論，在八宮世應、納甲干支、陰陽五行等系統下，強調人事所作所為都必與日月星辰、山川河海、草木禽獸等互相感應、彼此聯繫，而且都必須依循一定的天道行事，能夠順應規律有序的自然之道，天則顯現吉兆而給予福佑；違反天命，天則顯現災異之兆而降人禍端。如晉王曾使璞筮，遇〈豫〉之〈睽〉，璞說：「會稽當出鐘，以告成功，上有勒銘，應在人家井泥中得之。繇辭所謂『先王以作樂崇德，殷薦之上帝』者也。」等到晉帝即位，會稽剡縣人果於井中得到一鐘。鐘上因有古文奇書十八字，時人莫之能識，郭璞便說：

> 蓋王者之作，必有靈符，塞天人之心，與神物合契，然後可以言受命矣。觀五鐸啟號於晉陵，棧鐘告成於會稽，瑞不失類，出皆以方，豈不偉哉！若夫鐸發其響，鐘徵其象，器以數臻，事以實應，天人之際不可不察。〔註80〕

〈豫‧彖〉說：「豫順以動，故天地如之……聖人以順動則刑罰清而民服。」又〈豫‧大象〉說：「雷出地奮，豫；先王以作樂崇德，殷薦之上帝，以配祖考。」郭璞卜筮，遇〈豫〉之〈睽〉，借〈豫〉卦的〈彖〉、〈象〉之辭來勸誡國君必符應天命，作樂崇德以配靈威，不赦有罪，不濫無辜，順動天理以清刑罰。因為，天人之心，與神物合契，天心所在便是人心，民意所在便是天命，郭璞認為神物之理，善則有福，惡則有禍，天應之如響，吉凶必隨天命而驗之於人，天人之際實幽微精妙，故郭璞每每以天人感應之說勸諫國君宜行善政，他說：

> 陛下宜側身思懼，以應靈譴。皇極之謫，事不虛降。不然，恐將來

〔註80〕見唐房玄齡《晉書‧郭璞傳》（北京：中華書局，2006 年 6 月第 8 次印刷），頁 1901。

> 必有愆陽苦雨之災，崩震薄蝕之變，狂狡蠢戾之妖，以益陛下旰食
> 之勞也。
>
> 君道虧則日蝕，人憤怨則水涌溢，陰氣積則下代上。此微理潛應已
> 著實於事者也。〔註81〕

郭璞表示若不從天命，省刑罰，寬民政，將會受到神靈的譴責而發生愆陽苦
雨、崩震薄蝕、狂狡蠢戾之變異。上天會因國君不同的行為而作出不同的反
應，大自然也會因為人們的喜怒怨懟作出相對的回應，天地之間一切的異象
都因人的行為所引起，因此有國者必須慎觀天象以敬謹修德，故郭璞又說：

> 日月告釁，見懼詩人，無曰天高，其鑒不遠。……此明天人之懸符，
> 有若形影之相應。應之以德，則休祥臻；酬之以怠，則咎徵作。
>
> 宜於此時崇恩布澤，則火氣潛消，災譴不生矣。陛下上承天意，下
> 順物情，可因皇孫之慶大赦天下。然後明罰敕法，以肅理官，克厭
> 天心，慰塞人事，兆庶幸甚，禎祥必臻矣。〔註82〕

郭璞具有濃厚的天人感應、祥瑞災異之思，他利用這樣的學說來要求君王省
刑罰、行德政以合天瑞，故說：「明罰敕法，以肅理官，…禎祥必臻矣！」仔
細推敲郭璞之說，其天人感應之思往往結合《周易》卦爻辭之理，表現出順
天應人之德，〈噬嗑·象〉說：「噬嗑，先王以明罰敕法」，能「明罰敕法」、「應
之以德」便能得到上天之福佑。郭璞賦與天地日月一層神秘的力量，用災異、
祥瑞等徵兆作為人類行為的回應，並援《周易》經傳之辭作為修德之要，目
的就是勸諫國君能行德政以應天，如此便可趨吉避凶。

三、修德趨避

管、郭雖然倡導一套萬物有靈、天人感應的易占之術，但二人之目的就
在於透過卜筮的實際操作，明白天人之間的感應關係，希望藉由神道以開展
人道，《晉書·藝術傳》說：

> 藝術之興，由來尚矣。先王以是決猶豫，定吉凶，審存亡，省禍福。
>
> 曰神與智，藏往知來；幽贊冥符，弼成人事；既興利而除害，亦威

〔註81〕這兩段引文見唐房玄齡《晉書·郭璞傳》（北京：中華書局，2006 年 6 月第 8
次印刷），頁 1902 及 1907。
〔註82〕這兩段引文見唐房玄齡《晉書·郭璞傳》（北京：中華書局，2006 年 6 月第 8
次印刷），頁 1904 及 1907。

眾以立權，所謂神道設教，率由於此。〔註83〕

「藝術」指的是各種方技與術數，亦即凡民有事，取決於著占，聽從神物之告示，不敢妄自非為，體現著對神鬼的信仰，這是一種「神道設教」的權宜之方，〈觀·象〉說：「聖人以神道設教，而天下服矣！」聖智賢哲以深邃之德智合神於天，洞澈自然規則之理，藏往知來，幽贊冥符，使民得以趨吉避凶，〈繫辭上傳〉說：「聖人以此洗心，退藏於密，吉凶與民同患。神以知來，知以藏往，其孰能與於此哉？」百姓日用而不知，聖人以鬼神之道對人們實進行教化，使人民相信神明的祥災之兆與賞罰之事昭然不爽，百姓就不敢悖天越禮、逆天行事，於是便能從道德的實踐來體現天道，達到「吉凶與民同患」之境。

管、郭的術數易當中，「神」雖有陰陽之數、變化之道與自然規律之義，但在偌多的占卦實例中，看到的神多半指的是鬼神之神，這個神因為有意志、有智慧，故能作為人世善惡禍福之主宰者，顯示祥兆於為善之人，現出凶兆於為惡之人，賞善罰惡的標準仍是以人事之道德行事作為依據，因此雖然二人侈談鬼神，最終仍然回歸於人事之行處與道德之修為，故管輅對劉邠說：「今明府道德高妙，神不懼妖，自天祐之，吉無不利，願安百祿，以光休寵也。」〔註84〕劉邠官舍連有變怪，管輅雖以鬼神喻之，仍不忘以〈大有〉卦之易理告訴劉邠，天意是止惡揚善的，只要自己能夠修善去惡，符合天意，自然能夠得到上天佑助而有吉祥之降，而不必畏懼鬼怪之作祟。郭璞也說：「夫神，聰明正直，接以人事。」〔註85〕鬼神雖有意志，然聰明正直，最終仍須回歸於道德，這是管、郭之術的核心宗旨，也是《周易》憂患意識的深蘊所在。

（一）憂患修德

精於占卜術數者，往往站在生活實際層面來論義理，而不似玄學易為學問而學問，把玄理當成哲學研究，而忽略一己之道德修為，脫離體用合一的生活實踐，以致有何晏高蹈玄理，不知以《周易》德、智、時趨避的精妙，因而遭致殺身之禍。魏晉象數易雖然逐漸加重術數之意味，但十分重視《周易》憂患

〔註83〕引自唐房玄齡《晉書·藝術傳》（北京：中華書局，2006年6月第8次印刷），頁2467。

〔註84〕引自《三國志·魏書·輅別傳曰》，見盧弼《三國志集解》（臺北：漢京文化事業有限公司，2004年3月初版），頁700。

〔註85〕引見唐房玄齡《晉書·郭璞傳》（北京：中華書局，2006年6月第8次印刷），頁1908。

精神，往往從人的所行所爲來論吉凶禍福，可見他們仍以道德的修養作爲人事休咎的憑據，如管輅引司馬季主的話來說明「道德」的重要性，他說：

> 夫卜者必法天地，象四時，順仁義。伏羲作八卦，周文王三百八十
> 四爻，而天下治。〔註86〕

《周易》表現的是天之道，然天道幽微，待蓍而顯，人之行事必法天地自然之道、贊神明之所爲，而後天地鬼神才能佑之以福，助之以順。故知觀變玩占之要，在明白吉凶之情，在存乎仁義之行。因此一個人要能無所畏懼，必先憂患存心。孟子所謂「君子有終身之憂，無一朝之患」（《孟子・離婁下》）人以仁義之德順天之陰陽、地之剛柔，進退消長與天地合德，而後知三才之道，其實一也，此乃學易、用易之眞功夫！故管輅說：

> 幽明同化，死生一道，悠悠太極，終而復始。文王損命，不以爲憂，
> 仲尼曳杖，不以爲懼，緒煩著筮，宜盡其意。〔註87〕

聖人不以死亡之事爲憂，乃因生死就在陰陽之數中，此定數雖無可逃者，而其實是源自於人之所作所爲，若能戒愼恐懼，以憂患存心，又有何懼呢？所以說「緒煩著筮，宜盡其意」，管輅時時以推陰陽、順仁義爲說，目的都是以道德修養爲人生最終之鵠的。

　　至於郭璞，其易占活動雖然以推變吉凶災異爲特色，然對於《周易》的道德思想亦十分重視，他認爲天人之際存在著休咎之徵，若是刑獄繁興，久苛不解，人心必有所不堪，天怒人怨的結果將導致妖異災殃產生，故憂而占之，得〈解〉☷☵之〈既濟〉☵☲，因而上疏給晉王說：

> 案爻論思，方涉春木王龍德之時，而爲廢水之氣來見乘，加升陽未

〔註86〕引自《三國志・魏書・管輅傳》裴松之注引〈管輅別傳〉，見盧弼《三國志集解》（臺北：漢京文化事業有限公司，2004年3月初版），頁694。又《史記・日者列傳》描寫司馬季主爲人卜筮於市中，宋忠、賈誼往視之並評論占卜術家爲「擅言禍災以傷人心，矯言鬼神以盡人財，厚求拜謝以私於己。」者，司馬季主則答曰：「今夫卜者，必法天地，象四時，順於仁義，分策定卦，旋式正棊，然後言天地之利害，事之成敗。昔先王之定國家，必先龜策日月，而後乃敢代……言而鬼神或以饗，忠臣以事其上，孝子以養其親，慈父以畜其子，此有德者也。而以義置數十百錢，病者或以愈，且死或以生，患或以免，事或以成，嫁子娶婦或以養生：此之爲德，豈直數十百錢哉！」卜筮之數何以有如此大德，其原因在推陰陽之數，通天人之微，憂患存心，而以道德趨避之，非眞有鬼神掌握禍福之報。

〔註87〕引自《三國志・魏書・管輅傳》裴松之注引〈管輅別傳〉，見盧弼《三國志集解》（臺北：漢京文化事業有限公司，2004年3月初版），頁699。

布，隆陰仍積，〈坎〉爲法象，刑獄所麗，變〈坎〉加〈離〉，厥象
不燭。以義推之，皆爲刑獄殷繁，理有壅濫。……天意若曰刑理失
中，自壞其所以爲法者也。臣術學庸近，不練內事，卦理所及，敢
不盡言。〔註88〕

天人之統存著休咎之徵，憂患之情在於一幾之先，若不能謹於元始之端，一
旦陰陽錯繆，將觸及靈動而遭神譴。郭璞憂心之餘，占卦而上疏，他採用取
象論義的方式來解卦，〈解〉☷☳上震下坎，震代表春木，象徵龍德始升之時，
陽氣未布，坎水陰氣盛積，以廢水之氣乘陽，是爲凶象。變而爲〈既濟〉卦，
〈既濟〉☵☲上坎下離，〈坎〉爲刑獄之象，〔註89〕〈離〉爲附麗之義，〈解〉
卦、〈既濟〉卦皆有坎象，加上離象，表示法令太明，刑教太峻之義。這些雖
由怨氣積累，感動靈變，而致斯怪；然究其實，莫非人事之不善所導致，郭
璞勸諫再三，願國君能思天人相應之理，以憂患哀矜之心，罪己寬民，赦過
宥恕，應乎民心，故接著說：

夫寅畏者所以饗福，怠傲者所以招患，此自然之符應，不可不察也。
案〈解〉爻云：「君子以赦過宥罪。」〈既濟〉云：「思患而豫防之。」
臣愚以爲宜發哀矜之詔，引在予之責，蕩除瑕釁，贊陽布惠，使幽
斃之人應蒼生以悅育，否滯之氣隨穀風而紓散。〔註90〕

郭璞直接從《易傳》的哲理來論占卦之義理，〈解・大象〉說：「解。君子以

〔註88〕引見唐房玄齡《晉書・郭璞傳》（北京：中華書局，2006年6月第8次印刷），
　　　　頁1902。
〔註89〕〈蒙・初六象〉說：「利用刑人，以正法也。」，〈蒙〉上艮下坎，〈坎〉有「法
　　　　罰刑獄」之象。虞翻注〈蒙・初六〉說：「坎爲法」，干寶注此爻也說：「坎为
　　　　法律」，《九家易》注〈師・初六〉說：「坎为法律」，虞翻注〈豫・象〉說：「坎
　　　　爲罰」，李鼎祚在此則案說：「坎爲法律，刑罰也。」，虞翻注〈噬嗑〉說：「坎
　　　　爲獄」，李鼎祚在此則案說：「頤中有物曰噬嗑，謂九四也。四互坎體，坎爲
　　　　法律，又爲刑獄，四在頤中，齧而後亨。故『利用獄』也。」虞翻注〈賁・
　　　　象〉說：「坎爲獄，三在獄得正，故『無敢折獄』」，《九家易》注〈明夷・六
　　　　二象〉說：「坎爲法律。」虞翻注〈坎・上六〉說：「艮止坎獄」，注〈豐・象〉
　　　　說：「繫在坎獄中」，注〈解・大象〉說：「坎爲罪人則大過象壞，故『以赦過』。
　　　　二四失位，皆在坎獄中。三出體乾，兩坎不見。震喜兌說，罪人皆出，故以
　　　　『宥罪』。謂三入則赦過，出則宥罪。」，注〈旅・象〉說：「離爲明，艮爲慎，
　　　　兌爲刑，坎爲獄。」，注〈中孚・象〉說：「訟坎爲獄」。故知郭璞以〈坎〉爲
　　　　刑獄之象，其來有自。
〔註90〕引自唐房玄齡《晉書・郭璞傳》（北京：中華書局，2006年6月第8次印刷），
　　　　頁1902。

赦過宥罪。」解有舒解之義，國君得此卦，宜寬宥百姓之罪，代以仁厚之政。
否則囹圄充斥，陰陽不和，將會招致災患。繼之以變卦〈既濟・大象〉之義
理來說明人事之重要，〈既濟・大象〉說：「既濟。君子以思患而豫防之」，因
為以憂患存心，就會在事情未發生之前，思而豫防之，不讓禍患產生。王弼
也說：「存不忘亡，既濟不忘未濟也。」（注〈既濟〉卦，《周易正義》引），
所以郭璞主張要居安思危，防患於未然，他說：

> 有道之君未嘗不以危自持，亂世之主未嘗不以安自居。故存而不忘
> 亡者，三代之所以興也；亡而自以為存者，三季之所以廢也。……
> 臣去春啓事，以囹圄充斥，陰陽不和，推之卦理，宜因郊祀作赦，
> 以蕩滌瑕穢。〔註91〕

郭璞藉由卦象之理勸戒國君居安思危，當知暴政必亡之理，欲得天下之心，
不可嚴於刑獄，必行仁厚之政，置民於寬廣生育之地，宥民之罪使能遷善改
過，民思國君之德，就能喁喁向之，如草上之風，必偃。

　　從以上的筮例可以看出，郭璞應用《周易》占筮，從卦象、卦理推斷人
事吉凶，並利用天人感應的學說，勸誡國君省刑罰、厚民生，履踐《周易》
存而不忘亡，居安而思危的憂患精神，使陰陽和諧、災異不生，凸顯道德才
是吉凶休咎最主要的憑藉。因此《周易》修德養民的思想也出現在他的文學
作品中，如〈井賦〉說：「挹之不損，停之不溢。莫察其源，動而愈出。信潤
下而德施，壯邑移以不改。」這是《周易》井卦的思想，〈井〉卦辭說：「改
邑不改井，無喪無得，往來井井。」〈井・象〉說：「巽乎水而上水，井，井
養而不窮也。改邑不改井，乃以剛中也。」〈井〉卦以不變為德，以清潔為義，
以養民無窮為功，君子用井卦修德，也應始終如一，有常不變，動而愈出，
施德潤下，養物不窮，不改其初。故知郭璞雖以占筮從事各種術數活動，同
時也發揚《周易》的哲學思想。

（二）通乎時變

　　除了德行的修為是趨避主要的依據外，因時順應也是影響吉凶的要素，
因此《周易》「與時偕變」的觀念就顯得特別重要。

　　王弼在《周易略例》中也說：「卦者，時也；爻者，適時之變者也。」〔註

〔註91〕引自唐房玄齡《晉書・郭璞傳》（北京：中華書局，2006 年 6 月第 8 次印刷），
　　　　頁 1907。
〔註92〕引自王弼《周易略例・明卦適變通爻》，見樓宇烈校釋《王弼集校釋》（台北：

92）說明六十四卦、三百八十四爻都是象徵時態變化的符號。〈賁・象〉說：「觀乎天文，以察時變」，觀察天象四時的變化，人事必與之趨時偕變；在陰陽感通、剛柔推移中把握時機而知所進退。

時義的觀念既重要又顯而易知，以何晏在《易》學方面的學養，應深切明瞭「時義」、「時位」、「與時偕行」之蘊涵，為何猶言不解而向管輅請教呢？可見管輅的「時義」之說必有其特殊之處，他說：「家雞野鵠，猶尚知時，況於人乎。」〔註93〕家雞和野鵠都知道自然的變化，更何況是萬物之靈的人呢？可知他對於時的看法不僅止於義理層次的「時行」之義，更在觀天文、察時變的季節時令以及干支日月層面的認知，也就在占候的意義上知陰陽二氣之化、天文歲候之變，並與之同吉凶，如〈管輅傳〉中記載廣平劉奉林家中婦女病危，已買棺器。時間是正月，然管輅占得一卦後說「命在八月辛卯日日中之時。」後果如之。〔註94〕可見管輅所謂的「時」是從陰陽變數出發，尋繹出實際的干支日月、時日候辰，而非僅止於哲學上的「與時偕行」之義。管輅則更進一步以爻象之旨來說時變之義，他說：

> 夫風以時動，爻以象應，時者神之驅使，象者時之形表，一時其道，不足為難。〔註95〕

風之動必有其時，而神運乎其中；爻之義以象而顯，而象表其時態，可知管輅是藉由爻象的變化來推知時日，並主張《周易》之基礎就在於象，卦、爻皆由象而生，以象表時，時就在象中。所以結合卦爻之象，推衍變化之規律便能開神無窮，悟知死生禍福之時，這說明管輅的「時義」觀是透過《易》象與爻象的變化規律而得者，誠如他自己在亂世能因時順應，感通「時者，神之驅使」之妙，故能知時趨避，保全其身。這就是何晏不解的原因，何晏以玄言解《易》，不知《易》陰陽之數，幽明之故，終違反「與時偕行」的精神而招來殺身之禍。管輅曾告誡何晏說：「不可不思害盈之數，盛衰之期。」

華正書局，1992年12月初版），頁604。

〔註93〕引自《三國志・魏書・管輅傳》裴松之注引〈管輅別傳〉，見盧弼《三國志集解》（臺北：漢京文化事業有限公司，2004年3月初版），頁692。

〔註94〕《三國志・魏書・管輅傳》：「廣平劉奉林婦病困，已買棺器。時正月也，使輅占，曰：『命在八月辛卯日日中之時。』林謂必不然，而婦漸差，至秋發動，一如輅言。」見盧弼《三國志集解》（臺北：漢京文化事業有限公司，2004年3月初版），頁693。

〔註95〕引自《三國志・魏書・管輅傳》裴松之注引〈管輅別傳〉，見盧弼《三國志集解》（臺北：漢京文化事業有限公司，2004年3月初版），頁695。

〔註 96〕然何晏注《易》游談《老》《莊》、華辭翳實，未能眞正了解《易》之九事，故至死皆未能了悟陰陽之數與盛衰之時，因此招來伏曼容「平叔有所短」之譏，以及王應麟「小子觀朵頤」之評。〔註 97〕

又〈管輅別傳〉中時人多以管輅匹比京房，其弟管辰不以爲然，時時貶抑京房不知時行之義來提昇其兄管輅知時之功，認爲眞正學《易》、用《易》之人，不必專在注《易》、占《易》上，應該要實踐《周易》與時偕行的精神以趨吉避凶才是。辰說：

> 昔京房雖善卜及風律之占，卒不免禍，而輅自知四十八當亡，可謂明哲相殊。又京房目見遘讒之黨，耳聽青蠅之聲，面諫不從，而猶道路紛紜。輅處魏、晉之際，藏智以朴，卷舒有時，妙不見求，愚不見遺，可謂知幾相遜也。〔註 98〕

管辰批評京房雖善卜及風律之占，卻不知審時度勢、趨吉避凶，終招致殺身之禍。〔註 99〕反觀管輅之術出神入化，能知己壽，且能於魏、晉之際，藏智以朴，卷舒有時，從法天地、象四時當中曉悟吉凶悔吝而予以適當地趨避，可說是得《周易》時變之委曲，盡《周易》偕時之神妙者。

小　結

　　魏晉時代術數易站在漢象數學的基礎上，從觀察日月運行的規律與天地變化的數理當中，假借萬物之象與陰陽之數，感變化之委曲，探幽明之道理，

〔註 96〕引自《三國志・魏書・管輅傳》裴松之注引〈管輅別傳〉，見盧弼《三國志集解》（臺北：漢京文化事業有限公司，2004 年 3 月初版），頁 698。

〔註 97〕《梁書・儒林傳》伏曼容說：「何晏疑《易》中九事，以吾觀之，晏了不學也，故知平叔有所短。」王應麟《困學紀聞》說：「晏以老莊談《易》，係小子觀朵頤，所不解者，豈止七事哉？」

〔註 98〕引自《三國志・魏書・管輅傳》裴松之注引〈管輅別傳〉，見盧弼《三國志集解》（臺北：漢京文化事業有限公司，2004 年 3 月初版），頁 702。

〔註 99〕《三國志・魏書・管輅傳》裴松之注引〈管輅別傳〉：「昔京房雖善卜及風律之占，卒不免禍，而輅自知四十八當亡，可謂明哲相殊。又京房目見遘讒之黨，耳聽青蠅之聲，面諫不從，而猶道路紛紜。輅處魏、晉之際，藏智以朴，卷舒有時，妙不見求，愚不見遺，可謂知幾相遜也。京房上不量萬乘之主，下不避佞諂之徒，欲以天文、洪範，利國利身，困不能用，卒陷大刑，可謂枯龜之餘智，膏燭之末景，豈不哀哉！世人多以輅疇之京房，辰不敢許也」，見盧弼《三國志集解》（臺北：漢京文化事業有限公司，2004 年 3 月初版），頁 702。

再以《周易》爲依據，取象運數，推步運會，加上一套生克制化之理論，預測、分析並解決人們生活中的各種問題，最後則歸宗於道德之修養。以這樣的方式占《易》、論《易》，可說盡得「象、數、理、筮」四者之要，不致脫離實務而空蹈玄虛，也不致偏重術數而忽視義理。僅管易占者利用天人感應、萬物有靈與五行生克等理論來占斷吉凶禍福，然其目的在於神道設教，導人修德，仍有其價值存在。更何況一套占筮之術到達天人相感、通致無方，靈驗地占斷所有的自然、社會現象，其理論性與操作性必有其可觀之處，實在值得研究。因此學《易》、研《易》，除了義理範疇外，對於古代天文、曆算、筮術等知識都宜稍加涉獵，如此才能全面發展易學精神而獲得整體的認識，不致於因不了解而互相攻訐。

　　然而也不能因爲專研象數或義理而一味偏袒側重一方，這樣都會造成學術的失眞。魏晉這些占驗派的象數易學家，都擁有豐富的學識，對於象數學及占卦諸術相當嫻熟且紮實，頗得《周易》「象、數、理、筮」四者之精神，然在後世卻往往被貶入易學旁支，也顯見其學必有不足或荒謬之處。整體而言，這一時期的占驗派所表現的學說約有如下幾點特色：

一、魏晉象數易學與漢代象數易學的差異

　　如果從象數與術數的角度來看管、郭象數易學與漢代象數易學之差異，則可得出一個結論，那就是漢象數易是有理論、有系統的。而管、郭之易主要仍然是集中在占驗吉凶方面，其易象與易數的理論是零散的。

　　雖然管、郭也是屬於京氏易象數派，其占術仍繼承納甲、五行、六親之說而來，但與京房易不一樣的是，京氏雖以《周易》來從事占卜，然仍兼通陰陽、五行、消息等體系以注《易》。管、郭則逐漸脫離注《易》解《易》的系統，純粹以易象、易道、各種方術以及神學理論去占驗人事之吉凶，此乃管、郭術數意味甚於京房之因。

二、術數兼闡義理

　　魏晉術數易學家把《周易》視爲占筮、命理、風水等活動的主要理論依據，同時也將方術與《周易》陰陽往來、與時偕行、憂患修德等思想結合，使人們明白一己的所作所爲才是主宰命運重要的憑藉，如管輅說：「夫卜者必法天地，象四時，順仁義。……病者或以愈，且死或以生，患或以免，事或

以成，嫁女娶妻或以生長。」（《三國志・魏書・管輅傳》裴松之注引〈管輅別傳〉）德行才是吉凶趨避之主因，積德補過是可改變命運的，藉由法天象地與仁義之行，病者可以癒，禍者可以免。這說明人對生命是具有主動掌握的契機，主要的方法就是要實踐《周易》的道德哲學。

三、術數的限制

　　術數雖以德行作為吉凶趨避的依據，然術數本身也很容易陷入宿命論，如管輅以仁義之行論易占，然一提及相形之法，則又表現出命定不可改的特色，當他為自己看相時，從額無生骨，眼中無精，鼻無梁柱，腳無天根、背無三甲，腹無三壬、本命在寅、月食之夜所生等相說自己必然不壽，而後果如之。依管輅之說，以人相與命運之關係若如此之必然且靈驗，那麼又何需修德補過？反之，修德能夠扭轉命運，又何須在乎不壽之象？只要乾乾惕厲，憂患積德，相亦有可轉之時，又何必執著形法之學？此其失之一也。又前論「占夢」說中曾提管輅曾為何晏卜卦解夢，得三卦——〈謙〉、〈大壯〉、〈艮〉，管輅曾嚴厲告誡何晏必謙遜履禮，否則將有災難。回至邑舍，將情形具告其舅，舅氏責備管輅之言太切至，管輅卻說：「與死人語，何所畏邪？」又說何晏有鬼幽之相，必死不疑。早知何晏為鬼幽亡相，何須為他卜得三卦？又何須以三卦之理誡之？若一切定在常數當中，卦象與卦德之說無乃多此一舉？則此其失之二也。術數易為後人詬病之因，因為容易流於命數，無法超越。因此要探討命能不能改？與相有無關係？恐怕只有「外死生」者得以超越不論。

　　因此，命是否可由德行主宰？還是人本有天命、宿命之說？這個命題自古至今都困擾著人們。術數易學家雖然肯定「病者或以癒，且死或以生」修德積福之說，卻又時時表現命運定數的觀念，此其自相牴牾處。

四、有神論

　　術數的應驗往往取決於萬物有靈與天人感應之說，如此一來，又造成另一種神秘的有神論。「神」在術數易的內涵中有二層意義：一、指自然之符應：天地之間有一定的氣數律動，人若順其變動法則，天就應之以吉；若違反宇宙的規律與秩序，天就應之以凶，天地萬物皆感數而動，此數指的是陰陽變化之理，人只要能掌握此數此理，就能預知吉凶，故「輅每開變化之象，演

吉凶之兆，未嘗不纖微委曲，盡其精神。」（《三國志‧魏書‧管輅傳》裴松之注引〈管輅別傳〉），管輅把此奇妙的數理稱爲「自然之符應」、爲「神」。二是神學意義的神：這個神具有靈性與德性，跟上帝一樣，能幫助人們成就事功，如管輅占候中所說的五星、雷公、電母，表現出神思遐幽，靈風可懼的功力。又如占夢的事例中，夢中呈現的物象、意象都是神靈的啟示。針對這些鬼神論，的確讓人感到不可思議，因此易學家常以「有神論的迷信」或「騙人混錢」的占算家視之。當然，如此看待魏晉術數易學雖有所不公，但是從他們的卜筮理論看來，確實表現出有神論的思想。然若轉換另一個角度，魏晉術數易學家以「數術合《易》」的方式來反對漢人以象數注《易》的煩瑣，並藉此批判何王以玄理注《易》的浮虛，這在中國易學發展史上，應該是一個新的思考方向，也頗具其時代意義。

　　將術數的「神妙精微」與《周易》的「精義入神」合一，實是《周易》天人合一之學的體現，若非精通陰陽之數者不能至。管輅一方面代表著對玄學解《易》的反動；另一方面卻以「數術合《易》」的方式達到「妙不盡意」之境，與玄學易學家的「忘象以求意」的精神有著異曲同工之妙，也是數術合《易》的最高境界。因此捨棄這些術數易學家，就無法了解漢象數易至魏晉時期的轉變，當然也就無法展現易學在中國發展史上的整體面貌。

第七章　納甲說與納甲筮法

　　納甲說簡單的說就是將天干地支納入八卦中的一種學說。自漢京房以納甲推災異的說法明顯記載於文字上，我們可以肯定漢時確有此說，然而此說究竟起源於何時？其理論根據為何？魏晉時期呈現何種發展狀況？這是本論文所欲論述的要點之一。

　　納甲筮法是站在納甲說的基礎上，利用各種象數易學體例、卦爻之象，加上干支運用、五行生克等法占斷命運吉凶的學問。這個納甲筮法相對於大衍筮法與春秋筮法，其地位就顯得卑下。然而從西漢的焦贛、京房到漢魏的虞翻，到魏晉的管輅、干寶、郭璞都擅長以此理論解經或占算，從事占驗者甚至還演變成後世的火珠林法並留傳至今，一套筮法能自古至今歷久不衰必有其價值所在。然而這一套占筮理論在魏晉時期的管、郭之術中表現出何種納甲內涵？這是本論文所欲論述的要點之二。

　　至於，《京房易》、納甲筮法與唐代以後所稱的火珠林法到底有什麼關係呢？宋元學者大抵認為納甲筮法即後世術家所謂的火珠林法，後人因此把納甲筮法、錢蓍法也叫作「火珠林法」，然而事實是否如此呢？這也是本章想要釐清的問題及所欲論述的要點之三。

　　納甲說自漢以後，大概形成三條主要的途徑：一、虞翻、陸績、干寶等人用以解《經》者。二、管輅、干寶、郭璞等人逐漸發展且加深術數色彩而成為後世火珠林法所根據的納甲筮法。三、魏伯陽援納甲說為丹家煉道之用。本文主要以前二者為論述之範疇。

第一節 納甲說與注經

　　所謂納甲，即將十天干分納於八卦中，而舉天干之首甲以概其餘，故稱之爲納甲，朱震在《漢上易傳‧卦圖卷下》說：

> 納甲，何也？曰舉甲以該十日也。乾納甲壬，坤納乙癸，震巽納庚
> 辛，坎離納戊己，艮兌納丙丁，皆自下生，聖人仰觀日月之運，配
> 之以坎離之象，而八卦十日之義著矣！〔註1〕

除了將天干納於八卦之中，十二地支亦配合天干而納於其中，稱爲「納支」。天干與地支同時排納於卦爻辭之中，或用以解經或援以占算，皆可統稱爲廣義的納甲。黃宗羲《易學象數論》說：「卦之納甲以六十子言，故納辰亦謂之甲也。十二支六陽六陰，陽順傳，陰逆傳，子寅辰午申戌爲順，未巳卯丑亥酉爲逆。」〔註2〕天干配上地支故有六十甲子之說，而子寅辰午申戌六地支爲陽，其運算以順時針爲主，未巳卯丑亥酉六地支爲陰，其運算以逆時針爲主，天干配地支的用法，運用在易外別傳的種種理論上，都可稱之爲納甲說，這是就廣義的定義而言。實際上，納甲說基本上是包含納支及各種易例綜合運用的學說，本論文採用的是廣義的納甲說。

一、納甲說溯源

　　然納甲說究竟起於何時呢？清‧胡煦將納甲分爲兩類，一類是《周易》納甲，另一類是術數納甲。他認爲眞正的納甲指的是《周易》納甲，是上古聖人仰觀天文所得，而非指術數占卦的納甲，他說：

> 納甲之法，上古聖人仰以觀於天文，因設之以明《易》，非術數家所
> 能作也。見於卦辭曰：「先甲後甲」，是文王之前已有納甲矣。見於
> 爻辭曰：「先庚後庚」，是周公之前已有納甲矣。夫文王周公之時，
> 固未聞有所謂術數也。術數之可考者，始見於《越絕書》與《吳越
> 春秋》，或亦戰國術數之士襲日月交光之說，因吉凶禍福之言，盜其
> 靈機，推廣義例，因紀其光交之位，目爲納甲，以惑愚蒙，欺當世
> 耳。……術數之傳，惟火珠林以錢代著，猶與易數相符，試之占卜，

〔註1〕 見朱震《漢上易傳‧卦圖卷下》，收錄於《通志堂經解》本第一冊，清徐乾學
　　　　輯、納蘭成德校訂（台北：漢京文化事業有限公司）（無年月版次），頁649。
〔註2〕 見黃宗羲《易學象數論‧納甲二》（台北：廣文書局，1981年2月再版），頁
　　　　47。

每有徵驗。至於祿馬貴人，乖于易理，絕無可驗，斯其僞作，不近
道理，亦已明甚。……而考諸日月交光，實與易理絕有關系，其妙
皆出於先天八卦圖與文王後天圖。〔註3〕

胡煦對於將江湖術士利用納甲以惑愚蒙、以欺當世頗不以爲然，但對於火珠林
法與易數相合者亦有認同之語，殆其理念主要以探索納甲理論與學說根源爲
主，並不著重在占卦儀法與斷卦方式上，故有此論。歸納胡煦這一段話約可摘
爲三要點：一、《周易》納甲之源起比術數納甲早，術數乃借用《周易》納甲說
以建立自己的系統理論者，襲其皮表卻無神理可言。二、術數中僅有《火珠林》
以錢代蓍尚可與易數相符，其餘皆乖於易理。三、從《周易》已有「先甲後甲」
之卦辭與「先庚後庚」之爻辭證明而納甲之法於文王、周公之前已有之，〔註4〕
並認爲納甲原理乃來自日月交光的先天圖與文王後天圖之並用。

　　對於胡煦說納甲說來自日月交光說，是受到虞翻月體納甲說與宋代學者
有關先天八卦與先天學的影響，這並非魏晉納甲學之實貌。至於以「先甲後
甲」之卦辭與「先庚後庚」之爻辭就證明先秦已有納甲之法，也有不妥之處。
其原因有四：一、庚甲爲天干，干支在殷商時期就已普遍被用來記載時日，
如甲骨片中往往有「癸丑卜」、「甲申21卜」、「乙亥12鼎」等以干支記日之
情形，易爲卜筮之書，其卦辭、爻辭爲卜而設，必然結合當時社會政治情況，
因此在卦爻辭中出現干支之文只可說是用來指示日期，不可據此以爲納甲說
產生之根源。二、以納甲法的天干配八卦之說，震應納庚而巽應納辛，然〈巽・
九五〉說：「先庚三日，後庚三日。」顯然與震納庚、巽納辛的原理不符。胡
煦認爲此乃《周易》貴陽之故，因爲巽卦之伏卦爲震卦，故說巽卦即說震卦；
又說必以巽說明「先庚後庚」者乃基於陰陽相盪之理，三之先是指純陰之坤，
而巽代表微陰之萌；三之後是指二陽之兌，也就是一陽之盛進，巽則代表消
上面之二爻而反生下面之一陽，如此言巽就是言震，以伏論之也。震之伏爲
巽，又震（丙）後爲兌（丁），亦符合月體「三日出爲爽，震庚受西方；八日
兌受丁」之說。用一陽之由來與盛進把巽卦在坤卦與兌卦之中，〔註5〕並以此

〔註3〕 見胡煦《周易函書約存・卷首上》，見《中國古代易學叢書》第四十三卷（中
　　　　國書店出版，1998年3月第1版）（無載出版地），頁31。
〔註4〕 〈蠱〉卦辭說：「元亨，利涉大川。先甲三日，後甲三日。」〈巽・九五〉說：
　　　　「貞吉，悔亡，無不利，無初有終；先庚三日，後庚三日，吉。」胡煦從卦
　　　　爻辭有「先甲後甲」、「先庚後庚」之說證明納甲法在周朝已然存在。
〔註5〕 見胡煦《周易函書約存・卷四・震象出庚》一節：「先庚後庚不言於坤，不言

原理置「先庚後庚」於巽卦而非震卦，且將之合理化，不免使人有牽強附會之感。三、即使勉強通釋「先庚後庚」置於巽卦之說，但對於其他〈蠱〉卦辭說：「先甲三日，後甲三日。」何以不置〈乾〉卦，並沒有提出適當之解釋。因爲按照納甲法，〈乾〉下卦配甲，上卦配壬，「先甲後甲」應置於〈乾〉卦，爲何在《周易》卻置於〈蠱〉卦呢？胡煦以貴陽之論把「先庚後庚」合理的釋於〈巽〉卦之下，卻無法說明「先甲後甲」置於〈蠱〉卦之因，此爲其失。四、除了以《周易》本身的卦爻辭外，並沒有提供任何典籍與文物去證明納甲之法始自先秦之說。

胡煦將納甲分爲《周易》本有之納甲與術數學之納甲，且認爲《周易》本身之納甲乃先秦已有之。然宋代卻有學者認爲干支之用是《周易》本身的系統，且與文王後天八卦的方位有關，因此認爲卦爻辭中的「先庚後庚」、「先甲後甲」只是象徵八卦並代表後天方位而已，無所謂「納甲」之說，言納甲者是術家之語，非《周易》之事，宋·俞琰說：

> 或問泰有坤故言乙，歸妹無坤而亦言乙，何也？蠱無乾而言甲，巽無震而言庚，又何也？曰納甲之法，爲術家用之，於易無預焉。蠱象辭云：[註6]先甲三日，後甲三日，甲指震而言，震東方之卦，東方屬甲乙木，蠱之三四五互震，故稱甲。泰歸妹爻辭皆曰帝乙者，泰六五互震，歸妹六五震體而皆柔爻，故稱帝乙，巽九五曰先庚三日後庚三日者，庚指互兌而言，兌西方之卦，屬庚也。即非用納甲法。[註7]

於震，而獨説入〈巽〉卦，何也？曰爲貴陽，故言震。《周易》貴陽，雜卦所由，曰巽伏也。先庚三，內震也；後庚三，外震也。」依照納甲法，〈震〉納庚，然「先庚後更」出現在〈巽·九五〉者，用「飛伏」之法也，〈震〉伏〈巽〉，故可相通也。又説：「三之先指純陰之坤，三之後指二陽之兌，所以明此一陽之由來，與此一陽之盛進也，其必言以巽者，正以易道言始必要其終，言終必究其始，所以有變動不居，往復相循之義，故其象或取諸伏，或取諸覆，或取諸互，由伏取者，對待者也；由覆取者，往復者也；由互取者，上下卦之合也。」（同前），蓋「三之先，三之後」以震卦爲中心，先→中→後爲坤☷→震☳→兌☱，此説明一陽之來與一陽之盛進，故「先庚後庚」指〈震〉也，而以〈巽〉卦爲説者，取對待之「伏」也，以「伏」視之，〈震〉即〈巽〉也。見《中國古代易學叢書》第四十三卷（中國書店出版，1998年3月第1版）（無載出版地），頁134。

〔註6〕 此〈象〉辭應爲卦辭之誤。

〔註7〕 見宋俞琰《讀易舉要·卷三·納甲之附會》經部，易類（總二十一冊，經部第十五冊），收錄於文淵閣《四庫全書》（台北：商務印書館，1986年3月初版），頁21-440。案：俞琰此説未必十分正確，因若以後天八卦之方位而言則

俞琰從〈蠱〉卦之互體得到〈震〉卦，再由〈震〉得到東方甲乙木之用法，並藉此言「甲」之由來，且證〈蠱〉有「先甲後甲」之說。因俞琰不認同納甲的方位說，故以震爲甲，此乃就文王後天八卦的方位來說「甲」之意義，認爲「先甲後甲」、「先庚後庚」、「帝乙」之說皆是結合文王八卦及五行的方位而來，且由互體推得，並非來自月體納甲或紀日曆法，亦即認爲「庚甲乙巳」〔註8〕之說乃《周易》自身的體系，與納甲無關。謂之納甲者，純粹出乎後世術家之用。

　　納甲若非來自於《周易》本身之體系，那麼它究竟起自何時呢？潘耒《遂初堂集·卷二》說：「納甲之法，秦以前未嘗有也。蓋起於焦貢（贛）、京房之流。」〔註9〕最早以納甲推災異的明顯文字記載確實始於京房，《四庫全書總目》有一段描述：

> 下卷首論聖人作易揲著布卦；次論納甲法，次論二十四氣候配卦，與夫天、地、人、鬼四易，父母、兄弟、妻子、官鬼等爻，龍德、虎形、天官、地官與五行生死所寓之類。蓋後來錢卜之法，實出於此，故項安世謂：以《京易》考之，世所謂《火珠林》即其遺法。
> 〔註10〕

姑且不論京房的納甲學說是否就是後世的火珠林法，然確實可見納甲在京房之時已有完整的理論體系與運用模式，因此可說納甲之說形成於西漢之時。黃師慶萱以爲焦贛《易林》

陰支	陽支
丑	子
卯	寅
巳	辰
未	午
酉	申
亥（逆行）	戌（順行）

運用八卦則可，又何必言庚與甲？故必言庚與甲者，必與紀日有關。

〔註8〕　干支出現在《周易》，除了〈蠱〉卦的「先甲後甲」以及〈巽〉卦的「先庚後庚」外，還有〈泰·六五〉的「六五，帝乙歸妹，以祉元吉。」、〈歸妹·六五〉的「帝乙歸妹，其君之袂，不如其娣之袂良。月幾望，吉。」、〈革〉卦辭的「巳日乃孚」。

〔註9〕　引自潘耒《遂初堂易論·卷二·納甲納音論》，見嚴靈峯編輯無求備齋《易經集成》第118冊（台北：成文出版社，1976年臺一版）（無月份），頁87。

〔註10〕　見《四庫全書總目提要·子部·術數類二》論〈京氏易傳三卷〉（台北：藝文印書館，1989年1月6版），頁2155。

已有此說，﹝註11﹞因為《禮記月令正義》引《易林》曰：「〈震〉主庚子午，〈巽〉主辛丑未，〈坎〉主戊寅申，〈離〉主己卯酉，〈艮〉主丙辰戌，〈兌〉主丁巳亥。」由此可知將卦爻結合干支的現象在西漢之時就已存在，只是不知此法始自何時何人？但可以肯定的是，將此法用於占算災異且形成一套完整的系統者應屬京房。黃宗羲說：

> 世言納甲本於參同契，然京房積算已言分天地之象，益之以甲乙壬癸，震巽之象配庚辛，坎離之象配戊己，艮兌之象配丙丁，是則西漢之前已有之矣！魏伯陽因其說而以月象附會之。﹝註12﹞

黃宗羲說一般人皆認為納甲說皆本於《參同契》，而實際上西漢時的京房就已有此說，因此判定納甲法應存在於西漢之前。《京氏易傳·卷下》說：

> 分天地乾坤之象，益之以甲乙壬癸。震巽之象配庚辛，坎離之象配戊己，艮兌之象配丙丁。八卦分陰陽，六位五行。﹝註13﹞

〈乾〉、〈坤〉二卦代表事物之終始，故〈乾〉內卦納甲，外卦納壬；坤卦內卦納乙，外卦納癸。﹝註14﹞其餘六卦，分別納丙、丁、戊、己、庚、辛，即〈艮〉內外卦皆納丙，〈兌〉內外卦皆納丁，〈坎〉內外卦皆納戊，〈離〉內外卦皆納己，〈震〉內外卦皆納庚，〈巽〉內外卦皆納辛。納甲是一套干支相配的系統，故除了天干分納於八卦中，十二地支亦配合天干而納於八卦中，八純卦由初爻起至上爻止，每爻按十二地支的先後順序納之，陽卦納陽支，陰卦納陰支，陽卦則順行，陰卦則逆行。子、寅、辰、午、申、戌為順；未、

﹝註11﹞黃師慶萱在《魏晉南北朝易學書考佚》說：「納甲納支之法，莫詳所始。考易卜源於龜卜，而卜辭已著干支。以卦爻配干支似為古法。《禮記月令正義》引《易林》曰：『〈震〉主庚子午，〈巽〉主辛丑未，〈坎〉主戊寅申，〈離〉主己卯酉，〈艮〉主丙辰戌，〈兌〉主丁巳亥。』說與火珠林合。則西漢·焦贛《易林》已有此說。」（台北：幼獅文化事業公司，1975 年 11 月），頁 385。

﹝註12﹞見黃宗羲《易學象數論·納甲》（台北：廣文書局，1981 年 2 月再版），頁 45。

﹝註13﹞引自陸績《京氏易傳·卷下》，見嚴靈峯編輯無求備齋《易經集成》第 177 冊（台北：成文出版社，1976 年臺一版）（無月份），頁 107。

﹝註14﹞林至《易禪傳外篇·納甲》說：「乾坤一卦為天地陰陽之本，故分甲壬乙癸陰陽之終始。」見《中國古代易學叢書》第十一卷（中國書店出版，1998 年 3 月第 1 版）（無載出版地），頁 90。又《讀易舉要》說：「項平庵曰乾納甲壬、坤納乙癸者，父母之卦主十干，始終之數也。艮納丙、兌納丁者，少男少女，近乎始也」見宋俞琰《讀易舉要·卷三·納甲之附會》經部，易類（總二十一冊，經部第十五冊），收錄於文淵閣《四庫全書》（台北：商務印書館，1986 年 3 月初版），頁 21-440。

巳、卯、丑、亥、酉為逆，如〈乾〉卦初九爻納子，九二爻納寅，九三爻納辰，九四爻納午，九五爻納申，上九爻納戌。〈震〉為長子與〈乾〉同起於子，故由初爻到上爻亦配子、寅、辰、午、申、戌。〈坎〉為中子初爻從寅始，順行之，由二爻到上爻則配辰、午、申、戌、子。同理，〈艮〉從初爻到上爻則配辰、午、申、戌、子、寅。陰卦逆行，〈坤〉起自未，從初爻到上爻則配未、巳、卯、丑、亥、酉。〈巽〉起自丑，從初爻到上爻則配丑、亥、酉、未、巳、卯。〈離〉起自卯，從初爻到上爻則配卯、丑、亥、酉、未、巳。〈兌〉起自巳，從初爻到上爻則配巳、卯、丑、亥、酉、未。干支排納於八卦六爻中則成下面〈八卦納甲圖〉所示：

八卦納甲圖

八卦 爻位 五行	乾	坤	震	巽	坎	離	艮	兌
上爻	壬戌	癸酉	庚戌	辛卯	戊子	己巳	丙寅	丁未
五爻	壬申	癸亥	庚申	辛巳	戊戌	己未	丙子	丁酉
四爻	壬午	癸丑	庚午	辛未	戊申	己酉	丙戌	丁亥
三爻	甲辰	乙卯	庚辰	辛酉	戊午	己亥	丙申	丁丑
二爻	甲寅	乙巳	庚寅	辛亥	戊辰	己丑	丙午	丁卯
初爻	甲子	乙未	庚子	辛丑	戊寅	己卯	丙辰	丁巳

　　干支排納於八宮卦之體式既成，其餘五十六個卦的納甲、納支則依此八卦的上下體而定，亦即下卦與某宮卦同者即用某宮卦下卦之干支，上卦與某宮卦同者即用某宮卦上卦之干支，如〈屯〉䷂上坎下震，下卦同〈震〉下卦之干支－初爻至三爻為庚子、庚寅、庚辰，上卦同〈坎〉上卦之干支－四爻至上爻為戊申、戊戌、戊子，整個〈屯〉由初爻至上爻的干支則為庚子、庚寅、庚辰、戊申、戊戌、戊子。五十六個卦的干支皆依八宮卦上下體的干支而定，再加上世應、飛伏、六親、五行生克的配合運用，就形成了一套體系龐大的納甲文化。

　　將納甲的干支與八卦相配，京房以六位結合五行，並藉此占斷災異，卻沒有說明其所根據的原理為何？魏晉象數易學家發展此法，則賦予此說理論根據，並開拓出豐富的納甲說。

二、虞翻納甲說

京房的納甲說重視五行解卦體系，首先確定八宮卦的五行屬性，再借用天干地支來確立六十四卦中每一爻的五行屬性，利用卦與爻之間五行的生克制化來決定世爻和六親的關係，並從而進行吉凶的預測與事物的占算與解釋，顯然此法奠定後世火珠林筮法占斷之基礎，京房雖然制定一套八宮卦配干支的方法，卻未明確地說明納甲原理之由來。後有魏伯陽《周易參同契》以月象附會之，三日月出庚，八日兌象見，用為陰陽進退符火之候，此說為虞翻所繼承，他同魏氏一樣主張納甲的原理源於月體運行的規律，一月之中，晦朔弦望，陽息陰退，乾象出甲，坤象滅乙，震象出庚，巽象退辛，坎象流戊，離象就己，艮象消丙，兌象見丁，八卦之象與東西南北中五方相連，以月之明魄多少取象於卦畫，以所見方位為所納之天干，呈現出與京房不同的納甲內涵，且比《參同契》更為詳備。大抵而言，虞翻月體納甲之說要義有三：

（一）取月體為象

《周易》八卦模擬月體之運行，以一月之內所呈現之晦朔弦望的盈虛變化及其出沒的方位作為納甲說之依據，這就是所謂的「月體納甲」說。魏伯陽便曾以此說結合《易》道，寓丹家行持進退之候，《參同契》說：

> 三日出為爽，震庚受西方；八日兌受丁，上弦平如繩；十五乾體就，盛滿甲東方。蟾蜍與兔魄，日月兩氣雙。蟾蜍視卦節，兔者吐生光。七八道（數）已訖，屈折低下降。十六轉受統，巽辛見平明；艮直於丙南，下弦二十三；坤乙三十日，東方喪其明。節盡相禪與，繼體復生龍。壬癸配甲乙，乾坤括始終。〔註15〕

魏氏的月體納甲用的是三爻畫的八經卦而非京房六爻畫的八宮卦，每一八卦配合天干以擬象月體的盈虛消長，故有三日震庚受西方、八日兌丁受南方、十五乾滿甲東方、十六轉巽辛、二十三艮丙於南方，坤乙三十日喪東方等六節之分。《參同契》以月象論納甲屬性與方位，援為丹家進退符火之用。虞翻對此頗為關注，並援之以注解《周易》經文。如注〈繫辭上傳〉「懸象著明莫大乎日月」時則說：

> 謂日月懸天，成八卦象。三日暮，震象出庚；八日，兌象見丁；十

〔註15〕引自魏伯陽《周易參同契》，見長生陰真人註《周易參同契》，收錄於《正統道藏》第三十四冊，映字號（台北：新文豐出版有限公司，1995 年 1 版 3 刷），頁 163～164。

五日，乾象盈甲；十七日旦，巽象退辛；二十三日，艮象消丙；三
十日，坤象滅乙。晦夕朔旦，坎象流戊。日中則離，離象就己，戊
己土位，象見於中，日月相推，而明生焉。〔註16〕

日月懸象於天，三日震象出現在庚西（月始出），八日兌象出現在丁南（上
弦月），十五日乾象盈滿於甲東（滿月），十七日旦巽象從辛西消退（滿月始
消），二十三日艮象剝蝕月明於丙南（下弦月）；三十日坤象消滅月明於乙東。
月末之夕與月初之旦，坎象流至戊方；正午之時，離象流至己方，戊己爲土
位處中央，坎離之用就在日月相推之中產生了。此説也成爲後人論述納甲學
的重要理論根據。如《御定星曆考原・卷一》説：

此以六卦應月候而坎離爲日月之本體，居中不用。震直生明者，一
陽始生，又生明之時以初昏候之月見庚方也。兌直上弦者，二陽浸
盛，又上弦之時以初昏候之月見丁方也。乾直望者，三陽盛滿，又
望時以初昏候之月見甲方也。巽直生魄，則一陰始交，又生魄之時，
以平明候之月見辛方也。艮直下弦，則二陰浸盛，又下弦之時，以
以平明候之月見丙方也。坤直晦，則三陰盛滿，又晦時以平明候之
月見乙方也。皆與納甲相應。〔註17〕

納甲本於月之晦朔弦望，震以生明之時見庚方，兌以上弦之時見丁方，乾以
望時見甲方，巽以生魄之時見辛方，艮以下弦之時見丙方，坤以晦時見乙方，
足見月之盈虛消長實與納甲相應者。後人就在虞翻月體納甲説的基礎上推陳
出新，因此對此一學説就不能不作一番探索。

　　虞翻在《易》注中一再強調日月之盈虧所呈現的正是八卦之卦象，並據
此進一步説明易道陰陽消息之大要。如：

1. 〈繫辭上傳〉説：「在天成象，在地成形，變化見矣」虞翻注説：「謂
　　日月在天成八卦；震象出庚，兌象見丁，乾象盈甲，巽象伏辛，艮象
　　消丙，坤象喪乙，坎象流戊，離象就已，故在天成象也。在地成形，
　　謂震竹巽木，坎水離火，艮山兌澤，乾金坤土。在天爲變，在地爲化，
　　剛柔相推，而生變化矣。」（《周易集解》引），天的變化，指的是日

〔註16〕見李鼎祚《周易集解》（台北：商務印書館，1996 年 12 月臺 1 版第 2 次印刷），
　　　　頁 350。
〔註17〕見李光地等奉敕編《御定星曆考原・卷一・圓圖》，子部，術數類（總第八百
　　　　一十一冊，子部第一百一十七冊），收錄於文淵閣《四庫全書》（台北：商務
　　　　印書館，1986 年 3 月初版），頁 811-20。

月甲乙壬癸的消長推移；地的變化，指的是震巽金木水火土五行的生化，天地的變化正是日月干支、陰陽剛柔相互推移的結果。

2. 〈說卦傳〉說：「水火不相射」，虞翻注說：「謂坎離。射，厭也。水火相通。坎戊離已，月三十日，一會於壬，故不用射也。」（《周易集解》引），依照月體納甲之說，以震、兌、乾、巽、艮、坤象徵月體之盈虛圓缺。坎月納戊，離日納已，本居中央，此言日月於三十日之時同會於北方之壬位，說明坎、離者正為乾、坤之用也。

3. 〈歸妹‧彖〉說：「歸妹，天地之大義也。天地不交而萬物不興。」虞翻注說：「以離日坎月戰陰陽，陰陽之義配日月，則萬物興，故天地之大義。乾主壬，坤主癸。日月會北。……天地以離坎交陰陽，故天地不交則萬物不興矣。」（《周易集解》引），乾、坤為天地之體，坎、離為天地之用。乾主壬，坤主癸，日月於三十日之時同會於壬，則呈現天地相交、相雜之狀，故能生物不息。此月體納甲日月推移之結果。

4. 〈繫辭上傳〉說：「四象生八卦」，虞翻注說：「乾二五之坤，則生震、坎、艮。坤二五之乾，則生巽、離、兌。故四象生八卦。乾坤生春，艮兌生夏，震巽生秋，坎離生冬者也。」（《周易集解》引），陰陽相盪而乾坤甲乙生春，艮兌丙丁生夏，震巽庚辛生秋，坎離戊己生冬。甲乙生春者，東也。丙丁生夏者，南也。庚辛生秋者，西也。戊己生冬者，中央也。此說明日月懸於天，隨其運行之規律，於不同之節氣、方位則有不同之卦象。

由上數例得知，日月相推而生陰陽消長，月本無光，借日之光而發之，故於朔日後三天，陰極陽生而月方明於東方為震象，納庚；八日月形上缺、其平如繩為兌象，位處南方，納丁；十五日滿月出現東方為乾象，納甲；十六日陽道消而陰道進，月退於西方為巽象，納辛；二十三日月缺下半為下弦為艮象，納丙；三十日月滅於東方為坤象，納乙。虞翻採乾納甲壬，坤納乙癸，震納庚，巽納辛，艮納丙，兌納丁的納甲說結合月體圓缺之象，主張八卦之象就以是日月運轉推移之天象，故說：「日月在天成八卦」。

（二）合用「月體納甲」與「後天八卦」之方位

〈坤〉卦辭：「西南得朋，乃與類行。東北喪朋，乃終有慶。」虞翻注說：「謂陽得其類，月朔至望，從震至乾，與時偕行，故『乃與類行』。陽喪滅坤，坤終復生，謂月三日震象出庚，故『乃終有慶』。謂陽月三日，變而成震，出

庚。至月八日成兌，見丁。庚西丁南，故『西南得朋』。謂二陽爲朋，故兌『君子以朋友講習』。〈文言〉曰：『敬義立而德不孤』。〈象〉曰：『乃與類行』。二十九日，消乙入坤，滅藏於癸，乙東癸北，故『東北喪朋』。謂之以坤滅乾，坤爲喪故也。」（《周易集解》引），此虞翻論易道陰陽消息之大要，由陰陽盈虛相蕩而有不同方位之產生。陽月三日變而成震出庚，至月八日則成兌見丁，庚在西、丁在南故曰西南；二十九日消乙入坤滅藏於癸乙，乙東癸北，故曰東北。從以上的注解可參照下面的納甲方位圖：

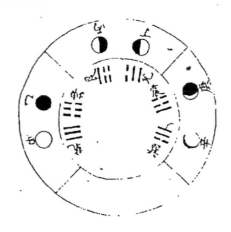

八卦納甲之圖　　　　　　　　　　參同契納甲圖

取自惠棟《易漢學・卷三》　　　　取自胡渭《易圖明辨・卷三》

　　惠棟此圖乃詮釋虞翻納甲説者，而《參同契》納甲説正爲虞翻所繼承。按照月體在一月中盈虛消長的時間，得出甲乙東、丙丁南、庚辛西、戊己中八卦納甲方位。虞翻一方面承繼《參同契》的體系，另一方面又爲了合理解釋〈說卦傳〉所說的八卦方位，因此在方位的取用上往往混合二者之説，如〈說卦傳〉說：「萬物出乎震。震，東方也。……艮，東北之卦也。萬物之所成終而所成始也，故曰成言乎艮。」虞翻注說：「震初不見東，故不稱東方卦也。巽陽隱初，又不見東南，亦不稱東南卦，與震同義。巽陽藏室，故絜齊。離爲日，爲火，故明。日出照物，以日相見。離象三爻，皆正日中，正南方之卦也。…兌三失位不正，故言正秋。兌象不見西，故不言西方之卦，與坤同義。…乾剛，正五，月十五日晨象西北，故西北之卦。……坎者，水也。正北方之卦也。……艮三得正，故復稱卦。萬物成始乾甲，成終坤癸。艮東北，是甲癸之間，故萬物之所成終而成始者也。」（《周易集解》引），以〈說卦傳〉的方位而言，震在東、

巽在東南、兌在西。以月體納甲方位言之，震在西，故說「不稱東方卦也」；巽在西，故說「不稱東南卦」；兌在南，故說「不言西方之卦」。虞翻卻又說：「艮東北，是甲癸之間，故萬物之所成終而成始者也。」此又以文王後天八卦之方位立論。由此可知，虞翻同時運用〈說卦傳〉的文王八卦方位及月體納甲方位。又虞翻注〈蹇〉卦辭：「不利東北」時說：「艮，東北之卦。月消於艮，喪乙滅癸，故不利東北，其道窮也。」（《周易集解》引），甲癸處終始之地，這是以月體納甲方位而言，宜以乾、坤居之，而虞翻卻以艮卦居之，則知在虞翻以納甲理論搭配文王八卦方位。艮卦就月體納甲的方位而言，宜在南方丙位，並不在東北甲癸之位。置艮於東北終始之地，乃並用〈說卦傳〉之思。

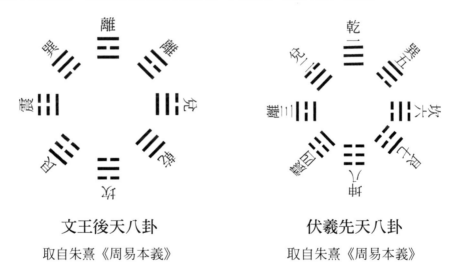

文王後天八卦　　　　　　伏羲先天八卦

取自朱熹《周易本義》　　　取自朱熹《周易本義》

虞翻結合納甲方位與文王八卦方位來詮解《周易》，舉數例如下：

1. 〈歸妹‧彖〉說：「歸妹，天地之大義也。……歸妹，人之終始也。」虞翻注說：「乾主壬，坤主癸。日月會北。震為玄黃，天地之雜。震東兌西，離南坎北。六十四卦，此象最備四進正卦，故天地之大義也。……人始生乾，而終於坤，故人之終始，〈雜卦〉曰：『歸妹，女之終』，謂陰終坤癸，則乾始震庚也。」（《周易集解》引），「陰終坤癸，乾始震庚」，從震庚西始，終於坤陰癸北，此確為月體納甲之說。然說「震東兌西，離南坎北」，指的又是文王八卦方位。故知此例則同時運用月體納甲與文王八卦之說。

2. 〈蹇〉卦辭說：「利西南，不利東北。」虞翻注說：「坤，西南卦。五在坤中，坎為月，月生西南，故利西南。」（《周易集解》引），蹇卦☰

上坎下艮，坎象為月，以月體納甲方位論之，月生於震西至兌南，故說月生西南，若是，則坤宜在東方乙位，然虞翻卻說：「坤，西南卦。」此又用文王八卦方位說之。

3. 〈小畜‧上九〉說：「月幾望，君子征凶。」，虞翻注說：「幾，近也。坎月離日，上已正，需時成坎，與離相望。兌西震東，日月象對，故月幾望。……與歸妹、中孚『月幾望』義同也。」（《周易集解》引）；〈歸妹‧六五〉說：「月幾望，吉。」虞翻注說：「坎月離日，兌西震東，日月象對，對日『幾望』。……與小畜、中孚『月幾望』同義也。」（《周易集解》引）；〈中孚‧六四〉說：「月幾望，馬匹亡，無咎。」虞翻注說：「訟坎為月，離為日。兌西震東。月在兌二，離為震三，日月象對。故月幾望。」（《周易集解》引），虞翻注解這三個爻辭都表達「坎月離日，日月象對」的陰陽消長觀，日月一升一降，一東一西，陽極陰生，陰極陽生，月十五至十六日，為月幾望之象，符合月體運轉之規律，然虞翻卻又以「兌西震東」的方位解之，此亦合用二者方位說之例。

虞翻一方面採用月體納甲之方位，另一方面又同時援用〈說卦傳〉的文王八卦方位，所以造成八卦方位不一致的現象。宋‧朱震堅持使用月體納甲的日月消息以解之，故注〈納甲圖〉則以震庚、兌丁、巽辛、艮丙、乾甲坤乙、坎離戊己等方位及原理釋之，然在繪製〈納甲圖〉表時卻又兼用伏羲先天八卦之位（見下面〈漢上納甲圖〉），顯然是受到宋代先天學影響所致，[註18] 故惠棟說：

> 甲乾乙坤相得合木，故甲乙在東。丙艮丁兌相得合火，故丙丁在南。戊坎己離相得合土，故戊己居中。庚震辛巽相得合金，故庚辛乙在西。天壬地癸相得合水，故壬癸在北。……宋人作是圖者，依邵氏偽造伏羲先天之位，錯亂不可明。[註19]

虞翻同時雜用月體納甲之方位與文王八卦方位，固然體例紊亂不一，然宋人作納甲圖亦結合月體納甲與先天圖之說，也讓人無所適從，故《御定星歷考

〔註18〕 朱震說：「虞曰（指虞翻）日月懸天成八卦象，三日暮震象月出庚，八日兌象月見丁，十五日乾象月盈甲壬，十六日旦巽象月退辛，二十三日艮象月消丙，三十日坤象月滅乙，晦夕朔旦，則坎象水流戊，日中則離，離象火就巳，土位象見於中，日月相推而明生焉。」見朱震《漢上易傳‧卦圖卷下》，收錄於《通志堂經解》本第一冊，清徐乾學輯、納蘭成德校訂（台北：漢京文化事業有限公司）（無年月版次），頁649。

〔註19〕 引自惠棟《易漢學‧卷三‧虞仲翔易》，見惠棟撰、鄭萬耕點校《周易述、易漢學、易例》（北京：中華書局，2007年9月第1版），頁557。

原‧卷一》說：

> 按納甲之法不知其所自起，因其以六卦值月候明魄死生陰陽消息，
> 與先天圖有相似者，故道書《參同契》中所陳，本述納甲之說，而
> 朱子以爲即先天之傳也。……今按先天之圖八卦具備，而納甲除去
> 坎離以爲二用，則其法亦不盡合。〔註20〕

《御定星歷考原》認爲納甲原理的死生消息盈虛之法與先天圖雖有類似之
處，然深入探討，卻發現先天圖與納甲圖二者說法並不盡相合。另胡渭認爲
宋人所論之納甲皆不盡合理，唯朱震〈漢上圖〉較勝，但對於坎、離寄納戊
己，乾、坤兼納壬癸之義都不能有所發揮，故另製一個新的月體納甲圖（見
下面）。雖是如此，胡渭發揮虞翻月體納甲之說尚屬正確無誤，然對於虞翻所
說之納甲方位也多所不合。〔註21〕

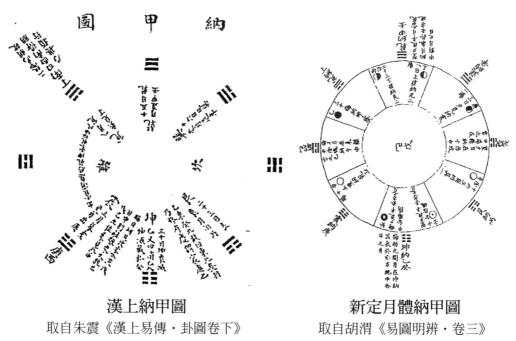

漢上納甲圖　　　　　　　　　　　新定月體納甲圖
取自朱震《漢上易傳‧卦圖卷下》　　　取自胡渭《易圖明辨‧卷三》

〔註20〕 見李光地等奉敕編《御定星歷考原‧卷一》子部，術數類（總第八百一十一
　　　　冊，子部第一百一十七冊），收錄於文淵閣《四庫全書》（台北：商務印書館，
　　　　1986 年 3 月初版），頁 811-22。

〔註21〕 胡渭說：「甲乙丙丁庚辛指月昏旦出沒之方，而圖移六卦於六月體之下，悖矣！
　　　　《漢上圖》較勝，然坎離寄納戊己，乾坤兼納壬癸之義，皆不能有所發揮，
　　　　因更定附列於左而爲之說焉！」此「更定」指的是將朱震〈漢上圖〉改爲自
　　　　製的〈新定月體納甲圖〉。見胡渭撰、譚德貴點校《易圖明辨‧卷三》（北京：
　　　　九州出版社，2008 年 1 月第 1 次印刷），頁 70。

（三）納甲配合易數、四季、五行

按照月體納甲說的八卦方位所對應的四季五行關係，宜甲乾乙坤在東，值春合木；丙艮丁兌在南，值夏合火；庚震辛巽在西，值秋合金；天壬地癸在北，合水；戊坎巳離在中央，合土。但因北方壬癸又爲乾坤所納，乾坤本已納甲乙值春，故虞翻主張以坎離爲冬，如他說：「乾坤生春，艮兌生夏，震巽生秋，坎離生冬者也。」注〈繫辭上傳〉「四象生八卦」（《周易集解》引），以乾坤爲春，艮兌爲夏，震巽爲秋，坎離爲冬，如此才能完整的納八卦於四季當中。

虞翻還以八卦納甲的天干配上五行，並以此解釋「五位相得，而各有合」（〈繫辭上傳〉）之義，他說：「五位謂五行之位。甲乾、乙坤相得，合木，謂天地定位也。丙艮、丁兌相得，合火，山澤通氣也。戊坎、己離相得，合土，水火相逮也。庚震、辛巽相得，合金，雷風相薄也。天壬、地癸相得，合水，言陰陽相薄，而戰於乾。故五位相得，而各有合。」（《周易集解》引）甲乾、乙坤爲木，丙艮、丁兌爲火，戊坎、己離爲土，庚震、辛巽爲金，天壬、地癸爲水。在《京氏易傳》就有所謂「八卦配陰陽，六位配五行」之說，京房分別將乾、坤、震、巽、坎、離、艮、兌八卦分別配以金、土、木、木、水、火、土、金之說；同時也將地支配上五行，子亥屬水，丑辰未戌屬土，巳午屬火，申酉屬金，寅卯屬木，藉由五行生克關係於是制有六親（繫爻、制爻、義爻、寶爻、專爻）之說，並藉此以占災異。虞翻此注僅及天干配五行，不及地支配五行，顯見其論納甲五行之說乃爲了解經，而非爲了占卦。

除了天干配五行外，虞翻又將天干所代表的十個自然數與八卦相配並以此注解天地之數，〈繫辭上傳〉說：「天一，地二，天三，地四，天五，地六，天七，地八，天九，地十。」虞翻分別注說：「水甲，火乙。木丙，金丁。土戊，水巳。火庚，木辛。金壬，土癸。」（《周易集解》引），〔註22〕天爲一、三、五、七、九爲陽，各配以甲、丙、戊、庚、壬；地爲二、四、六、八、十爲陰，各配以乙、丁、己、辛、癸。於是，一二九十爲甲乙壬癸，配乾坤。三四爲丙丁，配艮兌。五六爲戊己，配坎離。七八爲庚辛，配震巽。故虞翻說：「泰震爲七」（注〈既濟・六二〉「七日得」），因爲〈既濟〉卦是由〈泰〉

〔註22〕《周易集解》說：「此則大衍之數五十有五。著龜所從生，聖人以通神明之德，以類萬物之情。此上，虞翻義也。」見李鼎祚《周易集解》（台北：商務印書館，1996年12月臺1版第2次印刷），頁345。李認爲這一段注解是虞翻所說。

䷒五之二卦變而來，泰卦互體震，震體納庚，庚配天地之數則爲七。再如注
〈震‧六二〉時說：「震數七」同前所解，震體納庚，庚配天地之數則爲七。
以一到十的自然數配八卦的天干與五行，是虞翻注《易》之新說，卻啓發後
人結合五行生成數與納甲之數來解釋天地五十五之數與宇宙萬物之生成。如
宋‧朱震就曾引虞翻、崔憬之說與遁甲九天九地之數，作〈十日數圖〉，並結
合納甲原理來說明天地之數，他說：

> 十日數者，八卦五行分天地之數也。虞翻曰甲乾、乙坤相得，合木。
> 丙艮、丁兌相得，合火。戊坎、己離相得，合土。庚震、辛巽相得，
> 合金。天壬、地癸相得，合水。故五位相得而各有合。……遁甲九
> 天九地之數，乾納甲壬、坤納乙癸，自甲至壬其數九，故曰九天。
> 自乙至癸其數九，故曰九地。甲一、乙二、丙三、丁四、戊五、己
> 六、庚七、辛八、壬九、癸十。……艮納丙配三，兌納丁配四，此
> 天地五十五之數也。〔註23〕

利用虞翻「乾坤合木、艮兌合火、坎離合土、震辛合金、壬癸合水」五位相
得之說，〔註24〕以乾配艮、坎、震，坤配兌、離、巽之說比附九天九地之數，
並由納甲之說而推及天地五十五之數，〔註25〕這些說法未嘗不是得自於漢魏

〔註23〕朱震除了引虞翻之論，還引唐崔憬之說：「崔憬天三配艮，天五配坎，天七配
震，天九配乾。地二配兌，地十配離，地八配巽，地六配坤。……臣曰以三
配艮、五配坎、七配震、八配巽是也。餘論非也。」見朱震《漢上易傳‧卦
圖卷下》，收錄於《通志堂經解》本第一冊，清徐乾學輯、納蘭成德校訂（台
北：漢京文化事業有限公司）（無年月版次），頁660。

〔註24〕〈繫辭上傳〉說：「天數五，地數五，五位相得，而各有合。天數二十有五，
地數三十，凡天地之數五十有五，此所以成變化而行鬼神也。」虞翻注說：「五
位謂五行之位。甲乾、乙坤相得，合木，謂天地定位也。丙艮、丁兌相得，
合火，山澤通氣也。戊坎、己離相得，合土，水火相逮也。庚震、辛巽相得，
合金，雷風相薄也。天壬、地癸相得，合水，言陰陽相薄，而戰於乾。故『五
位相得，而各有合。』或以一六合水，二七合火，三八合木，四九合金，五
十土也。」（《周易集解》引），見李鼎祚《周易集解》（台北：商務印書館，
1996年12月臺1版第2次印刷），頁337。虞翻此說已啓開宋人先天之學與
納甲結合的基礎。

〔註25〕〈說卦傳〉說：「參天兩地而倚數」，崔憬注說：「參，三也。謂於天數五、地
數五中，以八卦配天地之數。起天三配艮，而立三數。天五配坎，而立五數。
天七配震，而立七數。天九配乾，而立九數。此從三順配陽四卦也。地從二
起，以地兩配兌，而立二數。以地十配離，而立十數。以地八配巽，而立八
數。以地六配坤，而立六數。此從兩逆配陰四卦也。其天一地四之數，無卦
可配，故虛而不用。此聖人取八卦配天地之數，總五十而爲大衍。」見李鼎

以後興盛的納甲之說。又張浚《紫巖易傳》進一步把此納甲之數結合金木水火土五行之數來說明天地生成之功，他說：

> 甲乙壬癸，乾坤納甲也。甲乙木，壬癸水，何以屬之乾坤？蓋天地生成之功在木水，考諸四時之運可得也。……乾配甲壬，坤配乙癸，艮兌配丙丁，坎離配戊己，震巽配庚辛，此納甲法也。乾數一、九而其奇，坤數二、十而耦，艮、兌之數三、四，坎、離之數五、六，震、巽之數七、八，隨十干次第而立數也。甲乙乾坤之始，闡於仁也；壬癸乾坤之終，藏於智也。〔註26〕

自虞翻提出以納甲之學配合五行之說與天地之數後，後世便以此來闡述天地五十五之數。清‧毛奇齡也說：

> 虞仲翔以納甲闡五十五數，謂甲乾乙坤相得合木，丙艮丁兌相得合火，戊坎己離相得合土，庚震辛巽相得合金，天壬地癸相得合水。其言天地者，即乾坤也。蓋十日之數，自甲至癸，即自一至十。〔註27〕

因為虞翻把一至十置入納甲學說，加上又有天干配五行的說法，後人便認為虞翻是以納甲原理來闡發天地五十五之數。實際上，虞翻在干支與五行的配合上也顯示出體例不一的現象，如注解「五位相得，而各有合」時，他主張要甲、乙合木。丙、丁合火。戊、己合土。庚、辛合金。壬、癸合水。但注解「天一，地二，天三，地四，天五，地六，天七，地八，天九，地十。」卻又主張水甲，火乙。木丙，金丁。土戊，水己。火庚，木辛。金壬，土癸。〔註28〕這表示虞翻為了詮通《周易》文辭，採取諸多說法，導致有前後不同，

祚《周易集解》（台北：商務印書館，1996 年 12 月臺 1 版第 2 次印刷），頁 403～404。（《周易集解》引），此乃納甲之數配合天地五十五之數之明證也。

〔註26〕引自張浚《紫巖易傳‧卷十‧讀易雜記》，收錄於《通志堂經解》本第一冊，清徐乾學輯、納蘭成德校訂（台北：漢京文化事業有限公司）（無年月版次），頁 424。

〔註27〕引自毛奇齡《易小帖‧卷三》，見《中國古代易學叢書》第三十六卷（中國書店出版，1998 年 3 月第 1 版）（無載出版地），頁 568。

〔註28〕虞翻注〈繫辭上傳〉之「五位相得」而說：「甲乾、乙坤相得，合木，謂天地定位也。丙艮、丁兌相得，合火，山澤通氣也。戊坎、己離相得，合土，水火相逮也。庚震、辛巽相得，合金，雷風相薄也。天壬、地癸相得，合水。」（《周易集解》引），但注〈繫辭上傳〉之「天一、地二……地十」又說：「水甲。火乙。木丙。金丁。土戊。水己。火庚。木辛。金壬。土癸。此則大衍之數五十有五。蓍龜所從生，聖人以通神明之德，以類萬物之情。」（《周易

體例紊亂的情形，因此屈萬里先生在《先秦漢魏易例述評》說：「納甲之術，既創於京房，演於魏虞，而非上下經及十翼所有，故虞氏用以說得朋喪朋等義，穿鑿無當。」〔註29〕納甲雖非上下經及十翼所本有，但並非不可用來解說《周易》，因爲〈繫辭上傳〉說：「範圍天地之化而不過，曲成萬物而不遺，通乎晝夜之道而知，故神無方而易無體。」納甲以月體之昏旦出沒而言，雖然不是爲了明《易》而設，然《易》本範圍天地、曲成萬物，虞翻以納甲釋《易》本無可厚非，然其說法往往混雜各種不同理論體系，造成易例不一，無法圓通詮解，故引來穿鑿附會之評。〔註30〕

三、陸績納甲說

陸績納甲說基本上是承襲京房而來，故其說大抵不違京氏之法，大要如下：

（一）八宮卦與天干之配

《京氏易傳‧卷下》說：「分天地乾坤之象，益之以甲乙壬癸。震巽之象配庚辛，坎離之象配戊己，艮兌之象配丙丁。八卦分陰陽，六位五行。」陸績注說：「乾坤二分，天地陰陽之本，故分甲乙壬癸，陰陽之始終。庚陽入震，辛陰入巽。戊陽入坎，己陰入離。丙陽入艮，丁陰入兌。」〔註31〕天干自甲至癸有十，而卦者八，以八納十，故乾坤則取終始之義，陸績並無新見只是更進一步地說明〈乾〉納甲、乙，〈坤〉納乙、壬的陰陽之情，故在注《京氏易傳‧乾》時又說：「乾爲天地之首，分甲壬入乾位。」天地陰陽是萬物之根

集解》引），見李鼎祚《周易集解》（台北：商務印書館，1996 年 12 月臺 1 版第 2 次印刷），前者爲頁 337，後者頁 344～345。

〔註29〕 見屈萬里《先秦漢魏易例述評》（台北：學生書局，1985 年 9 月 3 版），頁 125。

〔註30〕 以納甲說《易》並非錯誤，錯在虞翻不能統一說法，使一個納甲學說，有不同的五行論，不同的方位觀，讓人不知所從。宋滕琪編《經濟文衡前集‧卷十》說：「參同契所云甲乙丙丁庚辛者，乃以月之昏旦出沒言之，非以分六卦之方也。此雖非明易而設，然易中無所不有，苟其言自成一說，可推而通，則亦不害於易，恐不必輕肆詆排也。」子部，儒家類（總第七零四冊，子部第十冊），收錄於文淵閣《四庫全書》（台北：商務印書館，1986 年 3 月初版），頁 704-70。

〔註31〕 此《京氏易傳》原文及陸績之注引自陸績《京氏易傳‧卷下》，見嚴靈峯編輯無求備齋《易經集成》第 177 冊（台北：成文出版社，1976 年臺一版）（無月份），頁 107。以下凡引《京氏易傳》原文及陸績之注皆自此書，故不再作註。

本，萬物由陰陽所構成，因此陰陽貫通事物之終始。乾坤甲乙爲天地之父母，又爲陰陽之終始，故以甲乙壬癸配乾坤。其他則按照陰陽性質與乾坤生六子的長幼次序納天干，如《京氏易傳‧履》說：「六丙屬八卦」陸績注說：「艮六丙也」艮爲乾坤所生之少男，艮納丙，履卦乃艮卦之五世，從艮宮本身算起，直到五世則爲六數，故曰「艮六丙」。

（二）確立八宮卦為筮法而設

京房說：「吉凶之義，始於五行，終於八卦，……六爻上下，天地陰陽，運轉有無之象，配乎人事八卦，仰觀俯察在乎人，隱顯災祥在乎天，考天時、察人事在乎卦。」（《京氏易傳‧卷下》），陸績注《京氏易傳‧晉》說：「凡八卦分爲八宮，每宮八卦，八八六十四卦，定吉凶，配人事，天地山澤草木，日月昆蟲，包含氣候足矣！」又注《京氏易傳‧大畜》說：「極陰陽之數，定吉凶之兆。」陸績認爲八宮中的每一卦都含著萬象，從天地山澤草木到昆蟲氣候，都可以藉由二氣消長之數來象徵人事的變化，從而推斷吉凶，基本上肯定京房的八宮卦是爲筮占而設。

八宮卦的內涵包含很多，這些內涵與納甲筮法都有著密切的關係，《京氏易傳‧乾》說：「降五行，頒六位」，又說：「天六位，地六氣。六象六包，四象分萬物。陰陽無差，升降有等。」又說：「分天地乾坤之象，益之以甲乙壬癸……艮兌之象配丙丁。」（《京氏易傳‧卷下》），陸績則說：「十二辰分六位，升降以時，消息吉凶。」（注《京氏易傳‧乾》），這表示陸績注解《京氏易傳》意在凸顯以陰陽消息、六位五行來占解人事吉凶休咎的特點。

1. 六親說

六親說乃建立在五行爻位說的基礎上，在京房的體系中，每一宮卦都有一五行屬性，八純卦的五行屬性確定後，每宮其餘七卦的五行屬性皆同於同宮之八純卦，如乾宮屬金，本宮其餘的〈姤〉、〈遯〉、〈否〉、〈觀〉、〈剝〉、〈晉〉、〈大有〉七卦則均屬金。六親則是以本卦的五行屬性爲母，每一爻的地支五行屬性爲子，一卦六爻所納的五行與本宮卦的五行屬性，視其生克關係而定出六親說。以本卦爲我，相對於六爻的關係，凡我生者爲「寶爻」（福德），生我者爲「義爻」（天地），我克者爲「制爻」（財），克我者爲「繫爻」（鬼），同於我者爲「專爻」（同氣）。

《京氏易傳‧卷下》說：「八卦。鬼爲繫爻，財爲制爻，天地爲義爻，福

德為寶爻，同氣為專爻。」陸績把天地改為父母，福德改為子孫，同氣改為兄弟，如注「天地為義爻」則說：「天地即父母也」，注「福德為寶爻」則說：「福德即子孫也」，注「同氣為專爻」則說：「同氣即兄弟也」。又《京氏易傳·乾》說六爻之義：「水配位為福德，木入金鄉居寶貝，土臨內象為父母，火來四上嫌相敵，金入金鄉木漸微，宗廟上建戌亥乾本位。」陸績注說：「甲子水是乾之子孫，甲寅木是乾之財，甲辰土是乾之父母，壬午火是乾之官鬼，壬申金同位傷木，戌亥乾之位」，因為乾卦為金宮。初爻甲子為水，子在五行屬水，依據五行相生相克之原理，金則生水。又按照六親原則，我生者為為子孫，子孫乃福德之象，故京房說：「水配位為福德」，陸注為「甲子水是乾之子孫」，此為第一爻。二爻為甲寅，寅在五行屬木，依據五行相生相克之原理，金克木，為我所克者，妻也，財也，故京房說：「木入金鄉居寶貝」，陸注為「甲寅木是乾之財」，此為二爻也。三爻為甲辰，辰在五行屬土，依據五行相生相克之原理，土可生金，此生我者為父母，故京房說：「土臨內象為父母」，陸注為「甲辰土是乾之父母」，此為三爻也。四爻為壬午，午在五行屬火，依據五行相生相克之原理，金為火所克，能夠克我者為當權之官勢與無形之鬼神，故京房說：「火來四上嫌相敵」，陸注為「壬午火是乾之官鬼」，此為四爻也。五爻為壬申，申在五行屬金，依據五行相生相克之原理，金與金為同類同氣，同氣指的是兄弟，古人兄弟常互為幫助，往往因為幫助兄弟則有損財之嫌，也因此常與妻子爭執，故京房說：「金入金鄉木漸微」（木則指妻財），陸注為「壬申金同位傷木」，此為五爻也。至於上爻壬戌，戌在五行屬土，其理與三爻同，京房僅點出其位：「宗廟上建戌亥，乾本位」，陸亦隨之而省，而其實此爻為土，相對於本宮卦乾金，宜為父母，因為土生金之故。又如注解〈姤〉卦「尊就卑」時說：「子孫與父母相代位」，〈乾〉初爻為子孫，〈姤〉初爻為父母，〈乾〉初爻陽變陰為〈姤〉，即是由子孫變至父母，此說則常見於後世納甲筮法動爻的運用中，故知陸績對六親的闡發與筮法的完善是有所貢獻的。

　　從對京房的注解，可見陸績已用三國熟悉的卜筮術語對漢代所謂的六親法加以解釋，如後世所稱的「父母」、「妻財」、「兄弟」、「官鬼」、「子孫」均可見於陸績注，由此更可證明完備的納甲六親法在三國時已有之。

　　2. 飛伏說

　　所謂「飛」就是顯現，「伏」就是隱藏，亦即在顯現出來的卦象中隱藏著

與它對立的卦象。京房認爲卦象與爻象都有飛和伏，飛伏說的目地是在本卦的卦爻象之外，增加另一卦的卦爻象，藉以豐富取象的內容，以期更方便地比附人事之吉凶。〔註32〕陸績在解釋京房的飛伏說時，往往用干支與五行來注解，如《京氏易傳・姤》說：「與巽爲飛伏」，陸績則以「辛丑土，甲子水」來詮解，「甲子水」是乾卦的第一爻，而「辛丑土」則是巽卦的第一爻，爲何這兩者置於同一爻呢？依據京房飛伏說，一世、二世、三世與其內卦爲飛伏，所以乾之初爻變則與巽爲飛伏關係，因此有「辛丑土，甲子水」之注解。又如《京氏易傳・乾》說：「乾純陽用事，象配天，屬金，與坤爲飛伏。」陸績注說：「壬戌土，癸酉金」，很顯然的這個注解是就乾上爻所說，「壬戌土」按照京房的納甲說指的是乾卦上爻，而「癸酉金」指的是坤卦上爻，此二者互爲飛伏，所以陸績在注解《京氏易傳・坤卦》則說：「癸酉金，壬戌土」，其理與前說相同。陸績用干支五行的方式注解京房的飛伏說，其實與納甲筮法有關，後人以此法占斷事物吉凶，若占得之卦無『用神』，則以日月爲用神，若日月亦無用神，則以其卦相應本宮卦的第一卦藉由飛伏的關係去尋找用神，故飛伏說在陸績的努力下，不但沒有隨著象數易學的沒落而消失，反而在魏晉南北朝逐漸興盛起來，陸績實有發揚之功。

〔註32〕京房的飛伏說頗爲繁複，大致有以下幾種情形：1. 八純卦各與相對四卦爲飛伏，即乾與坤、震與巽、艮與兌、坎與離。乾卦爲飛，則坤卦爲伏；坤卦爲飛，則乾卦爲伏。其餘可依此類推。2. 八純卦各與其反覆卦爲飛伏，如震與艮、巽與兌。3. 一世、二世、三世與其內卦爲飛伏，如姤與巽、遯與艮、否與坤。4. 四世、五世與其外卦爲飛伏，如觀與巽、剝與艮。5. 游魂卦與五世卦的外卦爲飛伏，如乾宮的游魂卦晉與五世卦的外卦艮爲飛伏。6. 歸魂卦與該宮本位卦的相對卦爲飛伏。如乾宮歸魂卦大有與其本宮卦的相對卦坤爲飛伏。參見崔波《京房易學思想述評（上）》，周易研究，1994 年第 4 期（總第二十二期）。另外元胡一桂引項安世述京房飛伏例說：「平菴項氏曰：京房於世爻用飛伏法，凡卦見者爲飛，不見者爲伏，其在八卦止以相反者爲伏。乾見伏坤之類，皆以全體相反也。至八卦所變世卦則不然，自一世至五世，同以本生純卦爲伏，蓋五卦皆一卦所變。至游歸二卦，則又近取所從變之卦爲伏。如乾一世姤，姤下體巽，飛爲巽初辛丑，伏仍用乾初甲子。二世遯，飛遯二丙午，伏仍用乾二甲寅之類，至五世皆以本卦乾爻爲伏者也。自五世復下爲游魂卦，剝四變晉，是艮變，其飛爲離四巳酉，伏爲艮四丙戌矣。又下爲歸魂卦，晉下三爻變爲大有，自坤變乾，故飛爲乾三甲辰，伏爲坤三乙卯矣。二卦皆近，即所從變之卦，不用本生純卦也。」見胡一桂《周易啓蒙翼傳外篇・飛伏例》，收錄於《通志堂經解》本第七冊，清徐乾學輯、納蘭成德校訂（台北：漢京文化事業有限公司）（無年月版次），頁 4192。

3. 五星配卦說

五星即土星（鎮）、金星（太白）、水星（太陰）、木星（歲）、火星（熒惑），《京氏易傳》解釋各卦，都配以五星，都有「五星從位起某某」之說，依乾宮、震宮、坎宮、艮宮、坤宮、巽宮、離宮、兌宮之序，從乾卦終至歸妹卦，按五行相生之序，周而復始地以五星相配，如解〈乾〉說：「五星從位起鎮星」，解〈姤〉說：「五星從位起太白」，解〈遯〉說：「五星從位起太陰」，解〈否〉說：「五星從位起歲星」，解〈觀〉說：「五星從位起熒惑」。以下依八宮卦序又自土星開始，配置各卦，此即京房所說的「降五行」。《淮南子‧天文訓》和《史記‧天官書》〔註33〕都以五星的運行來說人事的運用，京房以星宿配卦占筮，乃受其時代背景之影響，然這種以五星配卦是否就是後人所說占星術之來源不得而知，但以此占說陰陽災異確實對後世納甲筮法的完善提供理論根據。

《京氏易傳》每卦皆有「五星從位起」之說，陸績之注文雖不見將二十八星宿一一配卦，但從他對〈繫辭下傳〉說：「觀鳥獸之文」的註解可看出陸績仍承襲京房以星宿入《易》之說，陸績注說：「謂朱鳥、白虎、蒼龍、玄武，四方二十八宿經緯之文。」（《周易集解》引），以東方蒼龍七宿、南方朱雀七宿、西方白虎七宿、北方玄武七宿，四方二十八宿來說明〈繫辭下傳〉的「鳥獸之文」，張惠言認為這是從爻辰的觀點立說，因為伏羲仰觀天文、俯察地理而有八卦之畫，這個天文，虞翻定位為月體納甲，陸績則以爻辰星宿論之。

〔註33〕《淮南子‧天文訓》說：「何謂五星？東方，木也，其帝太皞，其佐句芒，執規而治春；其神為歲星，其獸蒼龍，其音角，其日甲乙。南方，火也，其帝炎帝，其佐朱明，執衡而治夏；其神為熒惑，其獸朱鳥，其音徵，其日丙丁。中央，土也，其帝黃帝，其佐后土，執繩而制四方；其神為鎮星，其獸黃龍，其音宮，其日戊己。西方，金也，其帝少昊，其佐蓐收，執矩而治秋；其神為太白，其獸白虎，其音商，其日庚辛。北方，水也，其帝顓頊，其佐玄冥，執權而治冬；其神為辰星，其獸玄武，其音羽，其日壬癸。太陰在四仲，則歲星行三宿，太陰在四鉤，則歲星行二宿，二八十六，三四十二，故十二歲而行二十八宿。」執規而治春、執繩而制四方、執矩而治秋、執權而治冬皆干支配星宿以運用於人生之事例；《史記卷二十七天官書第五索隱》案說：「天文有五官。官者，星官也。星座有尊卑，若人之官曹列位，故曰天官。正義張衡云：『文曜麗乎天，其動者有七，日月五星是也。日者，陽精之宗；月者，陰精之宗；五星，五行之精。星列布，體生於地，精成於天，列居錯峙，各有所屬，在野象物，在朝象官，在人象事。其以神著有五列焉，是有三十五名：一居中央，謂之北斗；四布於方各七，為二十八舍；日月運行，曆示吉凶也。』」

張惠言：「虞以鳥獸爲日月，陸以爲星宿。」〔註34〕張氏爲何有如此之論呢？原因在於虞翻、陸績的納甲說皆源自於京房，然虞翻卻從月魄之消息盈虛立論，而陸績則以星宿入卦爲說。不管如何，這都證明爻辰、納甲在象數學中都佔有一席之地。

從陸績發揮四方二十八宿入《易》之說，可看見此時的星宿入卦之論尚未形成後世納甲筮法的六神之說，因爲六神（青龍、朱雀、勾陳、螣蛇、白虎、玄武）的筮法，主要是依據占卦時日而將此六神一一入卦，藉此以占吉凶。陸績並未提及勾陳、螣蛇配卦之說，亦未論述六神與推斷事物的吉凶關係，可知陸績之時尙未有完整的納甲筮法。

四、干寶納甲說

京房之學發展至魏晉已漸失光茫，干寶得以承襲以卦爻配月、日、時以及納干支、五行於卦爻之說，對於京易八宮納甲說的傳承有厥偉之功。《京氏易傳・卷下》說：「考天時察人事在乎卦」，又說：「聖人所以仰觀俯察，象天地日月星辰草木萬物，順之則和，逆之則亂，夫細不可窮，深不可極，故揲蓍布爻，用之於下，筮分六十四卦配三百六（宜八）十四爻，序一萬一千五百二十策，定天地萬物之情狀。」筮法的實用範圍具有彌綸天地的廣泛性，對於一切的社會人倫、自然萬物皆可藉由卦象及卦義以推斷之，故干寶說：「等，群也。爻中之義，群物交集，五星四氣，六親九族，福德刑殺，眾形萬類，皆來發於爻，故總謂之物也。」（注〈繫辭下傳〉「爻有等，故曰物」，《周易集解》引），意謂凡人生的一切萬事萬物的變化皆可透過這一套筮法而得到解說，納甲筮法包含許多條例，而「五星四氣」、「六親九族」、「福德刑殺」都足以說明六親與本宮卦的五行生克關係，而舉凡宇宙間一切事物的變化都在這一筮法中顯露無遺，在干寶的詮釋下，五行生克、六親配屬及德刑休囚等法之運用，比起京房來可說是向前邁進了一步，然這一步非關學說理論，而是往術數的途徑更爲深入，可知干寶以八宮納甲注《易》，凸顯的是術數合《易》的功能與成就。

（一）八宮納甲說

〈繫辭下傳〉說：「六爻相雜，唯其時物」，干寶注說：「一卦六爻，則皆

〔註34〕引自張惠言《易義別錄・卷六》，見孫星衍、張惠言《孫氏周易集解・易義別錄》（山東：山東友誼書社，1992 年 9 月第 1 版），頁 524。

雜有八卦之氣；若初九爲震爻，九二爲坎爻也。或若見辰戌言艮，已亥言兌也。或若以甲壬名乾，以乙癸名坤也。或若以午位名離，以子位名坎。」（《周易集解》引），納甲筮法的要點之一就是以爻變爲基礎，卦中一爻變動便足以改變生克的關係而顯示出不同的吉凶，因此京房八宮卦就是透過爻變而形成一套占筮系統，陸績則以此論動爻，干寶更是重視一爻之功能，以一爻代表一卦之功，故說「初九爲震爻，九二爲坎爻」，以此類推，九三則爲艮爻，此以陽卦論之。若以陰卦立論，初六爲巽爻，六二爲離爻，六三爲兌爻。此外，以卦中每一爻配合天干，則有「見辰戌言艮，已亥言兌」之說，案地支配八卦六爻，艮卦則爲丙辰、丙午、丙申、丙戌、丙子、丙寅，辰爲內卦第一爻、戌爲外卦第一爻，故艮爲辰戌；兌卦六爻爲丁巳、丁卯、丁丑、丁亥、丁酉、丁未，巳爲內卦第一爻、亥爲外卦第一爻，故兌爲巳亥。又將每一爻配合天干，故有「以甲壬名乾，以乙癸名坤」之說，案八卦納天干，乾卦內卦則納甲、外卦則納壬；坤卦內卦則納乙、外卦則納癸。至若「午位名離，以子位名坎」者，乃文王後天八卦方位配合地支之說。

　　由此可知干寶以八宮、納甲注《易》，是繼陸績之後對於發揚京房《易》學貢獻最爲卓著的一位，其論納甲、干支之說可見如下數例：1. 注〈乾·初九〉說：「初九，甲子天正之位，而乾元所始也。」（《周易集解》引），根據納甲八卦六爻納干支之法，〈乾〉卦由初爻至上爻則爲甲子、甲寅、甲辰、壬午、壬申、壬戌，故知初九爲甲子，乃萬物之始者。又注〈乾·九四〉說：「四，以初爲應。淵，謂初九甲子，龍之所由升也。」（同前），〈乾〉卦初九甲子，根據承乘據應之例，初與四應，故甲子初爻與或躍在淵的四爻相應。〔註35〕2. 注〈坤·上六〉說：「爻終於酉，而卦成於乾。」（同前），依照納甲之法，〈坤〉卦由初爻至上爻則爲乙未、乙巳、乙卯、癸丑、癸亥、癸酉，坤卦上六爻值酉，故云「爻終於酉」。3. 注〈蒙·初六〉說：「初六戊寅，平明之時，天光始照，故曰發蒙」（同前），蒙上艮下坎，坎初爻爲戊寅，故說：「初六戊寅」。

　　干寶注八宮卦不但符合《京氏易傳》之本意，更重要的是藉由八宮、納甲、五行等法來解《易》，使象數易學不致因王弼玄理易學之衝擊而衰頹，馬

〔註35〕若按照八宮卦的世應之例，乾卦本身爲八純卦，其世卦在上爻，所以其應宜在九三。故知此處所運用的不是八宮之世應說，而是《易傳》本身承乘據應的象數易例。

國翰説他：「注《易》盡用京氏占候之法」，實良有以也。〔註36〕

（二）干支配五行説

〈繋辭下傳〉説：「六爻相雜，唯其時物。乾，陽物。坤，陰物」，干寶注説：「或若德來爲好物，刑來爲惡物。王相爲興，休廢爲衰。」（同前），刑德乃就五行生克立論，李道平《周易集解纂疏》説：「受生爲德爲好，故德來爲好物；克害爲刑爲惡，故刑來爲惡物。八卦分屬五行，有興有衰，故『王相爲興，休廢爲衰』」，〔註37〕在《漢書・數術略》五行類就載有〈刑德〉七卷，刑德乃是按曆日干支並配合五行的一種禍福占斷之術，〔註38〕《淮南子・天文》也論述了陰陽刑德七舍，〔註39〕後世蕭吉的《五行大義》一書也有專論刑德與天干、地支、十二月相配的術數，〔註40〕張惠言《易義別錄》説：「受生爲德，害克爲刑」，〔註41〕此亦筮法要義之一。接著講「王相爲興，休廢爲衰」，休王之説更是納甲術重要之一環，干寶承繼京房八卦休王之術，故有此説，如〈繋辭下傳〉説：「文不當，故吉凶生焉。」干寶注説：「于占，則王相之氣，君子以遷官，小人以遇罪也。」休指引退，王指當政，此説則將乾、坤、震、巽、坎、離、艮、兌八卦依次分別配上一年中的立冬、立秋、春分、立夏、冬至、夏至、立春、秋分之節氣。此二至、二分、四立，八卦各主其一，當一卦主事時，其他卦則爲生、死、廢、休。《京氏易傳・卷下》説：「於六十四卦，遇王則吉，廢則凶，沖則破，刑則

〔註36〕 馬國翰《玉函山房輯佚書・周易干氏注・序》（日本京都：株式會社中文出版社，1979年），頁214。

〔註37〕 見李道平《周易集解纂疏》（北京：中華書局2006年2月第4次印刷），頁670。

〔註38〕 可參考李零《中國方術考》論「刑德」之沿革始末，並説明「刑」與「德」各自的義蘊內涵以及如何按曆日干支推定吉凶禍福。（北京：東方出版社，2001年8月第2次印刷），頁47～51。

〔註39〕 《淮南子・天文訓》説：「陰陽刑德有七舍。何謂七舍？室、堂、庭、門、巷、術、野。十二月德居室三十日，先日至十五日，後日至十五日，而徙所居各三十日。德在室則刑在野，德在堂則刑在術，德在庭則刑在巷，陰陽相德，則刑德合門。」

〔註40〕 蕭吉《五行大義》有「論德」與「論刑」各一篇，大要是以刑德配合陰陽、干支、候氣以及人事之休咎，帶有十分濃厚的術數意味。見蕭吉《五行大義・卷二》（台北：廣文書局，1987年7月初版），頁17～21，28～30。

〔註41〕 引自張惠言《易義別錄・卷八》，見孫星衍、張惠言《孫氏周易集解・易義別錄》（山東：山東友誼書社，1992年9月第1版），頁582。

敗，死則危，生則榮。」六十四卦中每一卦爲王的時候，其他卦則分別爲生、死、廢、休。京房依此說來解釋卦爻辭之吉凶，〔註42〕其目的更在完善占算之法。干寶襲之，亦採八卦休王之說來表達人事之吉凶禍福。

1. 五行爻位說

京房將乾、坤、震、巽、坎、離、艮、兌八純卦分別配以金、土、木、木、水、火、土、金，又將卦中的六個爻位配上五行。五行只看納支之屬性，不看納甲，如乾卦爲陽卦，各爻配以陽支，初爻爲甲子，子配水；二爻爲甲寅，寅配木；三爻爲甲辰，辰配土；四爻爲壬午，午配火；五爻爲壬申，申配金；上爻爲壬戌，戌配土。坤卦爲陰卦，各爻配以陰支，初爻爲乙未，未配土；二爻爲乙巳，巳配火；三爻爲乙卯，卯配木；四爻爲癸丑，丑配土；五爻爲癸亥，亥配水；上爻爲癸酉，酉配金。六子卦之六爻，其配五行屬性者皆類此。故視八卦各爻的納支，即可斷每爻之五行屬性，這就是「五行八卦六位」的體例。清惠棟《易漢學‧卷四》曾製成八卦六位圖，本文參考此圖，將京房五行爻位以圖示於下：

五行八卦六位圖

八卦 / 爻位 / 五行	乾 金	坤 土	震 木	巽 木	坎 水	離 火	艮 土	兌 金
上爻	土	金	土	木	水	火	木	土
五爻	金	水	金	火	土	土	水	金
四爻	火	土	火	土	金	金	土	水
三爻	土	木	土	金	火	水	金	土
二爻	木	火	木	水	土	土	火	木
初爻	水	土	水	土	木	木	土	火

干寶承繼京房「五行爻位」之理論，將每一爻之地支配上五行以解《易》，如注〈井‧初六〉說：「在井之下體，體本土爻。」〈井〉☵ 上坎下巽，巽初

〔註42〕意謂六十四卦當中某一個卦當政爲王之時，其餘諸卦則爲生、死、廢、休。見陸績《京氏易傳》，見嚴靈峯編輯無求備齋《易經集成》第177冊（台北：成文出版社，1976年臺一版）（無月份），頁112。

爻始辛丑，在五行中屬土，故說「體本土爻」。又如注〈震‧六二〉說：「六二木爻，震之身也。」〈震〉☳ 上震下震，震六二爻爲庚寅，寅在五行屬木，故說「六二木爻」。

　　干寶干支五行說同時也比附著五德，〔註43〕如干寶注〈屯‧象〉說：「水運將終，木德將始」，〈屯〉☶ 上坎下震，坎爲水、震爲木，初爲始、上爲終。又注〈比‧六三〉說：「周爲木德」，〈比〉☵ 上坎下坤，坤六三爻爲乙卯，卯在五行屬木。又注〈井〉卦辭說：「水，殷德也；木，周德也」，蓋〈井〉☵ 上坎下巽，坎爲水，巽爲木。又注〈震‧象〉說：「周、木德，震之正象也」，因震在五行屬木。卦象結合五行本無可厚非，然以五德比附殷周之德則有牽強枘鑿之感，與五行生克之說頗無法契合。

　　然干寶以五行爻位之干支解《易》，是納甲筮法（世應、游歸、六親、六神等）運用之基礎。

2. 五行生克說

　　五行之間的德刑、生克，比和、扶抑等說法都以五行爻位爲基礎，通過八卦納甲、納支將水火木金土五行與《易》結合起來，賦予六十四卦和三百八十四爻五行屬性，如此就能推演五行生克之說。五行生克關係中的六親確定就能結合六神以判斷卦爻象之吉凶。陸績六親說已將天地改爲父母，福德改爲子孫，同氣改爲兄弟，鬼（官鬼）與財（妻財）不變，干寶繼續闡揚六親的理論，故主張「德來爲好物，刑來爲惡物」、「六親九族，福德刑殺」，說明六親乃五行母子生克的結果，一切眾形萬類之所以生滅消長，人類之所以有吉凶禍福，都根基於卦與卦、卦與爻之間的生克變化。

　　五行生克關係中，子克母爲繫爻，有束縛之意；母克子爲制爻，有制約之意；子生母爲義爻，有適宜之意；母生子爲寶爻，有財富之意；母子同位爲專爻，有特定之意。劉大鈞《納甲筮法》說：「凡卦中之爻所值地支五行生本宮所屬五行者，爲父母。與本宮所屬五行同性者，爲兄弟。克本宮所屬五行者，爲官鬼。本宮所屬五行生卦中之爻所值地支五行者，爲子孫。而受本宮克者爲妻財。」〔註44〕這是以五行相生相克之義來解說卦爻象之吉凶，同

〔註43〕漢人往往利用五行生克以來說明朝代之興替而有「五德轉移」之說，如《史記孟荀列傳》：「稱引天地剖判以來，五德轉移，治各有宜。」而干寶則利用「五德」說來比附卦象與卦義。

〔註44〕見劉大鈞《納甲筮法講座》（桂林：廣西師範大學出版社，2006 年 3 月第 1版），頁 12。

時也占算人事之休咎。

　　干寶注〈比‧六三〉說：「六三乙卯，坤之鬼吏。」〈比〉卦爲坤宮歸魂卦，坤宮之五行爲土，〈比〉䷇上坎下坤，六三爻爲乙卯，卯爲木，在五行生克關係中，八宮爲母，爻位爲子，就此例而言，坤宮爲母，六三爻乙卯爲子，坤爲土，乙卯爲木，木克土，即子克母，克本宮所屬五行者，爲官鬼，故言「六三爲坤之鬼吏。」張惠言《易義別錄》說：

> 令升則不然，其所以爲象者，非卦也，爻也。其所取於爻者，非爻也，干支也。由干支而有五行四氣六親九族福德刑殺，此皆無與於卦也。故乾之爲甲也，震之爲庚也，離之爲己也，此見於經也，干支爲卦象也。以甲壬名乾，以乙癸名坤，見辰戌名艮，見己亥名兌，則卦爲干支象也。以甲子爲水乾象淵，以庚辰窮水而震象姦邪，顛倒乖舛，說卦之義盡謬矣！京氏之義，其本在卦氣消息，其用在爻變，考之其傳及章句遺文可知。令升曾不之察，而獨取其所以占候者以爲象。然則令升爲京氏易者，非京氏也。〔註45〕

這一段話有許多值得思索的地方，將一一析之。張惠言明白干寶留思京房之學，卻說：「然則令升爲京氏易者，非京氏也。」這是爲什麼呢？筆者以爲原因只有一個，因爲干寶好陰陽術數且專擅占候之術，故而非議之。其批評干寶之語有三個值得商榷之處：（1）以爻爲本，並配以干支者，本京房之術。京易一世至五世而游歸就是基於爻變而成，且將八純卦分別配以金、土、木、木、水、火、土、金，又將卦中的六個爻位配上五行，這些都是京房的納甲之說。干寶承襲之，故有「乾之爲甲也，震之爲庚也」、「以甲子爲水乾象淵」以及「以甲壬名乾，以乙癸名坤」等說，此以卦爻具備干支之象與京易並無太大不同。〔註46〕（2）京房建構一套納甲理論，目的在藉此以豐富占算的體例。干寶只是將京房的六親說與「刑德」說，加重其術數深度而已。《京氏易傳》論「鬼、財、天地、福德、同氣」的六親說，〔註47〕經過陸績的轉闡以

〔註45〕引自張惠言《易義別錄‧卷七》，見孫星衍、張惠言《孫氏周易集解‧易義別錄》（山東：山東友誼書社，1992年9月第1版），頁530。

〔註46〕《京氏易傳‧卷下》說：「分天地乾坤之象，益之以甲乙壬癸。震巽之象配庚辛，坎離之象配戊己，艮兌之象配丙丁。八卦分陰陽，六位五行。」

〔註47〕《京氏易傳‧卷下》說：「八卦。鬼爲繫爻，財爲制爻，天地爲義爻，福德爲寶爻，同氣爲專爻。」，又《京氏易傳‧乾》說六爻之義：「水配位爲福德，木入金鄉居寶貝，土臨內象爲父母，火來四上嫌相敵，金入金鄉木漸微，宗廟上建戌亥乾本位。」引自陸績《京氏易傳》，見嚴靈峯編輯無求備齋《易經集成》第177

及干寶的運用，已成術數不可或缺之要素。至於「刑德」一說，干寶更以「德來爲好物，刑來爲惡物」來推衍京房「龍德」、「虎刑」的卦氣說，並與人事之禍福結合，使其充滿術數之意味。干寶與京房的納甲說，最大的差別在於京房尚不見「九族」之內容。（3）張惠言說：「京氏之義，其本在卦氣消息，其用在爻變……令升曾不之察，而獨取其所以占候者以爲象。」，此論亦不十分正確，京房雖援消息、卦爻、爻變以解《易》，但也同時用於占候。干寶承其說亦有卦氣、消息之說，其中唯一的差異就在於京房的卦氣論是以十二消息卦配十二月，而干寶則以乾坤十二爻值消息十二月卦，顚覆漢易卦氣之說，並提出另一類的爻變理論。

　　干寶留思京房之學，不僅從卦氣占說災異，更從納甲說來論人事吉凶，並且藉著術道來探象求辭，因此有占術合《易》的特色。就因爲以占術解《易》，故爲張惠言所詰難，並非因爲干寶脫離京氏之說，張惠言《易義別錄》說：「魏晉之代易學中微，令升知空虛之壞道而未得其門，欲以蕪瑣附會之說勝之，遂使後之學者，指漢師爲術數而不敢道，則《易》之墜，令升實與有責焉。」〔註48〕以術數論《易》究竟可否視爲《易》之墜？或無與於《易》？這種看法往往因時因人而異，張惠言欲廓清學術源流之用意值得佳許，但若據此認爲干寶以術數害《易》，恐有見仁見智之嫌。

　　《易》本範圍天地，無所不有，苟能自成一說，雖是象數旁支，亦不害於《易》，學者只要能辨其源流，明白學術之醇駁，研析易學之旨歸，象數正宗與象數旁支皆易學之一派，皆文化史之一環，不必重此輕彼。

第二節　納甲筮法與占卜

　　前一節所論大都以納甲說以詮釋《周易》經文，然這一節所說則是利用納甲說來進行占驗之工作。宋・項安世論〈京房易法以八卦變六十四卦〉說：「以京氏易考之，今世所傳火珠林者，即其法也。」〔註49〕論〈納甲法〉時

　　　　冊（台北：成文出版社，1976年臺一版）（無月份），前則頁110，後則頁5。

〔註48〕張惠言此論並不十分允當，原因就像簡博賢先生在《今存三國兩晉經學遺籍考》所說：「漢魏之際，若鄭、虞諸儒，雖間衍京氏說；特不若令升之浸占其風，而顯擅其術矣！」因爲以占術解《易》，故張惠言說「令升爲京氏易者，非京氏也」（台北：三民書局，1986年2月初版），頁108。其實，干寶只是將納甲之說更進一步推向術道，仍是京氏遺風。

〔註49〕見項安世《項氏家說・卷二・京房易法以八卦變六十四卦》（北京：中華書局，

則說：「京氏易凡卦之六爻皆分主六甲，今以卦推之，乾納甲壬、坤納乙癸，蓋父母之卦主十干之始終也。艮納丙、兌納丁，蓋少男少女故皆近初，初則爲少也。坎納戊、離納巳，蓋中男中女故皆居中也。震納庚、巽納辛，蓋長男長女，故皆近終，終則爲老也。……大抵陽卦則納陽支干陽支，陰卦則納陰干陰支。」（同前），項安世說：「火珠林者，即其（京氏易）法」，這並不意謂火珠林法等同於京氏易法，正確的說法應該是火珠林法乃得自於京房易法，換句話說就是以京房的八宮、納甲爲基礎，加上後人以錢代蓍的錢占法以及「六親六神」、「生克刑害」、「合墓旺空」等諸多理論的增衍而逐次完成。從漢・焦贛、京房的納甲之說到唐宋以後的火珠林法，魏晉的管輅與郭璞正處於承轉衍化的階段，因此沒有「管郭之術」就沒有魏晉時期的納甲筮法，也就沒有後世的火珠林法，所以想要了納甲說如何演變爲納甲筮法及火珠林法，就不能不對管輅、郭璞的占術易作一番了解。

　　管輅將《周易》視爲占筮之事，並將納甲、五行、干支等諸說納入其中，具體取象，綜合運用，可說是自京房之後，發揚易占活動之佼佼者。郭璞直承京房、管輅之術更進一步地利用「五行」、「納甲」、「六親」、「刑克」、「六神」、「休旺墓絕」等諸多說法來發揚筮驗易術，使《周易》不但成爲探策定數，考往知來的理論依據，並且走向占驗術數的路向。二人將納甲理論運用在實際的占術之中，成爲魏晉時期擅長術數的易學大師，這在象數學術數派的易學發展史中的確佔有一席之地。

一、管輅的納甲筮法

　　「五行」一辭最早見於《尚書》，但從《春秋》開始，五行說就已經開始流行，《左傳》、《墨子》等書籍均提及五行，〔註50〕漢人更是將五行和人事吉

　　　　　1985 年北京新 1 版）（爲《叢書集成初編》之一），頁 16～17。

〔註50〕　《尚書・周書・洪範》說：「鯀陻洪水，汨陳其五行；帝乃震怒，不畀洪範九疇，彝倫攸斁。」又說：「初一曰五行，次二曰敬用五事，次三曰農用八政，……次九曰嚮用五福，威用六極。」（同前），又說：「五行：一曰水，二曰火，三曰木，四曰金，五曰土。」（同前），又《夏書・甘誓》說：「威侮五行，怠棄三正」。《左傳・昭公》說：「則天之明，因地之性，生其六氣，用其五行。氣爲五味，發爲五色，章爲五聲。」又說：「故有五行之官，是謂五官。」（同前），又說：「故天有三辰，地有五行。」（同前）。《墨子・經下》說：「五行毋常勝，說在宜。」又《墨子・備蛾傳》說：「城下足爲下說鑱杙，長五尺，大圍半以上，皆剟其末，爲五行。」

凶連繫在一起。至於把五行與《周易》兩種思想體系結合起來用以解卦者，則首創於京房。結合納甲與五行，用來占斷吉凶，這是京房象數易的特徵。

　　管輅更將五行、干支、納甲之法運用在易卦卜筮中，達到應響如驗之效，如〈管輅傳〉記載一事，說當時輅至典農弘直住處，忽有飄風高三尺餘，從申處起，於庭中迴轉，平息之後又再迴旋之，良久乃停。弘直以此問於管輅，輅說：「東方必有騎馬之官來此，恐是父親爲兒哭喪。」明日，弘直之子果然死亡，人問其故，輅應之說：

> 其日乙卯，則長子之候也。木落於申，鬥建申，申破寅，死喪之候也。日加午而風發，則馬之候也。離爲文章，則吏之候也。申未爲虎，虎爲大人，則父之候也。〔註51〕

管輅解卦思想來源有二：一爲干支、納甲、五行，一爲卦象。因爲當日爲乙卯日，在納甲筮法的系統下，天干之乙與地支之卯皆屬東方，東方於八卦之方位則屬震卦，〔註52〕震卦又是長男之象；〔註53〕至於木落于申處，申代表秋天，申象徵兌卦，兌屬金，兌在西，主白虎，主喪事，申破寅，意謂死喪落入寅宮，加上前所說的長子之象，得知此死喪之候爲死其長子之象也。再次，關於中午起風，在十二地支之屬相中午爲馬，起風爲巽，巽爲木，中午飄風乃木生火之象，火生則明，故有文明之徵，文明之士，官吏之謂也。〔註54〕申之方位爲西南方，此在文王後天八卦則爲坤卦，坤在象數家之運

〔註51〕引自《三國志・魏書・管輅傳》，見盧弼《三國志集解》（臺北：漢京文化事業有限公司，2004年3月初版），頁695。

〔註52〕管輅處曹魏之時，占卜皆用後天八卦，故震屬東方之卦，而乾則位於西北，坤則位於西南，此八卦方位讓管輅頗感疑惑。《三國志・魏書・管輅傳》裴松之注引〈管輅別傳〉說：「輅不解古之聖人，何以處乾位於西北，坤位於西南。夫乾坤者天地之象，然天地至大，……何以安處二位與六卦同列？」後天文王八卦的乾卦位於西北，坤卦位於西南，這與天地定位、天尊地卑的觀念並未十分符合，《周易》一書以乾坤爲天地、爲父母，所以能化生萬物、能生産六子，故將乾坤置於西北、西南之位恐未盡《周易》神明君父，覆載萬物之意義，所以管輅疑之，故說天地至大，何以安處二位與六卦同列？又何由有別位也？這都說明管輅之見與宋人所論先天八卦的精神頗類，亦即先天八卦之乾卦處於南，坤卦處於北，南北置中，有統天覆地之象。管輅懷疑後天八卦之方位，正見其易學素養之深厚，可說是深於易、神於易者。見盧弼《三國志集解》（臺北：漢京文化事業有限公司，2004年3月初版），頁699～700。

〔註53〕〈說卦傳〉說：「震一索而得男故稱之長男」。

〔註54〕高懷民解爲「午於方位爲南方，於卦爲離，離在象爲文章，文章爲官吏。」

用則代表虎，〔註55〕又〈革‧九五〉有「大人虎變」之語，故虎為大人，大人在此事例中自然是指王弘直。綜合以上所述，故管輅占斷東方必有騎馬之官來此，且有父為兒哭喪之象。

　　將納甲、干支、五行等應用在易卦占術上，漢時京房已始之，管輅並無提出更新的理論系統，然從其占卦所運用的占斷之辭「乙卯」、「建申」、「破」等，可以看出納甲筮法在此時已然形成。管輅占術易的另一個特色就是具體取象，如此例，由其取象可推得四卦，乙卯、長子為震卦，申、金為兌卦，官吏、文章為離卦，風、木為巽卦，雖不知管輅於當時卜得何卦，〔註56〕亦不知其取象原則為何，然從其解易之敘述中，得知管輅對於易卦之運用，皆取卦象之說，因此歸其易為象數易學，亦頗名符其實，何需斥之於象數易學之外而視之為無物？

二、郭璞的納甲筮法

　　一本《晉書》從〈五行志〉到諸〈列傳〉處處可見郭璞筮占之事例且靈驗無比，固然歸功於對京房易學深有所得，然主要的原因應是他結合當時的神學思想及道教方術，〔註57〕並在前人易學理論與占術的基礎上作進一步地創新，使占筮之術更加豐富且術數化，並將之用於實際活動之中，上至王公貴族，下至平民百姓，無不受其惠者，因此郭璞之易占成為自漢以後論術數易者之所宗，也影響著唐宋的術數學之發展。

　　郭璞之易卜，溯其源終不出京氏之八宮、世應、生克、休王等範圍，他同時也在這個基礎下改革並發展了焦、京象數易學，加深方術的內涵，使一套納甲學說不但拿來比附卦爻辭、卦爻象，更成為社會和人事吉凶的預言指

　　　見高懷民《兩漢易學史》（台北，中國學術著作獎助委原會，1970 年 12 月初版），頁 282。

〔註55〕孟氏逸象坤為虎，虞翻逸象亦以坤為虎，管輅之時代較虞為後，當見過此用法。

〔註56〕從此四卦，筆者曾推得（雷火豐）豐上為震卦，下為離卦，中互卦為巽卦與兌卦，頗符合此事例之取象，然因無史料或他證，亦不知其卦變或取象之原則，故不敢以為定論。

〔註57〕連鎮標〈郭璞易學思想考〉說：「郭璞在治易門徑上，祖尚焦延壽、京房易學象術說，承襲漢儒董仲舒陰陽災異學說，同時兼擅方術（包括道家道教諸法術），融儒術與方術於一身，蔚為易象數學術數派之大師。」見《周易研究》，2004 年第 4 期。

示，這也是後世學者將他擯斥於正宗易學家之外的原因。胡一桂說：

> 景純得青囊書，遂洞五行天文卜筮之術，嘗撰前後筮驗六十餘事，
> 名爲洞林，斷法用青龍、朱雀、勾陳、騰蛇、白虎、玄武六神及太
> 歲諸煞神時日旺相等，推算靈驗無比。……大抵只用卦爻不假文字，
> 然雜以說相葬法行符壓勝之術，往往流於技藝，而易道日以支離卑
> 下矣！〔註58〕

一本《易洞林》不注《易》，不重視《易》的學理，只注意卦爻符號之間的生
克生旺，利用青龍、朱雀、勾陳、騰蛇、白虎、玄武六神及太歲諸煞神時日
旺相來斷解人事之吉凶休因，並雜以說相葬法行符壓勝之術，雖有人事義理
之闡發，然終究遠離聖人道德性命之學，故引來非議。

　　然就社會文化史的角度而言，其對於納甲筮法的運用的確對當時及往後
的筮法產生不小的影響，這使我們不能不去一探其中之究竟。有關他納甲筮
法的占驗之例，基本上都是利用變卦的方式而有「某卦之某卦」的情形，藉
由本卦與變卦的上下體之象、爻變之象、互體之象以及孟、焦、虞等人之逸
象來表徵所占之卦的吉凶，並藉此擴大取象的比類，發揮變卦之功能，豐富
易占的術數方式，因此捨其筮驗之例即無鑽研之功，故知郭璞的《周易》理
論基本上是以占卜爲目的。此外，他也將卦爻辭結合生克吉凶之語濃縮成簡
單的詩文藉以解釋所占卦的禍福慶咎，如郭璞避難時，首至柵斷渡處，有高
賊屯駐，眾人不敢進，令郭卜，得泰卦 ䷊，郭璞說：「群類避難而得拔茅彙征
之卦；且泰者，通也，吉又何疑？」「拔茅彙征」爲〈泰‧初九〉之爻辭「拔
茅茹，以其彙，征吉」之濃縮，意謂志同道合者，往前征伐，可得吉祥。後
果如之。然至淮南安豐縣，眾人緬然懷悲有歸志，又令郭卜，得既濟 ䷾ 卦，
林辭說：「小狐汔濟，垂尾勞衰，初雖偷安，終靡所依」，「小狐汔濟」爲〈未
濟〉之卦辭，然郭璞用以解〈既濟〉卦者，乃因物極而反，〈既濟〉終之必以
〈未濟〉繼之。後再卜詣壽春，得〈否〉 ䷋ 卦，林辭說：「乾坤蔽（閉）塞道
消散，虎刑挾鬼法凶亂，亂則何時時建寅？僵尸交林血流漂。」《易洞林》解
此卦爲「占行者，入塗炭」。蓋「乾坤蔽塞道消散」乃從〈否〉 ䷋ 天地不交而
立論，此爲取象說。至於「虎刑挾鬼法凶亂，亂則何時時建寅？」則從納甲
筮法立說。尚秉和《周易古筮考》一書援引郭璞占卜數例，且斷其爲納甲筮

〔註58〕引自王謨撰《周易洞林》，(《漢魏遺書鈔》本)，見嚴靈峯編輯無求備齋《易
　　　經集成》第153冊（台北：成文出版社，1976年臺一版）（無月份）。

法之用。〔註59〕筆者將舉數例以證郭璞援納甲筮法行易占之實。

1. 避難卜詣壽春，得〈否〉䷋卦。(《易洞林》)〔註60〕

一行人避難，欲詣壽春，令卜，得〈否〉卦，林辭說：「乾坤蔽塞道消散，虎刑挾鬼法凶亂，亂則何時時建寅？僵尸交林血流漧。」此占行者，入塗炭之狀。然為何此卦不利於行人呢？

```
父   ━━━━━   戌   應
兄   ━━━━━   申
官   ━━━━━   午
財   ━━ ━━   卯   世
官   ━━ ━━   巳
父   ━━ ━━   未
          否
```

（1）首先排納干支及確立五行。〈否〉卦下坤上乾，故初、二、三爻同於〈坤〉卦內卦之干支為乙未、乙巳、乙卯；四、五、上爻同於〈乾〉卦外卦之干支為壬午、壬申、壬戌。以納甲配五行說，〈否〉卦屬乾宮，故五行同於〈乾〉，屬金。〔註61〕每一爻的五行以地支為斷，而十二地支之五行依序為：子水，丑土，寅木，卯木，辰土，巳火，午火，未土，申金，酉金，戌土，亥水。故〈否〉初爻未為土，二爻巳為火，三爻卯為木，四爻午為火，五爻申為金，上爻戌為土。

（2）以五行生克確立六親關係。京房易所謂的「專、義、繫、制、寶」，到陸績已改為「兄弟、父母、鬼、財、子孫」之說。此以本卦為我，相對於六爻的關係，凡我生者為子孫，生我者為父母，我克者為妻財，〔註62〕克我者為官鬼，同於我者為兄弟。〈否〉屬乾宮故以金為母，初爻土，五行母子生

〔註59〕 尚秉和《周易古筮考》將郭璞所有用納甲筮法解卦之例一一標出。本論文每一個筮例皆參考尚秉和撰注‧常秉義點校《周易古筮考、周易尚氏學》(北京：光明日報出版社，2006 年 1 月第 1 版)。故以下之筮例不再作註。

〔註60〕《易洞林》兼採王謨撰本 (《漢魏書遺鈔》本) 以及黃奭撰本 (《黃氏逸書考》)。前者收集歷代對郭璞《易洞林》一書之評價較詳，後者則對筮例之整理較密，因此互參其用。此二書並見嚴靈峯編輯無求備齋《易經集成》第 153 冊，(台北：成文出版社，1976 年臺一版) (無月份)。以下郭璞筮例皆本自此書，故不再作註。

〔註61〕 八宮所屬五行，乾宮八卦屬金，震宮八卦屬木，坎宮八卦屬水，艮宮八卦屬土，坤宮八卦屬土，巽宮八卦屬木，離宮八卦屬火，兌宮八卦屬金。

〔註62〕 在《易洞林》中仍以財與鬼為辭，今稱妻財與官鬼應是後世逐漸演變而成。

克關係中，土生金，故初爻爲父母。二爻火，火克金，故二爻爲官鬼。三爻木，金克木，故三爻爲妻財。四爻火，火克金，故四爻爲官鬼，與二爻同。五爻金，金與金同氣，故五爻爲兄弟。上爻土，土生金，故上爻爲父母，與初爻同。

（3）根據福德刑殺、生克建月以推吉凶。干寶說：「德來爲好物，刑來爲惡物」（注〈繫辭下傳〉，《周易集解》引），福德刑殺是判斷吉凶的標準之一。納甲筮法有「刑」、「合」、「沖」、「害」等說法，「三刑者」爲寅刑巳、巳刑申、子卯相刑、丑戌相刑、未辰相刑。〔註63〕二爻巳刑寅又值官鬼，故知建寅之月必有亂事。又四爻地支爲午，虎刑在《京氏易》則配午，〔註64〕寅（月）爲木，午爲火，木生火，寅月生午鬼，虎刑爲煞神，官鬼爲克星，虎刑兼並官鬼，爲不吉之象。

2. **避亂筮詣陽泉，得〈小過〉☳☶之〈坤〉☷☷。**（《易洞林》）

郭璞與親朋避至安豐，卜住不吉。卜詣松滋、合肥皆不吉，卜詣陽泉，得小過☳☶之坤☷☷。其林辭說：「小過之坤卦不奇，雖有旺氣變陽離。初見勾陳被牽羈，暫過則可羈不宜。將見劫追事幾危，賴有龍德終無疵。」結局果然留安豐、松滋、合肥者皆不得全，而陽泉亦僅暫安，後復往廬江。故說「暫過則可羈不宜」。爲何如此靈驗呢？

父	▬▬	戌			▬▬		朱雀
兄	▬▬	申			▬▬		青龍
官	▬▬	午	世		▬▬	【丑】	玄武
兄	▬▬▬	申		→	▬▬	【卯】	白虎
官	▬▬	午	變		▬▬		螣蛇
父	▬▬	辰	應		▬▬		勾陳
	小過				坤		

〔註63〕見劉大鈞《納甲筮法講座》說：「所謂『三刑者』，乃指寅刑巳、巳刑申、子卯相刑、丑戌相刑、未辰相刑。有的筮書又有辰午酉亥自刑者。」郭璞的筮例有刑德之情，卻無詳陳規則，至隋蕭吉《五行大義》雖有論「刑」、「德」，但著重在五行義的理論與思想，亦無「某刑某」之說，後世之所以有三刑之說乃是就唐宋以後的卜書一一歸納整理出來的結果。因此其說往往因事例之異而有不同的說法，故表現出很大的隨機性。（桂林：廣西師範大學出版社，2006年3月第1版），頁38。

〔註64〕《京氏易傳・卷下》：「龍德十一月，在子，在坎卦，左行。虎刑五月，午，在離卦，右行。」

　　（1）首先排納干支及確立五行。〈小過〉卦下艮上震，故初、二、三爻同於〈艮〉卦內卦之干支爲丙辰、丙午、丙申；四、五、上爻同於〈震〉卦外卦之干支爲庚午、庚申、庚戌。以納甲配五行說，〈小過〉屬兌宮游魂卦，故五行同於〈兌〉，屬金。六爻者，初爻辰爲土，二爻午爲火，三爻申爲金，四爻午爲火，五爻申爲金，上爻戌爲土。

　　（2）以五行生克確立六親關係。〈小過〉爲兌宮，五行屬性爲金，初爻土，五行生克關係中，土生金，故初爻爲父母。二爻火，火克金，故二爻爲官鬼。三爻金，金與金同氣，故三爻爲兄弟。四爻火，火克金，故四爻爲官鬼，與二爻同。五爻金，金與金同氣，故五爻爲兄弟，與三爻同。上爻土，土生金，故上爻爲父母，與初爻同。

　　（3）根據筮時時日及六神以推吉凶。《京氏易傳》解釋各卦，都配以五星，有「五星從位起某某」之說，並以此占說陰陽災異，其所言五星者爲鎮星、太白、太陰、歲星、熒惑。陸績發揮四方二十八宿入《易》，尚未提及勾陳、螣蛇配卦之說，也不曾論述以六神推斷事物吉凶的理論。干寶雖有「五星四氣」與筮法之說，亦未見六神（青龍、朱雀、勾陳、螣蛇、白虎、玄武）之入於納甲。郭璞此筮則以六神爲斷，大抵六神之用法以日起，即以占卦時日而定，甲乙日初爻起青龍，二至上爻依次爲朱雀、勾陳、螣蛇、白虎、玄武。丙丁日初爻起朱雀二至上爻依次爲勾陳、螣蛇、白虎、玄武、青龍。戊日初爻起勾陳，至上爻之朱雀。己日初爻起螣蛇，至上爻之勾陳。庚辛日初爻起白虎，至上爻之螣蛇。壬癸日初爻起玄武，至上爻之白虎。

	甲乙日	丙丁日	戊日	己日	庚辛日	壬癸日
六爻	玄武	青龍	朱雀	勾陳	螣蛇	白虎
五爻	白虎	玄武	青龍	朱雀	勾陳	螣蛇
四爻	螣蛇	白虎	玄武	青龍	朱雀	勾陳
三爻	勾陳	螣蛇	白虎	玄武	青龍	朱雀
二爻	朱雀	勾陳	螣蛇	白虎	玄武	青龍
初爻	青龍	朱雀	勾陳	螣蛇	白虎	玄武

　　後世六神說正是郭璞說法之延續，他在此占林辭說：「初見勾陳被牽羈」，初爻見得勾陳，以此推得筮時之日爲戊日，且勾陳在筮法中象徵羈累，故說「被牽羈」。又說：「將見劫追事幾危。」〈小過〉卦爲兌宮之游魂卦，其世爻

為四爻，四爻值玄武，玄武主盜賊，故說「見劫追」。後世謂青龍為吉、白虎為凶主喪、螣蛇主死、玄武主盜賊、朱雀主口舌是非，〔註65〕而這種用法在郭璞之筮例中已現端倪，可見魏晉之時納甲筮法已逐漸成熟，且影響著後世各種卜筮法之興起與流行。

3. 為桓茂倫筮嫂病，得〈賁〉䷕之〈豫〉䷏。（《易洞林》）

晉丞相桓茂倫嫂病極，令郭璞占，得賁䷕之豫䷏。其林辭說：「時陽在初卦失度，殺陰為刑鬼入墓。建未之月難得度，消息卦爻為扶助。馮馬之師乃寡嫗，自然奇救宜飧兔。子若恤之得守故。」此例黃奭輯《易洞林》言「並《啓蒙翼傳》」。胡一桂的《周易啓蒙翼傳外篇》引此例並有原注文，言「卜時四月，降陰在初而見陽爻，此為失度。四月殺陰在申，申為木鬼與殺陰並，又身為卯，變入乙未，未是木墓。馬午，午為火，馮亦馬，申是殺陰，以火姓消之，巽為寡婦。兔屬卯，所謂破墓出身。」〔註66〕此卦卜於四月。

	官	▬▬▬	寅	▬▬ ▬▬	戌
	財	▬▬ ▬▬	子	變 ▬▬ ▬▬	戌
應	兄	▬▬▬	戌	⟶ ▬▬▬	午
	財	▬▬ ▬▬	亥	▬▬▬	卯
	兄	▬▬ ▬▬	丑	▬▬▬	卯
世	官	▬▬▬	卯	▬▬ ▬▬	未
	賁			**豫**	

（1）首先排納干支及確立五行。〈賁〉卦下離上艮，納甲由初爻至上爻

〔註65〕尚秉和《周易古筮法》說：「然考之郭璞，於六親只見用鬼，於六神只見用白虎，他皆不常用，似白虎最重要也。考之諸書，大致以青龍為吉，白虎為凶。占疾病，螣蛇主死。白虎主喪。玄武主盜賊。朱雀主是非口舌。……故其吉凶，亦視所遇之生克以定。」尚秉和說郭璞六親只見用鬼，六神只見白虎，此論有待商榷，因為在《易洞林》一書中提及之六神則有白虎、青龍、勾陳、朱雀之說，只是提及有關「白虎」、「虎刑」比起他神為多；而六神的確以用鬼之處最多見，故說「他皆不常用」較為妥當。見尚秉和撰注‧常秉義點校《周易古筮考、周易尚氏學》（北京：光明日報出版社，2006年1月第1版），頁80。

〔註66〕見胡一桂的《周易啓蒙翼傳‧外篇》，收錄於《通志堂經解》本第七冊，清徐乾學輯、納蘭成德校訂（台北：漢京文化事業有限公司）（無年月版次），頁4212。

爲己卯、己丑、己亥、丙戌、丙子、丙寅。配五行說，〈賁〉卦爲艮宮，故五行同於〈艮〉，屬土。六爻者，初爻卯爲木，二爻丑爲土，三爻亥爲水，四爻戌爲土，五爻子爲水，上爻寅爲木。

（2）以五行生克確立六親關係。〈賁〉卦爲艮宮，五行屬性爲土，初爻木，五行生克關係中，木克土，故初爻爲官鬼。二爻土，土與土同氣，故二爻爲兄弟。三爻水，土克水，故三爻爲妻財。四爻土，土與土同氣，故四爻爲兄弟，與二爻同。五爻水，土克水，故五爻爲妻財，與三爻同。上爻木，木克土，故上爻爲官鬼，與初爻同。

（3）根據筮卦月分及刑殺以推吉凶。胡一桂引原注文說：「降陰在初而見陽爻，此爲失度。」爲何「降陰在初」，不知所據？只知占此〈賁〉卦之時爲四月，四月在十二消息卦中爲巳月，〔註67〕巳刑申，故說殺陰在申。初爻卯木，申金又克木，克我者爲官鬼，故說申爲木鬼。殺陰在申，申又爲木鬼，故說「申爲木鬼與殺陰並」。

（4）根據生旺墓絕及動爻以論禍福。〈賁〉卦爲艮宮，屬土，初爻卯木，卯木克土，子克母，故初爻爲官鬼，動而爲〈豫〉卦初爻之未土，依照五行長生之說，〔註68〕木長於亥，旺於卯，墓於未，絕於申，未是木墓。初爻既刑申木鬼與殺陰並，且動爻入未墓，故說「殺陰爲刑鬼入墓」。世身爲初爻卯木，至建未六月，正墓於未，未月身入墓，故說「難得度」。

（5）據破墓之說以解厄。未墓如何破之？未爲土，唯有木克土方能破之，木者，卯也，於十二生肖則爲兔，兔木克未土，故說「破墓出身」。馮馬者，午也，因馬爲午，巽爲長女代表婦象，〔註69〕故象徵寡婦。表示此女食兔可得救。

〔註67〕春秋時開始以地支紀月。冬至所在的十一月配子，稱建子之月，十二月稱建丑之月，正月稱建寅之月，餘類推。漢代以干支紀月，漢代孟喜的十二消息卦仍以地支配十二之說：子月爲仲冬十一月，丑月爲季冬十二月，寅月爲孟春正月，卯月爲仲春二月，辰月爲季春三月，巳月爲孟夏四月，午月爲仲夏五月，未月爲季夏六月，申月爲孟秋七月，酉月爲仲秋八月，戌月爲季秋九月，亥月爲孟冬十月。

〔註68〕五行長生指的是「長生，沐浴，冠帶，臨官，帝旺，衰，病，死，墓，絕，胎，養」十二個階段。後世的「六壬」即有此說，其法由來甚早。據說《吳越春秋》、《越絕書》中已載有伍子胥所占之課。近代出土文物中，也有漢代六壬式盤出土，可知五行長生應是長期流傳於術數家的一個方法。

〔註69〕〈說卦傳〉說：「巽一索而得女，故謂之長女。」

地支所屬表

地支與 屬性	子	丑	寅	卯	辰	巳	午	未	申	酉	戌	亥
五行	水	土	木	木	土	火	火	土	金	金	土	水
生肖	鼠	牛	虎	兔	龍	蛇	馬	羊	猴	雞	狗	豬
月份	十一	十二	正	二	三	四	五	六	七	八	九	十

4. 為參軍景緒病卜，得〈臨〉☷☱之〈頤〉☶☳。(《易洞林》)

東中朗參軍景緒病，經年不瘥。在丹徒，遣其弟景歧求郭璞卦之。六月癸酉日，得〈臨〉☷☱之〈頤〉☶☳。林辭說：「卯與身世並，而扶天醫。」案卦，病法當食兔乃瘥，弟歸，捕獲一頭食之，果瘥。

（1）首先排納干支及確立五行。〈臨〉☷☱下澤上坤，納甲由初爻至上爻為丁巳、丁卯、丁丑、癸丑、癸亥、癸酉。配五行說，〈臨〉卦為坤宮，故五行同於〈坤〉，屬土。六爻者，初爻巳為火，二爻卯為木，三爻丑為土，四爻丑為土，五爻亥為水，上爻酉為金。

（2）以五行生克確立六親關係。〈臨〉卦為坤宮，五行屬性為土，初爻火，五行生克關係中，火生土，故初爻為父母。二爻木，木克土，故二爻為官鬼。三爻土，土與土同氣，故三爻為兄弟。四爻土，土與土同氣，故四爻為兄弟，與三爻同。五爻水，土克水，故五爻為妻財。上爻金，土生金，故上爻為子孫。

（3）以世為卦身。

郭璞以世爻為用神，〈臨〉卦世爻在第二爻，二爻納卯，故說：「卯與身世並」，世爻與官鬼並存，此為有病之占。然卯木動化為寅木，亦不能呈現好壞。

唯頤卦爲口實之卦，故病可藉由飲食療之。六月建未，卯木可克未土，〔註70〕十二生肖之兔屬卯，以卯物克未墓，則可轉吉，故卒食兔得瘥。

5. 為仍寶叔筮傷寒疾，得〈遯〉▤▤ 之〈姤〉▤▤。（《易洞林》）並《啟蒙翼傳外篇》

義興郡承仍寶叔得傷寒疾，積日危困，令郭璞卜之，得〈遯〉▤▤之〈姤〉▤▤。林辭說：「卦象出墓氣家囚，變身見絕鬼潛游，爻墓充刑鬼煞俱。」《易洞林》說：「卜病得此歸蒿丘，誰能救之坤上牛，若依子色吉之尤。」此例則並見胡一桂的《周易啓蒙翼傳外篇》所引。〔註71〕卜時五月。

		遯		姤
	父	▅▅ 戌	變	▅▅ 壬戌
應	兄	▅▅ 申		▅▅ 壬申
	官	▅▅ 午	⟶	▅▅ 壬午
	兄	▅▅ 申		▅▅ 辛酉
世	官	▅ ▅ 午【火】		▅ ▅ 辛亥【水】
身	父	▅ ▅ 辰		▅ ▅ 辛丑

（1）首先排納干支及確立五行。〈遯〉卦下艮上乾，納甲由初爻至上爻爲丙辰、丙午、丙申壬午、壬申、壬戌。配五行說，〈遯〉卦爲乾宮，故五行同於〈乾〉，屬金。六爻者，初爻辰爲土，二爻午爲火，三爻申爲金，四爻午爲火，五爻申爲金，上爻戌爲土。

（2）以五行生克確立六親關係。〈遯〉卦爲乾宮，五行屬性爲金，初爻

〔註70〕因爲此卦爲郭璞在六月癸酉日卜得，六未在十二月的地支爲未，未屬土，逢此卦世爻遇官鬼，故土可以解爲墓，未墓乃凶之兆，克土之墓者爲卯木，卯在十二生肖中爲兔，故以「食兔」爲藥引。

〔註71〕胡一桂的《周易啓蒙翼傳・外篇》附有原注文說：「艮爲乾墓世主丑，故卜時五月申金在囚。身在丙午，夏入辛亥在五月。生戌爲鬼墓，而初六爲戌刑，刑在占故言充刑，五月白虎在卯，與月煞並也。以卜爻見丑爲牛，丑爲子能扶身，克鬼之厭虎煞，上令伏不動。巽主辛丑，丑爲白虎金色，復徵，以和，解鬼及虎煞，皆相制也。」，收錄於《通志堂經解》本第七冊，清徐乾學輯、納蘭成德校訂（台北：漢京文化事業有限公司）（無年月版次），頁4212。然有不合理處，世爻爲午，故「世主丑」疑爲「世主午」。五月爲午，所以「五月白虎在卯」宜爲「五月白虎在午」。且巳、午月爲夏天，旺在火（巳午），相在土（辰戌丑未），休在木（寅卯），囚在水（亥子），死在金（申酉），故「卜時五月申金在囚」，「囚」宜爲「死」。

土，五行生克關係中，土生金，故初爻爲父母。二爻火，火克金，故二爻爲官鬼。三爻金，金與金同氣，故三爻爲兄弟。四爻火，火克金，故四爻爲官鬼，與二爻同。五爻金，金與金同氣，故五爻爲兄弟，與三爻同。上爻土，土生金，故上爻爲父母，與初爻同。

（3）根據沖合刑害以推吉凶。此例由〈遯〉▆▆變卦爲〈姤〉▆▆，很明顯的動爻在第二爻，由陰轉陽，〈遯〉卦爲乾宮二世卦，故世爻在二爻，二爻值官鬼午火，動化至〈姤〉卦子孫亥水，午火絕於亥水，水克火，是謂回頭克。官鬼與回頭克並爲大凶之象。〔註 72〕又問病之卦若逢世爻值官鬼則爲不吉。且初爻辰與上爻戌相沖，依照旺相墓絕五行長生之法，午火之戌必入於墓，故說：「卜病得此歸蒿丘」。若欲得治，必以丑土制亥水，使亥水不致於克世爻之午火，且能生應爻之申金。丑土於十二生肖爲牛，牛爲坤之象，故說：「誰能救之坤上牛」。

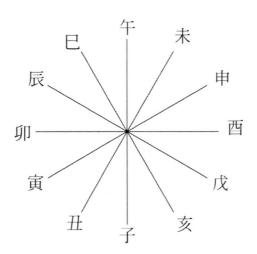

　　從郭璞的《易洞林》中已明顯地可看生旺墓絕、五行長生、生克刑害等諸法之運用。可見從京房出現「納甲」之雛型，一直到完整的《火珠林》問世，中間的納甲筮法便是一個橋樑，而此法的完善也須經歷許多人的改進，郭璞就是其中一個傳承與轉化的重要人物，對於易學與術道的結合，可說貢獻不小！

〔註72〕 所謂「回頭生」者，乃變爻地支生動爻地支。例如動爻爲申金，化出丑土，則土生金是謂化回頭生。所謂「回頭克」者，乃變爻地支克動爻地支。例如動爻午火，化出亥水，則水克火是謂化回頭克。

第三節　納甲說、納甲筮法與火珠林法

納甲學說是納甲筮法的基礎，納甲筮法又是後世《火珠林法》的依據，而後人將「納甲占筮法」視爲「火珠林占法」，往往將重點擺在以錢代著的起卦方式上，造成人們誤以爲錢筮法就是火珠林法、就是納甲筮法。實際上，納甲筮法與火珠林法的共同點不在於擲錢代著，而是在於一套有關「八宮世系」、「世應」、「飛伏」、「六親」、「六神」、「生旺墓絕」等以五刑沖克刑害爲主要的學說上。而這套學說就在陸績、虞翻、管輅、干寶、郭璞等人的詮解與實際運用下，逐漸發展成熟。尚秉和在《周易古筮考·自敘》中說：

> 五行明而筮道乃大備矣！是以漢之焦（贛）、京（房），魏之管（輅）、
> 郭（璞），唐之李淳風，宋之邵堯夫，其筮法之神奇，有非春秋太史
> 所能望見者，則以春秋太史拘於辭象，後之人能兼用五行也。〔註73〕

這一套以五行生克爲主的學說使納甲法有別於以卦爻辭與卦象解卦的春秋筮法，可見五行生克原理爲納甲筮法最重要的一環。所謂「揲著求卦」必須用大衍之數透過四營十八變的變卦方式產生，由一爻變至六爻變而推演出相應的卦，再根據相應卦的卦爻象及卦爻辭推得出吉凶悔吝的結果。「納甲筮法」則是以系統的五行生克理論爲主，不管起卦方法用的是「揲著求卦」、「籤詩」或「以錢代著」，若是以這套五行、干支、世應、飛伏、六親、六神、旺相休囚、生旺墓決、刑德沖合等理論來解卦與斷卦，皆可視之爲納甲筮法。因此「納甲筮法」的要義不在布卦或起卦的方式，而是在解卦的內涵。後人見火珠林法的解卦內涵與京房納甲易法相近，便以爲以錢代著的火珠林法便是納甲筮法，其實這是混淆起卦方式與解卦內涵所導致的錯誤。所以要釐清納甲筮法與火珠林法的關係，就得分辨納甲說、納甲筮法與火珠林法不同的文化內涵與彼此的因緣關係。

一、火珠林法源於納甲筮法

宋元明清學者大都認爲火珠林法源於西漢京房，朱熹說：「今人以三錢當揲著，不能極其變，此只是以納甲附六爻。納甲乃漢·焦贛、京房之學。」（《朱子語類·卷六十六》），〔註74〕又說：「火珠林猶是漢人遺法。」（同前），又說：

〔註73〕引自尚秉和《周易古筮考·自敘》，見尚秉和撰注·常秉義點校《周易古筮考、周易尚氏學》一書（北京：光明日報出版社，2006年1月第1版），頁1。

〔註74〕見朱熹《朱子語類·卷六十六·卜筮》（北京：中華書局，2004年2月第5

「南軒家有《眞著》，云：『破宿州時得之』又曰：『卜易卦以錢擲，以甲子起卦，始於京房。』」（同前）。又說：「京房便有『納甲』之說。參同契取《易》而用之，不知天地造化，如何排得如此巧。所謂『初三震受庚，上弦兌受丁，十五乾體就，十八巽受辛，下弦艮受丙，三十坤受乙』，這都與月相應。」（《朱子語類・卷六十七》），南宋・張行成《元包數總義》說：「衛先生《元包》，其法合於《火珠林》。〔註75〕……，《火珠林》之用祖於京房。」〔註76〕惠棟在《易漢學・卷五・京君明易下》引胡一桂、朱熹、張行成等人之語來說明火珠林即祖於漢人京房之法。〔註77〕宋元明清的學者一致認爲火珠林法來自於京房，這就顯示《京房易》的納甲學與後世的火珠林法有不可切割的關係。今人之見亦不離開此範疇，也都認爲火珠林法即京房之法，如張善文在編著的《周易辭典》說：

次印刷），頁 1638。以下凡引自《朱子語類》皆自此書，故不再作註。

〔註75〕　後周・衛元嵩《元包經傳》，祖京房八宮之說，〈太陰第一〉坤、復、臨、泰、大壯、夬、需、比正與京房八宮卦的坤宮排法一樣，〈太陽第二〉乾、姤、遯、否、觀、剝、晉、大有意與京房八宮卦的乾宮排序一致，〈少陰第三〉爲兌宮八卦，〈少陽第四〉爲艮宮八卦，〈仲陰第五〉爲離宮八卦，〈仲陽第六〉爲坎宮八卦，〈孟陰第七〉爲巽宮八卦，〈孟陽第八〉爲震宮八卦。〈運著第九〉以揲著布卦的大衍之數配合天地之數，又將此五十五之數含括於五行生數與成數當中，並藉此以說明卜卦之精神義蘊。與火珠林一樣皆昉京房之遺法。故張行成說：「《元包》，其法合於《火珠林》者」，實誤！宜說：「《元包》，其法合於《京房》」，或者說「《元包》與《火珠林》皆昉於《京房易》。而且《火珠林》一書其產生年代比《元包》爲後，何可言《元包》之法合於《火珠林》？故知張行成誤也。見北周・衛元嵩《元包經傳》，子部，術數類（總第八百零三冊，子部第一百零九冊），收錄於文淵閣《四庫全書》（台北：商務印書館，1986 年 3 月初版），頁 803-219～803-240。

〔註76〕　張行成《元包數總義・原序》說：「衛先生《元包》，其法合於《火珠林》，皆革其誣俗而歸諸雅正者也。……火珠林之用祖於京房易末流之弊，雜亂於星官歷翁，其事失之誣，其辭失之俗。」，子部，術數類（總第八百零三冊，子部第一百零九冊），收錄於文淵閣《四庫全書》，（台北：商務印書館，1986 年 3 月初版），頁 803-242。張認爲《火珠林》一書落於星官占候家之手中，既誣且俗，故爲《京房易》之末流；反觀《元包》一書能歸乎雅正，是得《京房易》之正法者。

〔註77〕　惠棟《易漢學・卷五・以錢代著》說：「胡一桂筮法變卦說：『平庵項氏曰：以京房易考之，世傳火珠林者，即其法也以三錢爲之，兩背一面爲拆……蓋以錢代著，一錢當一揲。』」，又引南軒之語說：「卜易卦以錢。以甲子起卦，始於京房。」；另外，在《易漢學・卷五・火珠林》一節也引《朱子語類》所說，認爲火珠林之用，乃祖於《京房易》者。見惠棟撰、鄭萬耕點校《周易述、易漢學、易例》（北京：中華書局，2007 年 9 月第 1 版），頁 608～609。

用三枚銅錢代替著草以占卦的方法，舊說起於西漢京房，故稱此法爲「京房錢卜」。《朱子語類》卷六十六錄朱子云：「南軒家有《眞著》，云『破宿州時得之』，又曰：『卜《易》卦以錢。以甲子起卦，始於京房』」（京房錢卜）

先秦時代，占筮者皆以五十根著草揲卦；漢以後，術數家出於簡便計，用三枚同錢代替著草筮卦，稱爲「金錢代著」或「以錢代著」，亦稱「金錢卜」或「錢卜」。……舊說此法起於西漢京房，《火珠林》及郭璞《洞林》亦用之。《儀禮·士冠禮》：「筮與席，所卦者，具饌於西塾。」鄭玄注：……賈公彥疏。〔註78〕

張善文所根據的資料仍是朱熹、張栻、以及惠棟《易漢學》所引用的賈公彥疏與今人尚秉和之見，〔註79〕這些說法說明從古至今人們相信京房易法就是以錢代著法，並爲後來郭璞與《火珠林》所沿用，故說：「舊說此法起於西漢京房，《火珠林》及郭璞《洞林》亦用之。」

　　然而火珠林法究竟繼承了《京房易》的何種文化內涵呢？爲何使得古今學者皆認爲火珠林法即是《京房易》，甚至誤以爲《京房易》即是錢著法。原來火珠林法占卦、解卦採取的是京房的納甲筮法內涵，又因爲火珠林法起卦的方式爲「以錢代著」之法，故學者即認爲京房用的也是「以錢代著」法。尚秉和《周易古筮法》說：「揲著爲占，其法太繁，有不能用於倉卒之時者，故古人以金錢代之，蓋自京（房）、郭（璞）而已然矣！」，〔註80〕蕭漢明先生在〈論《京氏易傳》與後世納甲筮法的文化內涵〉一文說：「以錢代著之法，亦可擬七八九六之數，……由於此法簡捷，故後世《火珠林》及郭璞《洞林》等，均沿用此法。」〔註81〕《火珠林》之撰者托名爲麻衣道者，麻衣道者是唐末宋初人，善相術，爲術數名人。據唐代學者賈公彥說，唐人已經盛行錢筮法，故以《火珠林》問世之時間視之，以錢代著之法在當時已然流行，《火

〔註78〕 這兩段引文皆出自張善文編著的《周易辭典》（上海：上海古籍出版社，1993年3月第2次印刷），前者頁525，後者頁517～518。

〔註79〕 張善文所引用的鄭玄注、賈公彥疏與尚秉和之見將分別論述在本節當中。

〔註80〕 引自尚秉和《周易古筮考·金錢代著》，見尚秉和撰注·常秉義點校《周易古筮考、周易尚氏學》一書（北京：光明日報出版社，2006年1月第1版），頁89。

〔註81〕 見蕭漢明〈論《京氏易傳》與後世納甲筮法的文化內涵〉，《周易研究》，2002年第2期。

珠林》運用此法固屬無疑。然而從《易洞林》及《晉書》諸傳考之，郭璞以《周易》占卜，雖得〈既濟〉卦、〈否〉卦、得〈小過〉之〈坤〉、〈賁〉之〈豫〉、〈臨〉之〈頤〉、〈遯〉之〈姤〉等卦，卻不見郭璞有以錢代蓍之記載，更不知他是以何種方式起卦，然而可以確定的是，他已改革「解卦」方式，將卜筮結果，利用互體或上下體取象，加上卦爻辭，並結合五行生克之納甲內涵，最後用簡單整齊的林辭詩句表達，朱彝尊《經義考》說：

> 《洞林》之文，有三言者，如簹非簹、釵非釵。有四言者，如〈同人〉之〈革〉曰：朱雀西飛，白虎東起，姦猾銜璧，敵人束手。……
> 有七言者，如否曰：乾坤蔽塞道消散，虎刑挾鬼法凶亂，……驗其占法，靡不奇中。所謂林者，自爲韻語。〔註82〕

「驗其占法，靡不奇中」，此「占法」指的是利用五行生克的納甲原理來斷解人事吉凶休咎之法，並非意指以錢代蓍的「起卦」之法。所謂「林」者，乃是郭璞透過自己的起卦之法，取得占卦之後，再藉由生克制化之理運算出吉凶之情，最後則以類於籤詩的方式表達。故知其林辭，應是「解卦」之依據，並非「布卦」之方式。

　　至於「以錢代蓍」之法是否自漢京房即有之？答案當然是否定的。唐賈公彥在《周禮疏》中說：「但古用木畫地，今則用錢。以三少（背面）爲重錢，重錢則九也；三多（正面、字面）爲交錢，交錢則六也；兩多一少爲單錢，單錢則七也；兩少一多爲拆錢，拆錢則八也。」惠棟亦引鄭玄、賈公彥之注疏說：

> 〈士冠禮〉曰：「筮與席所卦者」，鄭注云：「所卦者，所以畫地記爻」，《易》曰：「六畫而成卦」。賈疏曰：「筮法依七八九六之爻而記之。但古用木畫地，今則用錢。（古謂三代，今謂漢以後）以三少爲重錢，重錢則九也；三多爲交錢，交錢則六也；兩多一少爲單錢，單錢則七也；兩少一多爲拆錢，拆錢則八也。」〔註83〕

賈公彥乃唐人，其言「古用木畫，今則用錢」，「今」宜解爲唐或爲漢？引言之下卻注說：「古謂三代，今謂漢以後」，殆以爲賈之疏乃延續鄭玄注經之意，如或不然，則其認爲錢卜乃自漢已有之？不管如何，說「今爲漢」確實沒有強有力的證據足以佐證。但是認爲漢時已用錢卜者，仍不乏其說，今之學者

〔註82〕見朱彝尊《經義考》卷十一引（北京：中華書局，1998 年 11 月），頁 70～71。
〔註83〕引自惠棟《易漢學·卷五·以錢代蓍》，見惠棟撰、鄭萬耕點校《周易述、易漢學、易例》（北京：中華書局，2007 年 9 月第 1 版），頁 608。

亦多人持此之論，認爲錢卜始自漢者，如向傳三〈周易筮法的概率研究〉說：
「揲蓍在漢以後簡化爲金錢課占」，〔註84〕此恐受宋項安世的《項氏家說》：「以
《京易》考之，世所傳火珠林者即其法也。」的影響。〔註85〕然所謂「金錢
課占」在火珠林之前並不見載，因爲其運用之範疇又較火珠林爲廣，應是火
珠林法盛行之後而形成。又衛紹生先生在《中國古代占卜術》說：「錢卜始於
西漢《易》術名家京房。西漢高士嚴君平隱於西蜀成都，以卜筮爲業，……
後人有『岸餘織女支機石，井有君平擲卦錢』的詩句」。〔註86〕明・張岱《夜
航船・卷十四》：「錢卜者，西蜀君平以錢卜。詩曰：岸餘織女支機石，井有
君平擲卦錢。」〔註87〕清・翟顥《通俗編・藝術》：「《揮麈録》：擲卦以錢，
自嚴君平始。唐詩並有君平擲卦錢。」〔註88〕凡此皆認爲錢蓍法乃始自漢代。
然察《漢書・王貢兩龔鮑傳》：「蜀有嚴君平，皆修身自保，……君平卜筮於
成都市，以爲『卜筮者賤業，而可以惠人。有邪惡非正之問，則依蓍龜爲言
利害。……各因勢導之以善，從吾言者，已過半矣。』裁日閱數人，得百錢
足自養，則閉肆下簾而授老子。」此論並無提及錢蓍法，乃「依蓍龜爲言利
害」，可見他仍以蓍龜爲占卦之具。明・張岱、清・翟灝的百科全書恐因受到
唐詩的影響而主張錢卜始於君平，惠棟《易漢學・卷五・以錢代蓍》說：「唐
于鵠江南曲：『眾中不敢分明語，暗擲金錢卜遠人。』」〔註89〕然詩者，象徵
比類有之，唐代已行銅錢代蓍之法，爲詩者以其法形容君平卜筮之業，或僅
爲譬喻象徵，非必眞爲擲卦錢。

　　因此，自項安世以來逕自把「以錢代蓍」視爲京、郭之納甲筮法，確有不
妥，除了前面所提的原因之外，還有兩個值得注意的因素：（一）《京氏易傳・
卷上》說：「乾坤者，陰陽之根本。坎離者，陰陽之性命。分四營而成易，十有

〔註84〕向傳三〈周易筮法的概率研究〉說：「揲蓍在漢以後簡化爲金錢課占」，《周易
　　　　研究》，1997 年第 4 期（總第三十四期）。

〔註85〕引自項安世《項氏家說・卷二・京房易法以八卦變六十四卦》（北京：中華書
　　　　局，1985 年北京新 1 版）（爲《叢書集成初編》之一），頁 16。

〔註86〕見衛紹生《中國古代占卜術》（淡水：谷風出版社，1993 年 6 月），頁 25。

〔註87〕見張岱《夜航船・卷十四》（成都：四川文藝出版社，1996 年 4 月第 1 版），
　　　　頁 334。

〔註88〕見翟顥《通俗編・卷十》（北京：中華書局，1985 年北京新一版）（無月份），
　　　　頁 112。

〔註89〕見惠棟撰、鄭萬耕點校《周易述、易漢學、易例》（北京：中華書局，2007
　　　　年 9 月第 1 版），頁 608～609。

八變而成卦。」又說：「揲蓍布爻，用之於下，筮分六十四卦，配三百八十四爻，序一萬一千五百二十策，定天地萬物之情狀。」（同前）。《京氏易傳》並無提及有關錢蓍法之事，反倒有「四營而成易，十有八變而成卦」、「揲蓍布爻」之說。

（二）北周・衛元嵩的《元包經傳》雖與《火珠林》一樣皆昉於京房八宮卦與五行之理，然卻仍以蓍草爲起卦之法，故在〈太陰第一〉、〈太陽第二〉、〈少陰第三〉、〈少陽第四〉……〈孟陽第八〉八宮六十四卦之後有〈運蓍第九〉一篇，說明《元包》仍用大衍筮法，衛元嵩說：「五行之數，一曰水，二曰火，三曰木，四曰金，五曰土，此其生也。六曰水，七曰火，八曰木，九曰金，十曰土，此其成也。凡五行生成之數五十有五。……《易》用四十九策者，窮少陽也。……曰太一；分而爲兩，曰兩儀；揲之以三，曰三才；營之以四，曰四時，歸餘於終，取象於閏，數之閏也。」〔註90〕此爲〈繫辭上傳〉的揲蓍之法，而非錢蓍法。可見納甲筮法的要義不在布卦或起卦的方式上，而是在斷卦的原理與內涵。

「以錢代蓍」的起卦方式加上「納甲筮法」的占斷理論，這就是火珠林法。「以錢代蓍」主要以三錢爲筮具，視其正、反面情況而定，有四種情形：重爻，三錢爲反面、爲老陽九；交爻，三錢爲正面、爲老陰六；單爻，二正一反、爲少陽七；拆爻，一正二反，爲少陰八。自下而上，搖六次可成一卦，其起卦、成卦較揲蓍簡單，此法乃沿襲唐代錢筮法而來，《項氏家說》指稱的就是這種起卦的方式，項安世說：

> 今占家以三錢擲之，兩背（反）一面（正）爲拆，此即兩少一多，爲少陰爻也。兩面一背爲單，此即兩多一少，爲少陽爻也。俱面者爲交，交者拆之，此即三多，爲老陰爻也。俱背者爲重，重者單之，此即三少，爲老陽爻也。蓋以錢代蓍，一錢當一蓍。〔註91〕

以錢代蓍是火珠林法的布卦方式，但這一點並非納甲筮法之要義。之所以說《火珠林》昉於京房之納甲筮法，主要是在內容上取法八宮納甲配地支、六親、六神、世應、飛伏等占例，並運用五行生克沖合原理來進行吉凶休咎的占斷，這才是納甲筮法之重點，郭彧《京氏易源流》說：

> 其實《火珠林》一書當出於晁以道將《京氏易傳》公諸世之後，所

〔註90〕見北周・衛元嵩《元包經傳》子部，術數類（總第八百零三冊，子部第一百零九冊），收錄於文淵閣《四庫全書》（台北：商務印書館，1986 年 3 月初版），頁 803-217～803-241。

〔註91〕引自項安世《項氏家說・卷二・京房易法以八卦變六十四卦》（北京：中華書局，1985 年北京新 1 版）（爲《叢書集成初編》之一），頁 16～17。

謂「麻衣道者撰」只是托名而已。《京氏易傳》所言「八宮世系」、「世應」、「飛伏」、「六親」、「五行生克」是後來發展出的「納甲筮法」之根本，當然也是《火珠林》撰寫的依據。〔註92〕

這一段話說明《火珠林》得自焦贛、京房之遺法，主要的原因不在於以錢代著或者是揲著布卦，而是在於將五行生克的機制置入卦爻之中以斷凶，改變先秦以卦象和卦爻辭釋占的方式。故胡一桂論《京氏易傳》則說：

下卷雜論卜筮，一篇首論聖人作易揲著布卦，次及納甲法，次二十四氣候配卦與夫天地人鬼四易（一二世地易、三四世人易、五世八純天易、游魂歸魂鬼易），父母兄弟妻子官鬼等爻，龍德（十一月子在坎，卦左行）、虎刑（五月午在離，卦右刑）、天官（甲乙庚辛之類）、地官（甲乙申酉之類）與五行生死所寓之類（寅中有生火，丑中有死金之類）。此晁氏讀書記所謂星行氣候之學，非章句也。〔註93〕

從前文之論證得知《京氏易傳》仍秉持聖人揲著布卦的起卦方式，與〈繫辭上傳〉所說的一樣，分二、掛一、揲四、歸奇之四營完成一次變易，凡三變才得一爻，十有八變方成一卦，以揲著布爻的《京氏易傳》仍成爲《火珠林》之法源，主要的原因在於胡一桂所說的納甲內涵，即父母兄弟妻子官鬼、龍德、虎刑、天官、地官與五行生死這些生克刑害、星行氣候的占筮原理與內容。今人蕭漢明先生說：

《火珠林》有京氏遺風，不在於是否以錢代著，主要在於八宮世應與納甲之法及其文化內涵。〔註94〕

《火珠林》有京氏遺風，不在起卦、成卦法，在於八宮世應與納甲之法及其文化內涵，也就是一套如京、郭斷卦的原理與學說，故趙汝楳在《周易輯聞·筮宗》說：

然《火珠林》擲錢代著，用一卦定吉凶，畫交重以紀變，其定爻以世應，其玩占以納甲、五行、六獸。〔註95〕

〔註92〕見郭彧《京氏易源流》（北京：華夏出版社，2007年4月北京第1版），頁82。

〔註93〕見胡一桂的《周易啓蒙翼傳·外篇》，收錄於《通志堂經解》本第七冊，清徐乾學輯、納蘭成德校訂（台北：漢京文化事業有限公司）（無年月版次），頁4189。

〔註94〕見蕭漢明〈論《京氏易傳》與後世納甲筮法的文化內涵〉，《周易研究》，2002年第2期。

〔註95〕見趙汝楳《周易輯聞·筮宗·交重單拆》，收錄於《通志堂經解》本第五冊，清徐乾學輯、納蘭成德校訂（台北：漢京文化事業有限公司）（無年月版次），

火珠林法之源於西漢京房「定爻以世應，其玩占以納甲、五行、六獸」之理論系統，經過管輅、郭璞實際占驗與運用，終成火珠林法之盛行。

綜上所述，得知從京房之法，到管、郭之術，直至火珠林者，他們的精於占筮，推步盈虛，垂神幽藪，爲人卜卦決疑，無不應驗如響，其功不在於起卦的方式，而在於斷卦的幽微與內涵。

二、納甲筮法源於納甲說

無論是錢蓍法或揲蓍法，每卦納入天干後再配以地支，根据每爻地支與宮卦的五行生克關係確立六親，找出世爻、應爻，根據筮時時日定出六神，再配合動爻之間的的沖、克、刑、害，分析並預測人事吉凶，這些都可視爲納甲筮法之運用，其占斷有一定的程式及原理，革新了先秦之前以本卦、之卦的卦象、卦爻辭占問事物吉凶之情況。

然而這套筮法與第一節所論述的納甲說究竟有無關係呢？從京房、虞翻、陸績、干寶的納甲理論可以肯定納甲筮法是立足於納甲說而後逐漸演化而成的，換句話說，納甲說的確爲納甲筮法奠定占斷的種種理論依據。首先京房提出「乾坤配甲乙壬癸，震巽之象配庚辛，坎離之象配戊己，艮兌之象配丙丁」之說。虞翻在京房「納甲法」的基礎上作進一步的發展，將納甲結合曆法，並以月象的運行來相應八卦之象，〔註96〕顯示「納甲法」是古人「仰觀日月之象」的結果。同時，他又結合月象運行方位與天干方位，推出「東方甲乙木，南方丙丁火，西方庚辛金，北方壬癸水，中央戊己土」的天干方位的說法。另外又在注解〈繫辭下傳〉「變動不居，周流六虛」時說：「六虛，六位也。日月周流，終則復始，故『周流六虛』。謂甲子之旬，辰巳虛坎，戊爲月，離巳爲日，入在中宮，其處空虛，故稱『六虛』。」（《周易集解》引），明顯地將天干搭配地支成六十甲子，並以此紀日或占算。這些說法對占驗派

頁 2911。
〔註96〕　注〈繫辭上傳〉「懸象著明莫大乎日月」時說：「謂日月懸天，成八卦象。三日暮，震象出庚；八日，兌象見丁；十五日，乾象盈甲；十七日旦，巽象退辛；二十三日，艮象消丙；三十日，坤象滅乙。晦夕朔旦，坎象流戊。日中則離，離象就己，戊己土位，象見於中，日月相推，而明生焉」，見李鼎祚《周易集解》（台北：商務印書館，1996 年 12 月臺 1 版第 2 次印刷），頁 350。虞翻認爲日月懸象於天，三日震象出現在庚西，八日兌象出現在丁南，十五日乾象盈滿於甲東，十七日旦巽象從辛西消退，二十三日艮象剝蝕月明於丙南；三十日坤象消滅月明於乙東。

－347－

的納甲筮法具有深巨的影響力，如管輅筮雨期，說：「十六日壬子值滿畢星中，已有水氣，水氣之發，動於卯辰，此必至之應也。」〔註97〕納甲不只在八卦六爻，更在六十甲子之用，故管輅有「十六日壬子」之說，黃宗羲在《易學象數論》說：「卦之納甲以六十子言，故納辰亦謂之甲也。」〔註98〕納甲除了與卦爻相配外，也運用日月運行、坎離之用的紀日上，因此有「甲子之旬」說。綜言之，虞翻的月體納甲說，在干支與五行、方位、曆法等配合的基礎上的確也給後世研究納甲法者一條思考的空間。

陸績則在京房的基礎下強調陰陽之數的觀念，故有：「庚陽入震，辛陰入巽」、「戊陽入坎，己陰入離」、「丙陽入艮，丁陰入兌」之注，並認爲陰陽之數影響著吉凶之兆，注解《京氏易傳・大畜》時則說：「極陰陽之數，定吉凶之兆。」認爲宇宙萬事萬物皆可藉由八宮六十四卦的陰陽消長來象徵、來推類，從而占斷人事之吉凶，積極發揚京房「八卦分陰陽，六位五行」的納甲之說，此爲陸績對納甲筮法的影響之一。其次，他進一步說明每爻所納地支的五行屬性與該卦所屬卦宮的五行屬性之間的生克原理來確立出六親的關係，並把京房的天地、福德、同氣改爲父母、子孫、兄弟，使六親成爲後世納甲筮法中裝卦的必要條件之一，爲陸績對納甲筮法的影響之二。最後，陸績延續京房的飛伏說，使在占說災異之時，若世爻、應爻無法合理解說該卦之休咎，則以飛伏爲依據，啓發後世之人在所占得之卦無『用神』之情況，則以其卦相應本宮卦的第一卦藉由飛伏的關係去尋找用神，故飛伏一說即從象數易例之特質轉往術數之方向邁進，此爲陸績對納甲筮法的影響之三。故知陸績利用陰陽消長、六位、五行、爻辰、六親、六神等說法來注經，對納甲筮法確實起著推展之功。

干寶注《易》仍是繼承京房八宮與納甲之法，尤其對世應與五行之說更爲重視。干寶一方面提出以世爲身之說，如注〈蒙〉說：「蒙者，離宮陰也。世在四」，注〈豐〉辭說：「豐，坎宮陰，世在五。」此以世爲身之例。另一方面又提出卦身之說，亦即以六爻地支五行屬性同於該卦相應宮卦的五行屬性而有卦身之說，如注〈震・六二〉說：「六二木爻，震之身也。」震六二爻爲庚寅，寅

〔註97〕引自《三國志・魏書・管輅傳》裴松之注引〈管輅別傳〉，見盧弼《三國志集解》（臺北：漢京文化事業有限公司，2004 年 3 月初版），頁 701。
〔註98〕見黃宗羲《易學象數論・納甲二》（台北：廣文書局，1981 年 2 月再版），頁 47。

在五行屬木，震卦本身五行屬木，六二木爻同震宮之木，故說「震之身」。如此一來，干寶就有二身之說：以震卦為例，依照京房世應之說，震卦為八純卦，震之世身在上九爻。又以六爻地支五行屬性相應該卦的五行屬性而言，震之卦身在六二爻，於是震卦就有了二身之說。其他諸卦也有如此的情形，甚者，卦身有二，加上世身已然為三身矣。故惠棟《易漢學・卷五・卦身考》說：

> 震六二震來屬，干寶曰：『六二木爻，震之身也。』……案震為木，庚寅亦木也，故曰震之身。然則乾之九五，壬申金；坎、巽、離之上九，戊子水、辛卯木、己巳火；兌之九五，丁酉金，皆身也。坤艮有二身（坤初六乙未、六五癸亥（疑誤）。艮初六丙辰、六四丙戌，皆土也。）〔註99〕

按照干寶之說，該卦六爻地支五行屬性與該卦本身的五行屬性相同者為卦身，則乾之九五壬申金、坎之上九戊子水、巽之上九辛卯木、離之上九己巳火、兌之九五丁酉金皆與其本卦之五行屬性同者，皆為卦身，加上京房世身之說，一卦就有二身。再者，坤初六乙未、六四癸丑皆與坤宮同屬土，故有二卦身，再加上京房世身之說，一卦就有三身之說，如艮初六丙辰、六四丙戌皆與艮卦同屬土，就有二卦身，再加上京房世身之說，也同樣造成一卦有三身之說。干寶除世身外又發展出的卦身說，確實給納甲筮法提供更為寬廣且靈活的占解空間。

　　從郭璞筮驗之論述得知他大抵是從『世身』來推衍吉凶之情，如他曾為參軍景緒病卜，得得〈臨〉䷒之〈頤〉䷚，林辭說：「卯與身世並，而扶天醫。」即以世爻為用神，〈臨〉卦世爻在第二爻，二爻納卯，故說：「卯與身世並」；又為仍寶叔筮傷寒疾，得〈遯〉䷠之〈姤〉䷫，亦從世爻立論。〔註100〕然郭璞嘗為愼曜伯婦筮病，得〈蹇〉卦，郭璞分析說：「身在戌□與坎鬼並卦中，當有從東北田家市黑狗，畜之以代人，任患死。」（《易洞林》引），蹇卦六爻之干支由初至上為丙辰、丙午、丙申、戊申、戊戌、戊子，六親由

〔註99〕見惠棟撰、鄭萬耕點校《周易述、易漢學、易例》（北京：中華書局，2007年9月第1版），頁607。此處之注為誤，因為坤六五癸亥為水，與坤卦本身屬土不合，故應改為疑六四癸丑之誤，丑為土，同於坤卦本身五行屬性，為土，故能成為卦身。

〔註100〕參考前一節〈郭璞的納甲筮法〉：「由〈遯〉䷠變卦為〈姤〉䷫，很明顯的動爻在第二爻，由陰轉陽，〈遯〉卦為乾宮二世卦，故世爻在二爻，二爻值官鬼午火，動化至〈姤〉卦子孫亥水，午火絕於亥水，水克火，是謂回頭克。官鬼與回頭克並為大凶之象。」此例可證郭璞之占驗以世為身。

初至上爲父母、官鬼、兄弟、兄弟、父母、子孫。戌宜爲土，故惠棟引《易洞林》時直接寫成「得蹇身在戌土與坎鬼並卦中」，〔註101〕六五爲卦身與六二官鬼同在一卦，故說「並卦中」。若依京房之說，〈蹇〉卦爲兌宮四世，世身應在六四爻戊申；若依干寶之見，以地支與本卦五行同者論卦身，則九三丙申金與六四戊申金宜爲卦身。然郭璞爲何以六五戊戌爲卦身？筆者試著整理後人卦身之說，看是否有得諸於郭璞之說者？故自《易冒》、《卜筮正宗》得出二個卦身之法，〔註102〕一爲安月卦身，看世爻的陰陽。訣曰：「陰世則從午月起，陽世還從子月生；欲得識其卦中意，從初數至世方眞。」〈蹇〉卦世爻在六四爻，爲陰爻，故從午月數起，初爻至六爻則爲午、未、申、酉、戌、亥，數至第四爻酉爲卦身。一爲安世身，看世爻的地支。訣曰：「子午持世身居初，丑未持世身居二。寅申持世身居三，卯酉持世身居四。辰戌持世身居五，巳亥持世身居六。」〈蹇〉卦世爻在六四，地支爲申，依「寅申持世身居三」，故卦身在三。得出結論是後世卦身之說並非襲自郭璞者。察郭璞此例不知所據？既非京房之世身、也非干寶之卦身，又不見後人之承繼其說者。因此筆者認爲有個合理的解釋，那就是從郭璞占驗的規則來看，他大抵以世爲身，惠棟也說：「郭璞《洞林》以世爲身」，〔註103〕因此輯佚本所說的「戌□」應爲「戊申」之誤，亦即將戊筆誤成戌，申則模糊不可見，故有此誤。

　　從干寶的卦身說及郭璞的卦身考都可看出卦身之用逐漸被重視，納甲說的八宮、五行、世應、飛伏等體例都實際地被運用在占驗的筮法中且有所轉

〔註101〕引自惠棟《易漢學・卷五・卦身考》，惠棟並作案語說：「戌土謂九五，戊戌土也」，見惠棟撰、鄭萬耕點校《周易述、易漢學、易例》（北京：中華書局，2007年9月第1版），頁607。

〔註102〕清・程元如《易冒》說：「身法有二，由卦而立，謂之卦身，曰月卦。由世而立，謂之世身，曰身居何爻。世身之法，必備於爻；卦身之法，或闕於卦。……蓋卦身者，卦之體也，則象人心之用焉。」（台北：武陵出版有限公司，1990年8月初版），頁44～45。清王洪緒撰、孫正治點校《卜筮正宗》也有〈安月卦身訣〉（河北：中州古籍出版社，1994年9月第1版），頁10。《易隱》第一章〈啓蒙要篇〉則有「起月卦身法」及「安身訣」。「起月卦身法」：「陰世則從午月起，陽世還從子月生；欲得識其卦中意，從初數至世方眞。」；「安身訣」即「安世身」：「子午持世身居初，丑未持世身居二。寅申持世身居三，卯酉持世身居四。辰戌持世身居五，巳亥持世身居六。」見清・曹九錫撰、韓少清編校《易隱》（北京：中國廣播電視出版社，2006年12月第1版），頁35～38。

〔註103〕引自惠棟《易漢學・卷五・卦身考》，見惠棟撰、鄭萬耕點校《周易述、易漢學、易例》（北京：中華書局，2007年9月第1版），頁607。

化，術數意味的增強也代表納甲說對納甲筮法的影響更爲深入。

虞翻、陸績、干寶等人以京房所說的納甲、世應、五行、八宮等來解釋卦爻辭及《易傳》，足見納甲學說在魏晉時期不但廣爲應用，並且成爲納甲筮法的理論依據，時人運用納甲說以占筮者亦不乏其例，如干寶《晉紀》記載：

> 陸抗之克布闡，皓意張大，乃使尚廣筮并天下，遇〈同人〉䷌之〈頤〉䷚。對曰：吉。庚子歲，青蓋當入洛陽。故皓不修其政而恆有窺上國之志，是歲也，實在庚子。〔註104〕

惠棟以京房宮卦世應之說以解此例，這正是運用納甲說以行筮法之實者。陸抗率兵攻下布闡，孫皓志益張大，故令尚廣筮，得〈同人〉䷌之〈頤〉䷚。〈頤〉卦六爻配干支爲庚子、庚寅、庚辰、丙戌、丙子、丙寅，而〈頤〉卦爲〈巽〉宮之游魂卦，故世在四爻丙戌，而應在初爻庚子，震爲木，故云青蓋。震爲少陽，其數爲七，從鳳皇元年至天紀四年春三月，孫皓爲晉所虜，吳入晉，實七年。此例爲干寶所載，應是用當時流行之納甲筮法以占之，故惠棟亦從京房宮卦、世應之說以解此卦。〔註105〕

在魏晉時期以納甲筮法名聞於世且靈驗無比者，應屬管、郭二人。管輅取象運數、推往知來，其占筮之術《三國志》雖無明言爲納甲之法，然從其占弘直子之死、父爲兒哭喪之例，推知其用者納甲筮法也；又從〈管輅別傳〉

〔註104〕此例事件可見干寶《晉紀》，收於黃奭《黃氏逸書考》第三冊（京都：株式會社中文出版社，1986年10月出版）（無版次），頁2884。《黃氏逸書考》所輯的《晉紀》無「遇〈同人〉䷌之〈頤〉䷚」之語，然裴松之注《三國志·三嗣主傳》時則有「〈同人〉之〈頤〉」之語，盧弼《集解》更引李光地之注說：「乾爲天君，離者南面，皆尊象也。艮，山岳，公侯之兆；震於易，亦占建侯。此明君降爲臣位矣！同人者，主天下之大同也。頤者，養也，示爲晉并吞而得寄食偷生之意，筮之告皓亦顯矣！」裴松之注引干寶《晉紀》之事並見盧弼《三國志集解》（臺北：漢京文化事業有限公司，2004年3月初版），頁981。李光地從〈說卦傳〉取象，認爲〈同人〉䷌上乾下離，乾象徵國君，離象徵南面，皆爲天君之象，表示孫皓爲一國之君。然〈頤〉䷚上艮下震，艮爲山岳，震爲建侯之象，表示孫皓將由國君變成臣子，後果然爲晉所俘，寄居洛陽，時年正是庚子歲。以干寶留思京之學，善用宮卦干支之說，其所載者應爲當時盛行之納甲筮法。不應是李光地所說以〈說卦傳〉取象者。

〔註105〕見惠棟《易漢學·卷五·占驗》：「頤，巽游魂也。卦，六四丙戌主世，初爻庚子爲應，震爲木，故云青蓋。……震少陽，數七。鳳皇元年至天紀四年春三月，吳入晉，實七年」，惠棟以京房宮卦、世應、五行、納甲之說解此占。見惠棟撰、鄭萬耕點校《周易述、易漢學、易例》（北京：中華書局，2007年9月第1版），頁599。

之記載，知時人多以管輅匹疇京房，可見管輅分著用思之術與京房之占必有其相應之處。〔註106〕至於郭璞之術在《易洞林》中則載有詳細之筮法，凡六親、世應、世身、納甲、五行生克、生旺墓絕、刑鬼沖害等皆可在筮例中找到驗證，故尚秉和說：

> 納甲始於西漢。其用以卜筮之見於載記者，三國時管輅，陳志雖不詳其本卦，然觀其所言，蓋用納甲法爲多。至晉郭璞所著《洞林》，不惟詳其筮法，並自注其筮儀。與只有事驗，不詳筮法，徒炫騁神怪者不同。〔註107〕

納甲說始於西漢，虞翻、干寶注經之餘亦偶用於卜筮，然真正運用此說從事占筮者，則管、郭二士也。二人把天干、地支、六親、五行、六神都納入八卦六爻之中，發揮京房所說的：「仰觀俯察在乎人，隱顯災祥在乎天，考天時，察人事在乎卦」〔註108〕的精神，將整套納甲體系予以占筮實用化，這代表著漢象數易到魏晉術數易的過渡，與義理易學派共同推進著易學的演變，對整個易學的發展史而言，確實有其深遠的影響。

小　結

　　綜上所述，納甲的基本原理便是將天干地支納入八卦之中，使乾象配甲壬、坤象配乙癸、震巽之象配庚辛、坎離之象配戊己、艮兌之象配丙丁，且將八卦分陰陽，十二辰分六位，乾、震、坎、艮配陽支子、寅、辰、午、申、戌；坤、巽、離、兌配陰支丑、卯、巳、未、酉、亥。於是乾初起甲子、震

〔註106〕《三國志・魏書・管輅傳》裴松之注引〈管輅別傳〉說：「昔京房雖善卜及風律之占，卒不免禍，而輅自知四十八當亡，可謂明哲相殊。又京房目見邁讒之黨，耳聽青蠅之聲，面諫不從，而猶道路紛紜。輅處魏、晉之際，藏智以朴，卷舒有時，妙不見求，愚不見遺，可謂知幾相遜也。京房上不量萬乘之主，下不避佞諂之徒，欲以天文、洪範利國利身，固不能用，卒陷大刑，可謂枯龜之餘智，膏燭之末景，豈不哀哉！世人多以輅疇之京房，辰不敢許也。」〈管輅別傳〉時時貶抑京房以提昇管輅之地位，由此可證明管輅是深曉京房易學的。見盧弼《三國志集解》（臺北：漢京文化事業有限公司，2004年3月初版），頁702。
〔註107〕引自尚秉和《周易古筮考・納甲術古今用法之異同》，見尚秉和撰注・常秉義點校《周易古筮考、周易尚氏學》一書（北京：光明日報出版社，2006年1月第1版），頁80。
〔註108〕引自陸績《京氏易傳・卷下》，見嚴靈峯編輯無求備齋《易經集成》第177冊，（台北：成文出版社，1976年臺一版）（無月份），頁114。

初起庚子、坎初起戊寅、艮初起丙辰，坤初起乙未、巽初起辛丑、離初起己卯、兌初起丁巳。陽卦納陽干陽支，陰卦納陰干陰支，陽支順行，陰支逆行，配合五行、頒定六位，由此確立一套納甲說，此說大抵出於西漢‧焦贛、京房之法。至魏晉之時，源自漢代的納甲說不但沒有受到義理易的攻詰而衰微，反而發展出兩大方向：一、是注經派在納甲說的基礎上作出了一些加深與創新的論述。一、是占驗派以此說為納甲筮法之理論基石，並影響著後世如火珠林法的產生與盛行。本文將此兩方向的突出特點歸綜為以下之摘要：

一、納甲說的兩條路向

　　注經派的納甲說至魏晉時期逐漸產生了兩條路向：（一）是延續京房「降五行，頒六位」之說，八卦六位，配合干支五行，乾坤甲乙為天地之父母，又為陰陽之終始，故以甲乙壬癸配乾坤，表示萬物由乾坤所始構，又由乾坤而完成。陸績繼京房之論，深化六親說、飛伏說以及五星配卦說，凸顯納甲說中之陰陽消息、六位五行的變化來詮解經義並說明吉凶之由。爾後干寶更以八宮、納甲注《易》，對於發揚京房《易》學更是不遺餘力，其注處處可見納甲、干支之論，特別以福德刑殺、五星四氣，六親九族來結合人事之禍福休咎，使其《易》注充滿術數之意味，表現出占術合《易》之特色。另一方面，京房之八宮卦就是透過爻變而形成一套占筮系統，陸績則以此論動爻，干寶更是重視一爻之功能，以一爻表示一卦之義，顛覆漢易以十二消息卦配十二月之說，代之以乾坤十二爻值消息十二月卦，提出另一類的爻變理論，這也是在宮卦體系下所開展出的另一新視角。（二）另一種納甲說，主要是依據月體運行的規律來立論，魏伯陽《周易參同契》以月象附會之，目的在援此以為陰陽進退符火之候，虞翻承之，以月之明魄多少取象於卦畫，以所見方位為所納之天干，並以納甲闡天地五十五數，同時結合四季、五行之說，呈現出與京房不同的納甲內涵，且比《參同契》為詳備。

二、納甲說的優缺點

　　京氏易流派的八宮世應、納甲之說及其文化內涵為後世的納甲筮法提供了理論根據。虞翻的「月體納甲」說，以一月之內所呈現之晦朔弦望的盈虛變化及其出沒的方位作為論述之宗旨，成為後人論述納甲學的重要根源；並且在干支五行之外，還將天干所代表的十個自然數與八卦相配用來解經，這

些內涵啓發後人以五行生成數與納甲之數來解釋天地五十五之妙，同時亦說明易道陰陽消息之大要與天地萬物生成之功。然而這一時期的納甲說也並非沒有牴牾之處，如虞翻一方面用月體納甲之方位，另一方面又用〈說卦傳〉的八卦方位，造成一個卦出現兩個不同的方位。黃宗羲對京、虞之納甲說就曾提出四個疑慮：（一）月之明魄與卦畫不類，且月行一歲，日日夜夜推移無定，豈可以此爲納甲之原理？故黃宗羲贊同沈括不主月象說，而寧採天地胎育之說。（二）以乾坤爲父母，又包括終始陰陽之道，故以配甲乙壬癸，生有震巽坎離艮兌等六子，按長幼秩序則震巽宜丙丁，艮兌爲庚辛，何以納甲說以震巽爲庚辛、以艮兌爲丙丁？（三）以〈說卦傳〉而言，乾爲金，坤爲土。以納甲之說，乾配甲壬，坤配乙癸，甲乙在天干所屬五行中爲木，壬癸在天干所屬五行中爲水，則乾爲金乎？木乎？水乎？而坤爲土乎？木乎？水乎？八卦納干支反讓五行之說無所適從。（四）觀納甲之用五行，往往只及地支而不論天干。納甲說以八宮卦之五行爲母，以六爻地支之五行爲子，母與子之間視其相生相克的關係而定出六親之說，從而論人事之休咎，如乾初爲甲子，乾爲金，子爲水，金生水，故乾初爲子孫爻，若是，逕配地支則可，何需配甲？〔註109〕由以上所論，說明納甲說確有不合理處。

三、納甲筮法的特色與貢獻

利用宮卦納甲、世應飛伏、五行生克、六親六神、刑德克害、休旺墓絕等原理來從事占驗的活動，這就是納甲筮法的特色。其貢獻有三：（一）對後世以錢代蓍的火珠林法產生深遠的影響。筆者以爲自項安世以來逕自把「以錢代蓍」的火珠林法視爲京、郭之納甲筮法是錯誤的說法，理由有三：1. 從項安世以來學者並無提出證據證明京房之時已有錢卜法。2. 從《京氏易傳》的記載得知京房仍用揲蓍布卦之法。3. 從虞翻、陸績一直到北周‧衛元嵩的《元包經傳》都有大衍運蓍之記載，卻不見有以錢代蓍之說。故知項安世所說的：「以《京易》考之，世所傳火珠林者即其法也。」指的不是以錢代蓍之占卦法，而是八宮世應、干支五行、八卦六位的文化內涵，因此證明納甲筮法影響火珠林法的眞正重點不在布卦或起卦的方式上，而是在斷卦的原理與內涵。（二）納甲筮法的應驗既如此神妙，必有其一定的規律與道理存乎其中，

〔註109〕此四點可參見黃宗羲《易學象數論‧納甲一、納甲二》（台北：廣文書局，1981年2月再版），頁 45～49。

也必有其深刻之哲學內涵，將此視爲一種人文科學，或是一種文化現象，對民間多元文化的發展而言是有貢獻的。（三）管輅用干支、五行、蓍龜等術，雖不注《易》、不談卦爻辭之義理，而其精妙處卻無不合易道。以術與天道相感相通，推陰陽之數以逆知人事，此又非至精、至神不可。一個人德行神明足以感通天地萬物，就能推往知來，明得失吉凶，這就是「寂然不動，感而遂通天下之故。」（〈繫辭上傳〉）的實際運用，嚴格說來，這也是「言不盡意」的另一種表態。

四、納甲筮法衍生的缺失

　　魏晉納甲筮法並非沒有缺點，自管輅言「夫善《易》者不論《易》也。」（《三國志・魏書・管輅傳》裴松之注引〈管輅別傳〉），他不注《易》，偶有摭拾《周易》經傳之文，也不是爲了解釋辭義說，而是在占測之時，假借其辭而示以人事之義理，表現術數家之本色。因爲管輅認爲八卦之道與爻象之精實存於蓍龜神靈之中，一個人若能體得易道，一切的陰陽變化、生死幽明皆備乎象數之中，又何需講述卦爻辭之義理呢？此說雖然凸顯術數家至神至妙的天人合一觀，但也給人神秘之感，如言書佐、鈴下二人，各以微軀幻化爲蛇、鳥，確實讓人難以理解，假托神道反使人不得萬化之理及性通之道。郭璞在納甲筮法的運用上雖已確立其生克制化的原理與系統，在林辭中也會參用卦爻辭之說，然其目的仍在吉凶之情而非義理之尚，其主觀之嫌與虛妄之玄，同樣讓人感到神秘與熒惑。後人納甲筮法盛行，雖是京房之遺法，然用爻不用其辭，取於干支漸違京房象數之說。管、郭難辭其咎矣！術數家本於京氏卻無京氏注《易》之體系，布卦只關心卦爻之間的五行生克、占斷時日、世應飛伏、生旺休囚等斷法，而不見卦爻辭之用，即如管輅、郭璞偶引卦爻辭而爲說，基本上仍以各爻的生克刑德來占斷事情發展的吉凶。因此以爻重於辭的情形，不僅違背聖人設卦辭、寄哲思之用心，也逐漸脫離易道陰陽消息之原理而驅向相命百家之術；且使卦爻辭之哲理走往干支生克之路向，進而喪失道德性命之易理，此雖非管、郭直接造成，然使易道步入易術，管、郭亦有其責任。納甲之法本乃取象於天，取法於日月之運，藉由陰陽消長之理明萬物變化之道，然若舍義理而專於占術，即使有教化之義蘊於其中，終因關注吉凶之情，而失去自然人事之理，而一任王相、囚死、衰沒、休咎之情，其末流則難免流於技藝之術。

第八章　易象觀與易數觀

　　研易者一直以爲象數是義理的工具和媒介，因此提高義理的地位，相對地貶抑象數的價值，這種評論會影響我們對魏晉象數易學的觀點與看法。而實際上，魏晉象數易學的易象觀與易數觀存在兩個重要的內涵與意義：一、象數雖用來闡發義理，但仍居重要地位。聖人立象以盡意，借助《周易》的卦爻符號與八卦、六十四卦的象來表達義理。此時，雖然象數是用來闡發義理的工具，但在象數學家的心中，義理並沒有佔據首要的地位，象數的取象主張、易例結構及其衍生的思想才是他們關注的重心。二、由於義理、象數兩派對易象與易數觀點之異而產生幾個值得探討的易學議題，如兩派對大衍之數的看法及對「一」與「四十九」兩數的理解爲何？又「象以盡意」與「象不盡意」有何種內涵？再如「象數先後」、「陰陽之數」的說法具備何種理論與哲思？這都是本章所要解決的問題。冀透過此一探研，能確實地掌握此一時期的易象觀與易數觀，將其內容與特色表現出來，使人明瞭當時象數易學的眞實面貌。

第一節　易象論

　　《易》之所以爲《易》在於有這些卦爻符號及各種易象，故〈繫辭下傳〉說：「古者包犧氏之王天下也，仰則觀象於天，俯則觀法於地，觀鳥獸之文，與地之宜。近取諸身，遠取諸物。於是始作八卦，以通神明之德，以類萬物之情。」古人仰觀俯察，從天地、鳥獸、人身、萬物等取象，再以兩儀、八卦、六十四卦的符號作爲基礎結構，將天下萬事萬物都包涵於這些符號當中，

因此易象就成爲《周易》推衍事物原理的根本要義。故尙秉和在《周易尙氏學》說：

> 故讀《易》者，須先知卦爻辭之從何象而生，然後象與辭方相屬。……
> 至王弼掃象，李鼎祚目爲野文。誠以說《易》而離象，則易辭概無
> 所屬，其流弊必至如宋人空泛謬悠而後已。〔註1〕

《周易》起源於「觀象立卦」基礎上，因此要了解卦辭、爻辭的意義就得從其所取象比類的事物推衍引申才能通解，這是「象數」的主要任務。若是專尙文辭、偶引象數並雜以《老》《莊》，必然會造成空疏之謬。魏晉的象數易學爲維護漢易之說，自然無法脫離這一套卦象的系統。然而《周易》的卦象到底包蘊著那些內容呢？俞琰在《讀易舉要》說：

> 如奇畫象陽，偶畫象陰，此一畫之象也。如天、地、雷、風、水、
> 火、山、澤，此三畫之象也。如井、鼎之類，此六畫之象也。〔註2〕

一畫指的是陰爻或陽爻，三畫指的八卦的符號，六畫指的是六十四卦的符號，這就是卦畫。吳澄《易纂言外翼・原序》說：「羲皇所畫之卦畫謂之象，文王所名之卦名謂之象，象辭、爻辭汎取所肖之物亦謂之象。」〔註3〕吳澄將《周易》之象分爲三類：卦畫之象、卦名之象與易辭所說之象。卦畫之象指的是陰陽、八卦、六十四卦的符號，也就是俞琰所說的一畫、三畫、六畫之象。而卦名之象乃是重卦所形成的象，也就是〈大象〉由上下二體推卦名由來時所表現的象。至於卦爻辭及象辭所說的象，吳澄又分爲「取於天者」、「取於地者」、「取於人者」、「取於動物者」、「取於植物者」、「取於服物者」、「取於食物者」、「取於用物者」、「取於彩色、方位、時日、名數者」。〔註4〕而這些

〔註1〕 見尙秉和《周易尙氏學》（北京：九州出版社，2005年1月第1版），頁1。

〔註2〕 見俞琰《讀易舉要・卷一》，經部，易類第十五冊（總二十一冊）），收錄於文淵閣《四庫全書》（台北：商務印書館，1986年3月初版），頁21-399。

〔註3〕 見吳澄《易纂言外翼・原序》，收錄於《中國古代易學叢書》第十七卷，中國書店出版，1998年3月第1版。（無載出版地），頁645。

〔註4〕 見吳澄《易纂言外翼・象例上中下》，收錄於《中國古代易學叢書》第十七卷，中國書店出版，1998年3月第1版。（無載出版地），頁653～686。如取象於天者天、日、月、斗、沫、雨、雲、霜、冰等，取象於地者有地、田、淵、川、河、谷、泥塗、沙、石、道、衢、郊、野、屋、門、宮…等，取象於人者有大人、幽人、天子、父母、婦妻、同人、敵、史巫、武人、首、耳、鼻、身、躬、趾、股、鬼…等，取象於動物者有龍、馬、牛、羊、牲、虎、鳥、魚、牙、角、翼、羽…等，取象於植物者有木、桑、楊、杞、瓜、茅、蒺、蔾藜…等，取象於服物者有簪、帛、衣、袂、裳、帶、紱、履…等，取象於

基本上都是《周易》本有之象，只是吳澄加以分門別類，使易象的內涵清楚明白地展現出來。清‧江永更結合《易傳》所說將《周易》所提及的卦象做全盤的整理，歸納為「天文類」、「歲時類」、「地理類」、「人道類」、「人品類」、「人事類」、「身體類」、「飲食類」、「衣服類」、「宮室類」、「器用類」、「國典類」、「師田類」、「動物類」、「植物類」、「雜類」這十六類絕大部分呈現的是具體的物象，其中也有象徵的事象，如「國典類」的祭祀、用牲等活動、「師田類」的征伐、行師等事以及「雜類」的文、高、圓、方等概念皆包涵其中。〔註5〕前面所說的都是《周易》固有之象，物有萬象，事亦有萬象，無怪乎王船山《周易外傳》說：「彙象以成《易》，舉《易》而皆象，象即《易》也。」〔註6〕這就是〈繫辭下傳〉所說：「是故《易》者，象也」的意義所在。

　　然而魏晉時期象數學家所表現的易象內容實際上並不僅是後人所描述的這些範疇，虞翻使用逸象、半象注《易》，使象的內涵變得浩瀚博大。為了讓易辭與易象對應，虞翻、陸績、姚信、翟元、蜀才、干寶等人運用卦氣、納甲、互體、世應、飛伏、宮卦、卦主、卦變、爻辰、五行等諸多取象之方，使象的範疇幾乎達到歷代象數易學之最。由於過度取象，導致後人起而批判，如黃宗羲在《易學象數論》一書中對於這些本非《周易》自身的取象之說則抱持否定的態度，甚至對於魏晉象數家所說的納甲之象、動爻之象、卦變之象以及宋代象數家所說的先天之象一律皆貶為偽象，他說：

> 聖人以象示人，有八卦之象、六畫之象、象形之象、爻位之象、反對之象、方位之象、互體之象七者而象窮矣！後儒之為偽象者，納甲也，動爻也，卦變也，先天也。〔註7〕

這是從取象的方式來論象的意義，象因此從實物之具象到比類象徵之事象至各種取象之方式皆可涵蓋其中。黃宗羲從八卦之象、六畫之象論到納甲、卦

　　食物者有酒、食、羞、血、膏、肉、膚、肺…等，取象於用物者有鼎、匕鬯、缶、筐、床、車、輿、弧、矢、圭、玉、金、菲…等，其餘有取象於采色如章玄黃朱、取象於方位如東西南北、取象於時日如先後甲庚、取象於數目如一二三四……等。此為吳澄取象分類之大要。

〔註5〕見清‧江永著、孫國中校理《河絡精蘊‧卦象考》（北京：學苑出版社，2006年3月第2刷），頁158～215。

〔註6〕見王夫之《船山易學‧周易外傳‧卷六》（台北：廣文書局，1981年2月3版），頁976。

〔註7〕見黃宗羲在《易學象數論‧卷三‧原象》（台北：廣文書局，1981年2月再版），頁157。

變之象，無論他的態度是反對或贊成都說明他對象的看法是著重在成象、取象的方式，而並不是放在江永所說的十六種類別上。又基於他對漢宋象數學易的反對立場，故主張以《周易》固有的取象之方爲主，因而排斥納甲、動爻、卦變、先天等這些取象之方。〔註8〕不管如何，象的義界從具體之物象到象徵之事物一直到取象之方式皆可包含其中，可見象之蘊意大矣！《周易傳義合訂·提要》說：

> 孔子〈彖〉、〈象〉二傳，何嘗非言象？雷風山澤以及乾馬坤牛震龍巽雞之類，皆象也。即卦之剛柔上下應比承乘亦何莫非象乎？舍是而言理，不知所謂理者安在矣？〔註9〕

舉《易》皆象，雷風山澤的物象或應比承乘的取象法，易學家們皆可稱之爲象，沒有這些象的內涵就沒有《周易》的義理可言，〈繫辭上傳〉說：「聖人有以見天下之賾，而擬諸其形容，象其物宜，是故謂之象。」凡是可以代表或象徵天下萬事萬物者，皆可視之爲象。從這些內容來檢視魏晉象數易學的易象說，筆者將這一時期的象說約分爲三類：（一）卦畫之象（二）事物之象（三）取法之象。

一、象之分類

（一）卦畫之象

卦畫之象包含陰陽二畫之象、八卦三畫之象及六十四卦六畫之象，這是從卦的設立來言象，也可以說是一種法象，以卦爻等符號象徵自然變化與人事吉凶。

1. 二畫之象

陰--與陽——是萬事萬物最根本的要素，一切事物的運動變化皆由此展開，在易學系統中，此一奇一偶之象稱之爲爻，干寶說：「占變，故有爻。〈繫〉曰：爻者，言乎變者也。故《易》、〈繫辭〉皆稱九、六也。陽數奇，陰數偶，

〔註8〕 互體之象，不能說是《周易》本有之象，此體例真正興起、盛行應是始自鄭玄、虞翻等人。黃宗羲不排斥互體之象，殆因《左傳》已有此例，基於尊經之故，因而包容之。

〔註9〕 見清·朱軾《四庫全書·周易傳義合訂·提要》，經部，易類第四十一冊（總四十七冊)），收錄於文淵閣《四庫全書》（台北：商務印書館，1986 年 3 月初版），頁 47-250。

是以乾用一也。坤用二也。」（注〈坤‧初六〉），〔註10〕陽數奇，陰數偶，陰
▬▬ 陽 ▬ 二爻用來象徵比擬一切對立的事物，如天地、乾坤、剛柔、男女、
動靜、日月、朝夕、仁義……等概念，故虞翻說：「剛爻爲朝，柔爻爲夕」（注
〈坤‧文言〉）▬▬ 爲剛爻象徵朝，▬▬ 爲陰爻象徵夕，這一陰一陽、一奇一偶
之象在易學家的眼中便是一種取法象徵，如干寶把〈乾‧初九〉這一爻視爲
「文王在羑里之爻」，把〈乾‧九三〉這一爻視爲「人事成天地之功」之象，
把〈乾‧九四〉這一爻視爲「此武王舉兵孟津，觀釁而退之爻」，把〈乾‧九
五〉這一爻視爲「武王克紂正位之爻」，把〈坤‧六四〉這一爻視爲「甯戚、
蘧瑗與時卷舒之爻」，把〈益‧六三〉這一爻視爲「爭奪之臣，桓文之爻」，
把〈夬‧九五〉這一爻視爲「飛龍在天之爻」，姑且不論干寶論爻義是否妥當，
然以各爻爻象來象徵人事之理就是一種法象的運用。〔註11〕另外，翟元則從
〈咸‧九四〉之象 ䷞ 體會出四獨遠陰，故斷此爻爲「思慮之爻」，這同樣是
取一爻之象來立論者，〔註12〕一陰一陽是《周易》成卦最基本的符號，自然
界所有的事物與現象皆由一陰一陽絪縕而成，故陸績注〈繫辭上傳〉「六爻之
動」說：「天有陰陽二氣，地有剛柔二性，人有仁義二行。六爻之動，法乎此
也。」（《周易集解》引）天、地、火、雷、風、水、山、地都有陰陽之數，
君臣、夫婦、父子、上下亦有陰陽之義存焉，剛柔、仁義、進退、成敗、窮

〔註10〕引自李鼎祚《周易集解》（台北：商務印書館，1996年12月臺1版第2次印
　　　刷），頁28。以下凡引自《周易集解》者，皆從此書，不再作註。又本章所引
　　　諸位易學家之注文，皆自此書，故亦不再作註。
〔註11〕干寶注〈乾‧初九〉說：「位始，故稱初。陽重，故稱九。……陽處三泉之
　　　下，聖德在愚俗之中，此文王在羑里之爻也。雖有聖明之德，未被時用，
　　　故曰『勿用』。」注〈乾‧九三〉說：「陽氣始出地上，而接動物。人爲靈，
　　　故以人事成天地之功者，在於此爻焉。故君子以之憂深思遠，乾夕匪懈。
　　　仰憂嘉會之不序，俯懼義和之不逮。反復天道，謀始反終。故曰『終日乾
　　　乾』。此蓋文王反國大理其政之日也。」注〈乾‧九四〉「或躍在淵，無咎」
　　　說：「或之者，疑之也。此武王舉兵孟津，觀釁而退之爻也。守柔順，則逆
　　　天人之應；通權道，則違經常之教。故聖人不得已而爲之，故其辭疑矣。」
　　　注〈乾‧九五〉說：「五在天位，故曰『飛龍』。此武王克紂正位之爻也。
　　　聖功既就，萬物既睹，故曰『利見大人』矣。」注〈坤‧六四〉說：「天地
　　　將閉，賢人必隱，懷智苟容，以觀時釁，此蓋甯戚、蘧瑗與時卷舒之爻也」，
　　　注〈夬‧象〉說：「夬九五則『飛龍在天』之爻也。應天順民，以發號令，
　　　故曰『孚號』。」
〔註12〕此乃翟元注〈繫辭下傳〉《易》曰：憧憧往來，朋從爾思。」之語，翟元注
　　　說：「此咸之九四辭也。咸之爲卦，三君三民，四獨遠陰，思慮之爻也。」（《周
　　　易集解》引）

通無不由陰陽二爻運動變化而成，因此奇偶二畫就代表陰陽兩儀的哲學。

2. 三畫之象

由陰陽二爻運動變化，三迭而成八卦。八卦之象有〈乾〉☰、〈坤〉☷、〈震〉☳、〈巽〉☴、〈坎〉☵、〈離〉☲、〈艮〉☶、〈兌〉☱八者，虞翻說：「謂乾坤與六子俱名八卦，而小成。」（注〈繫辭下傳〉），乾坤加上六子的三畫之象，尚未演爲六十四卦，稱「小成卦」。〈說卦傳〉已將八卦之象推演至一切的自然物象及人文事象，有代表自然物象如天、地、雷、風、水、火、山、澤，有象徵動物者如馬、牛、龍、雞、龜、狗、羊等，有法象人倫者如父母與六子，有法象人身部位如首、腹、足、股、耳、目、手、口，有表徵方位如西北、西南、東、東南、北、南、東北、西，有代表八卦性質和屬性者如健、順、動、入、險、麗、止、悅等。在〈說卦傳〉中八卦與其所象徵的事物已經涉及天文、地理、人事等諸多方面。其卦象不僅是對自然事物模擬的結果，也表現出萬事萬物的特性，其中更包蘊天地事物運行流轉之情狀，故〈說卦傳〉說：「雷以動之，風以散之，雨以潤之，日以烜之，艮以止之，兌以說之，乾以君之，坤以藏之。」藉由八卦之象表現萬事萬物的流動與轉化，因而能「通神明之德，類萬物之情」，故虞翻說：「聖人則庖犧，合德乾五，造作八卦，以通神明之德，以類萬物之情。五動成離，日出照物皆相見，故曰『聖人作而萬物睹』也。」（注〈乾·文言〉）神明之德如健、順、動、入，萬物之情如雷、風、山、澤，八卦之象其稱名雖小，但可以比類推衍的範疇卻無限廣大，在「引而伸之，觸類而長之」的情況下，備藏萬物化生之理，蘊含天地變化之情，故能彌綸天地自然之道，因此虞翻說：「謂若庖犧觀象於天，造作八卦，備物致用，以利天下」（注〈乾·九四〉），又說：「象謂三才成八卦之象。乾坤列東，艮兌列南，震巽列西，坎離在中，故『八卦成列』，則『象在其中』。天垂象，見吉凶，聖人象之是也。」（注〈繫辭下傳〉）聖人作易觀物設卦，定八卦之象，效天下之動，備萬物之理而制爲器物、典禮，目的在俾民趨事赴功、開物成務而已。故陸績也說：「卦象極盡天下之深情也」（注〈繫辭上傳〉）舉凡天地間萬事萬物的各種情狀與事理都取法於象，這是《周易》論象的意義所在，藉由卦象的引伸觸類，凡一切人事具象之物狀以及抽象之事理皆可取法於此，因此陸績說卦象可以把天下各種事物之情狀表徵無遺，〈繫辭上傳〉也說：「《易》與天地準，故能彌綸天地之道」，此之謂也。

　　然而對於八卦的產生，虞翻提出一個異於《易傳》的說法，〈繫辭下傳〉認爲八卦乃由包犧氏仰觀俯察而得，〔註13〕虞翻卻說：

> 謂庖犧觀鳥獸之文，則天八卦效之。易有太極，是生兩儀，兩儀生四象，四象生八卦。八卦乃四象所生，非庖犧之所造也。故曰：象者，像此者也。則大人造爻象以象天卦可知也。而讀易者，咸以爲庖犧之時，天未有八卦，恐失之矣。天垂象，示吉凶，聖人象之，則天已有八卦之象。〔註14〕

「八卦乃四象所生，非庖犧之所造也」這是一個新鮮有趣之說，亦即天早有八卦之象，庖犧觀物取象，只是效之、象之而已。換言之，虞翻認爲八卦之由來，乃天象本有，並非聖人所造，故說：「天垂象，示吉凶，聖人象之，則天已有八卦之象」。既是如此，那麼八卦又是從何而生呢？虞翻說：「乾坤生春，艮兌生夏，震巽生秋，坎離生冬者也。」（注〈繫辭上傳〉），李道平在《周易集解纂疏》解釋說：「云『乾坤生春』者，此乃言在天八卦，生於四時也。『生春』猶言生乎春也。」〔註15〕虞翻所謂的四象指的是春、夏、秋、冬四時，乾坤生乎春，艮兌生乎夏，震巽生乎秋，坎離生乎冬者，所謂「四象生八卦」，亦即八卦則由春、夏、秋、冬四象所產生。虞翻認爲日月在天成八卦之象，此乃天本有，聖人象之，便把四象所生之八卦之象畫成三畫之卦。不管這種說法是否正確，虞翻的八卦就是〈繫辭下傳〉所說的「仰觀俯察」而來的八卦，故又說：「謂日月懸天，成八卦象。」（注〈繫辭上傳〉）。八卦符號除了象徵天地自然的物象、事象，虞翻更把八卦配合月體納甲之說，所以有甲乾、乙坤、丙艮、丁兌、戊坎、己離、庚震、辛巽之說，〔註16〕干寶也提出「八卦之氣」的理論，就是把六畫卦的每一爻搭配一種名物，每一種名

〔註13〕〈繫辭下傳〉說：「古者包犧氏之王天下也，仰則觀象於天，俯則觀法於地，觀鳥獸之文，與地之宜。近取諸身，遠取諸物。於是始作八卦，以通神明之德，以類萬物之情。」

〔註14〕引自《周易集解》，此爲注〈繫辭下傳〉「於是始作八卦」之語。

〔註15〕見李道平《周易集解纂疏》（北京：中華書局，2006年2月第4次印刷），頁602。

〔註16〕虞翻注〈繫辭上傳〉「五位相得，而各有合」時說：「五位謂五行之位。甲乾、乙坤相得，合木，謂天地定位也。丙艮、丁兌相得，合火，山澤通氣也。戊坎、己離相得，合土，水火相逮也。庚震、辛巽相得，合金，雷風相薄也。天壬、地癸相得，合水，言陰陽相薄，而戰於乾。故五位相得，而各有合。」（《周易集解》引）

物就用八卦（三畫卦）來代表，如以爻體來看，稱初九爲震爻者即代表〈震〉 ☳ 卦，稱九二爲坎爻者即代表〈坎〉 ☵，其餘以此類推，如此一卦六爻即可代表六子，再加上乾坤父母即成八卦。若以天干地支而論，艮卦下卦（三畫卦）的第一爻爲丙辰，上卦（三畫卦）的第一爻則配丙戌，故說「見戌言艮，已亥言兌也。以甲壬名乾，以乙癸名坤」。又從方位講，每一卦皆可從文王八卦取其方位，故有「以午位名離，以子位名坎」之說。〔註17〕此外更見五行之論出現在注經派與占驗派的卦象之中，如虞翻注〈繫辭上傳〉所說的「震竹巽木，坎水離火，艮山兌澤，乾金坤土」，〔註18〕《九家易》也說：「地有水火五行八卦之形者也」，五行配八卦之說也是魏晉時期象數派術數易常用的說法。總之，三畫之卦至魏晉之時，不但對漢易的卦象作了繼承之工作，同時也增加了不少義涵，方便在占卦之時的實際應用。

3. 六畫之象

六畫之卦指的是六十四卦，六十四卦的創制是由兩個八卦相重而成，因此虞翻說：「象，謂三才八卦在天也，庖犧重爲六畫也」（注〈繫辭上傳〉），六十四卦的卦體由兩個八卦相重而成，因此任何一個上卦、下卦（內卦、外卦）之間位置的變化，都會形成一個截然不同的新卦象。再進一步說，萬事萬物都是陰陽二者運動變化而成，因此只要一個爻的位置產生變化，就會變成另一個不同的卦，故知八卦雖已具萬物之象，然猶未足以形容陰陽運行、生生相續的變通之理，於是就重八卦爲六十四卦，〈繫辭下傳〉說：「八卦成列，象在其中矣；因而重之，爻在其中矣。」虞翻特別闡述此義，他說：

爻有六畫，所變而玩者，爻之辭也。謂九六變化，故言乎變者也。（注〈繫辭上傳〉）

象，謂三才八卦在天也，庖犧重爲六畫也。（注〈繫辭上傳〉）

引謂庖犧引信三才，兼而兩之以六畫。觸，動也。謂六畫以成六十

〔註17〕 見干寶注〈繫辭下傳〉「六爻相雜，唯其時物」時說：「一卦六爻，則皆雜有八卦之氣：若初九爲震爻，九二爲坎爻也。或若見辰戌言艮，已亥言兌也。或若以甲壬名乾，以乙癸名坤也。或若以午位名離，以子位名坎。」（《周易集解》引）。

〔註18〕 〈繫辭上傳〉說：「在天成象，在地成形，變化見矣」，虞翻注說：「謂日月在天成八卦；震象出庚，兌象見丁，乾象盈甲，巽象伏辛，艮象消丙，坤象喪乙，坎象流戊，離象就巳，故在天成象也。在地成形，謂震竹巽木，坎水離火，艮山兌澤，乾金坤土。在天爲變，在地爲化，剛柔相推，而生變化矣。」（《周易集解》引）。

四卦，故引而信之，觸類而長之。其取類也大，則發揮剛柔而生爻也。（注〈繫辭上傳〉）

數六畫之數。六爻之動，三極之道，故定天下吉凶之象也。非天下之至變，其孰能與於此。（注〈繫辭上傳〉）

謂參重三才爲六爻，發揮剛柔，則爻在其中。六畫稱爻。六爻之動，三極之道也。（注〈繫辭下傳〉）

謂立地之道曰柔與剛。發，動。揮，變。變剛生柔爻，變柔生剛爻，以三爲六也。因而重之，爻在其中，故生爻。（注〈說卦傳〉）

謂參天兩地，乾坤各三爻，而成六畫之數也。（注〈繫辭下傳〉）

前一段已說萬物之象已在八卦之中，〈繫辭下傳〉說：「八卦成列，象在其中矣！」，既是如此，則萬物盡在八卦當中，又何需六十四卦呢？虞翻提出了一個重要的詮釋，那就是六畫之象的重點不在物象或事象，而在剛柔推移、運動變化的規律上，故而一再強調「六爻之動」的理念，他認爲雖然八卦已具萬物之象，但要定天下吉凶，則需天下之至變，而天下之至變則需由六爻之動方成，故說：「變剛生柔爻，變柔生剛爻，以三爲六也」，說明一個六畫之卦雖可得上下二個八經卦，然此上下二體若不能發揮剛柔相推、九六變化的功能，雖有上下之卦象，亦無法溝通交往而產生作用，故陸績說：

開物謂庖犧引伸八卦，重以爲六十四。觸長爻策，至於萬一千五百二十，以當萬物之數。故曰『開物』。聖人觀象而制網耒耜之屬，以成天下之務，故曰『成務』也。（注〈繫辭上傳〉）

八卦兩兩重疊成六十四卦，重點就在於兩個卦象之間的互動關係，也就是事物運動變化的規律上，如聖人觀象而制耒耜，必須從象與象之間互動的關係而取義，如此才能新新不停、生生相續而成就萬物之功，〈繫辭下傳〉說：「包犧氏沒，神農氏作。斵木爲耜，揉木爲耒，耒耜之利以教天下，蓋取諸益。」益卦䷩上巽下震，巽的八卦之象爲「木」、「入」之意，震在八卦之象中則象徵「動」之意，若從靜態的卦象來看，那麼益卦䷩只代表木之物與動之意，與耒耜之利並無關係；然若從動態的角度來看，益卦上下二象加上運動變化，整個卦象就活了起來，指木動入土中，爲耒耜耕於田中之象，如此就與耒耜之利產生關連。因此，只有將上下二體的三畫之象（八卦）作上下往來的交流運動，六畫之象才會產生作用，故說六十四卦的取象與其在放在八卦事物

的象徵上，不如重在其運動推移的動態規律上。故陸績又說：「天有晝夜四時變化之道，聖人設三百八十四爻以效之矣。」「三百八十四爻」指的是六十四卦的六爻之象，「之」指的是晝夜四時的變化，六爻發揮剛柔運動，效法天地萬化變化之法則，兩個相重的八卦之象才能完成萬物變通之理，孔穎達《周易正義》說：

> 伏犧初畫八卦，萬物之象皆在其中，故繫辭曰：「八卦成列，象在其
> 中矣！」是也，雖有萬物之象，其萬物變通之理猶自未備，故因其
> 八卦而更重之，卦有六爻，遂重爲六十四卦也。〔註19〕

八卦雖具萬物之象，但卻不足以表現天地萬物之運動變化，故重爲六爻之象。侯果說：「謂三畫成天地、雷風、日月、山澤之象。此八卦未盡萬物情理，故曰小成也。」（注〈繫辭上傳〉），此承虞翻之說，只有八卦相重爲大成卦才能盡天地萬物之變化。六十四卦的上下卦象，內外往來，剛柔上下，互相迭運，全卦之義才能掌握。以〈咸〉 ䷞ 卦爲例，上澤下艮（山），若僅以物象視之，山自山，澤自澤，與〈咸〉義何干？唯有上下卦象交通往來，才能產生〈咸〉卦之義，故義理學家的王肅亦不忘用卦象之說來闡述卦旨，他說：「山澤以氣通，男女以禮感，男而下女，初婚所以爲禮也。」旨在言其變者也，變者通也，通其情，卦義可得也，故山與澤要交流通氣，男與女要相互感應，如此才有咸感之義。

以上所述的二畫、三畫、六畫之象是從卦的符號圖式作分析，正因爲符號具有象徵、比擬的功效，故其所代表的物象與事象也呈現多義性與抽象性的特色。

（二）事物之象

根據前面所言易象的體系來自於仰觀俯察，遠取諸身、近取諸物而成，因此它就已模擬了天地自然與人文事理的各種現象，而這些易象往往蘊藏著豐富內涵，象數易學家們堅持「以象解易」的注經方式，認爲《周易》經傳文辭莫不與卦象相通，因此極力在易象的基礎上以象生象，使得易象涵蓋的範疇達到易學史上之高峰，幾乎包含所有的自然、社會現象。這些象，有靜態之象如天象、地象、一切動植物等自然物象以及攸關於人身、人事的各種器物。有動態之象如龍之潛躍、泉之險動、及人事活動、生命禮秩等。至於

〔註19〕引文見孔穎達《周易正義·第二論重卦之人》，《十三經注疏·周易正義》（王弼韓康伯注、孔穎達等正義）（台北：藝文印書館，1982年8月9版），頁4。

所謂的「意」正是由此物象與事象加以觸類合義而成，王弼說：「觸類可爲其象，合義可爲其徵」，〔註20〕陳滿銘老師在論文章辭法也對《周易》的象加以分析，並提出「意」與「象」，他把二者的關係作成圖式：

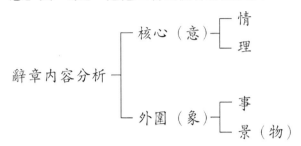

　　而此情、理與事、物（景）之辭章內容成分，就其情、理而言，是
　　「意」；就其事、物（景）而言，是「象」。〔註21〕
陳老師所論之「意」、「象」雖在辭章，與《周易》有類近之處，於《易》而言，「象」的目的在通辭明理，「理」正是「象」所欲達到的「意」，象與意有著互動的關係，甚至可以說「象」是「意」的工具，「意」是「象」的目標。本文即將「意」分爲「可盡之意」及「不可盡之意」，而不以「意象」名之。至於「象」的部分則概分爲二：一是物象，一是事象。

1. 物　象

　　物象乃卦象符號所象徵的對象，一般指稱有形可見的器物，〈繫辭上傳〉說：「見乃謂之象，形乃謂之器。」說的就是具體形象的事物。魏晉的象數易學家以〈說卦傳〉的八卦之象爲基礎，引申衍生出許多的逸象，使得此時之物象幾乎涵蓋整個自然與人文一切具存之物。因爲涉及層面廣泛，從天文、地理、動物、植物、人倫、身體、器用、食衣住行到五行、歲時、方位等，不勝枚舉，故僅舉數例以爲代表：

（1）以天文爲例

　　出現天、日、月、晝、夜、斗、沫、雲等物象。關於天，虞翻說：「乾爲天、爲先」、「乾爲天」（注〈豫・象〉），干寶指〈乾〉卦爲：「夫純陽，天之精氣」，即使主張掃象的王弼也說〈乾〉卦一章：「此一章全說天氣以明之也」。

〔註20〕王弼《周易略例・明象》，見樓宇烈校釋《王弼集校釋》（台北：華正書局，1992 年 12 月初版），頁 609。
〔註21〕見陳滿銘《意象學廣論》（台北：萬卷樓圖書股份有限公司，2006 年 11 月初版），頁 14。

關於日、月，虞翻說：「離爲日，乾爲甲」（注〈訟・上九〉），又說：「離日爲光」（注〈需〉）、「坎月離日」（注〈小畜〉）、「離爲日，坎爲月」（注〈豫・象〉）、「離日坎月」（注〈賁・象〉）、「離日見天，坎月見地」（注〈咸・象〉）、「離坎日月之象」（注〈離・象〉），「離日照乾，坎月照坤」（注〈恆・象〉）、「離日在上」（注〈晉〉）、「以離日自照」（注〈晉・象〉）、「坎月離日，日以見天，月以見地」（注〈萃・象〉）、「離爲明，坎爲月。離爲日，蒙艮爲星」（注〈革・象〉）、「坎月離日，俱歸妹象」（注〈歸妹〉）、「以離日坎月戰陰陽」（注〈歸妹・象〉）等。關於晝、夜，干寶說：「坎爲夜，離爲晝，以離變坎，至於天位，日中之象也。」（注〈豐〉），虞翻也說：「坎爲陰夜」（注〈中孚・九二〉）、「離日在上，故晝日」（注〈晉〉）。關於斗、沫，虞翻說：「艮爲斗，斗，七星也」（注〈豐・六二〉）、「沫，小星也。噬嗑離爲日，艮爲沫。《九家易》曰：大暗謂之沛。沫，鬥杓後小星也。」（注〈豐・九三〉）、又說：「坎雲」（注〈小畜・上九〉、〈豐・六二〉、〈豐・九三〉、〈豐・九四〉）、「上坎爲雲，下坎爲雨」（注〈乾・象〉）、「晉坎，在天爲雲，墜地成雨」（注〈小過・六五〉）、「坎爲玄雲」（注〈既濟・六二〉）。

（2）以地理爲例

有地、山、水、火、澤等物象。關於地，虞翻說：「坤爲地」（注〈豫・象〉、〈坎・象〉、〈離・象〉），又說：「乾天坤地。」（注〈復・象〉）、「乾坤爲天地」（注〈恆・象〉）、「蒙坤爲地」（注〈革・象〉）、「乾天坤地」（注〈歸妹・象〉、〈節・象〉），干寶說：「夫坤者，地也」（注〈需〉），陸績解釋〈師〉卦時說：「坎在坤內，故曰『地中有水』」、又說：「坤爲地」（注〈剝・象〉）。關於山，虞翻說：「艮爲山」（注〈屯・六三〉、〈蒙・象〉、〈蒙・上九〉、〈否・象〉、〈賁・六五〉、〈隨・上六〉等），又說：「艮爲山石」（注〈漸・六二〉）、「艮爲山丘」（注〈渙・六四〉），陸績也說：「艮爲山」（注〈剝・象〉、〈旅・初六〉），翟元說：「坎水艮山」（注〈繫辭上傳〉）。關於水，虞翻說：「坎水流坤」（注〈屯・象〉）、「坎水兌口」（注〈需・象〉）、「坎水流坤」（注〈比・初六〉）、「坎水零雨」（注〈小畜・上九〉）、「坎水就下」（注〈謙・象〉）、「坎爲水」（注〈觀・象〉）、「澤水潤下」（注〈睽・象〉），陸績注〈坎・象〉：「水性趨下」，王弼解〈困〉以水之象解說：「水在澤下，困之象也」、解〈井〉也以水之德解說：「木上有水，上水之象也，水養而不窮也」。關於火，虞翻說：「離火動上」（注〈小畜・九三〉）、「四離火」（注〈大有・初九〉）、「離火炎上」（注

〈睽‧象〉）、「離火燒土」（注〈井‧六四象〉）、「離爲火」、「離火志上」（注〈革‧象〉）、「離火焚巢」（旅‧上九象）、「三變成離，火炎上作」（注〈節〉）、「坎水離火」（注〈繫辭上傳〉）、「離爲日，爲火」等，陸績也說：「離爲火」。關於澤，虞翻說：「艮兌山澤」（注〈乾‧文言〉）、「兌澤動下」（注〈蒙‧六三〉）、「兌澤爲下」（注〈履‧象〉）、「兌澤震雷」（注〈隨‧象〉）、「兌爲水澤」（注〈臨‧象〉）、「兌爲雨澤」（注〈大過‧九二〉）。

（3）以動物爲例

有龍、馬、虎、豹、羊、狗、豕、鹿、雞、雉等物象，虞翻說：「乾爲龍」、又說：「震爲龍」、「震駹爲龍」（注〈說卦傳〉），干寶解〈乾‧初九〉說：「淵，謂初九甲子，龍之所由升也」、解〈乾‧九五〉說：「五在天位，故曰飛龍」。關於馬，虞翻說：「震爲馬」（注〈坤〉、〈晉〉）、「震爲馬作足」（注〈屯‧六二〉）、「坎爲馬」（注〈坎‧上六〉、〈睽‧初九〉、〈渙‧初六〉）、「乾爲良馬」（注〈大畜‧九三〉）、「乾坎兩馬匹」（注〈中孚‧六四〉）、「否乾爲馬」（注〈繫辭下傳〉），陸績說：「震爲馬，爲白」（注〈賁‧六四〉），干寶說：「坤，陰類，故稱利牝馬之貞矣」（注〈坤〉）。觀虎，虞翻說：「坤爲虎」（注〈乾‧文言〉、〈頤‧六四象〉）、「坤爲兕虎」（注〈屯‧六三〉）、「謙坤爲虎」（注〈履〉）、宋衷說：「兌爲白虎」（革‧九五象），陸績說：「兌之陽爻稱虎，陰爻稱豹。豹，虎類而小者也」（注〈革‧上六象〉）。關於羊，虞翻說：「兌爲羊」（注〈夬‧九四〉、〈歸妹‧上六〉）、「二兌爲羊」（注〈巽‧六四〉）、「兌羔爲羊」（注〈說卦傳〉）。關於狗，虞翻說：「艮拘爲狗」。關於豕，虞翻說：「坎爲豕。」（注〈大畜‧六五〉、〈睽‧上九〉、〈姤‧初六〉、〈巽‧六四〉），干寶說：「坎爲豕。」（注〈升‧九二象〉）。關於鹿，虞翻曰：「震爲麋鹿」（注〈屯‧六三〉）、「震爲鹿」（注〈比‧九五〉）。關於雞、雉，翟元說：「初巽爲雞；二兌爲羊，三離爲雉也。」（注〈巽‧六四〉）、「巽爲雞」（注〈中孚‧上九〉）。

（4）以植物爲例

有草、木、蒺藜、果、桑、楊、杞、苞、瓜等物象。關於草、木、蒺藜，虞翻說：「坎爲叢木」（注〈屯‧六三〉）、「震爲草莽」（同人‧九三）、「巽木爲床」（注〈剝‧初六〉）、「巽爲木」（注〈無妄‧九五〉、〈渙‧象〉）、「艮爲手，爲小木。」（大畜‧六四）、「巽爲長木」（注〈大過〉）、「坎爲木」（〈坎‧六四〉）「巽爲草木」（注〈離‧象〉）、「蒺藜，木名。坎爲蒺藜。」（注〈困‧六三〉）「巽爲草莽」（注〈困‧上六〉）、「巽爲木果」（井‧初六）、「巽爲木…

為長木，艮為小木」（注〈漸・六四〉）、「巽為木」（注〈旅・上九〉）、「震竹巽木」（注〈繫辭上傳〉）、「艮為小木」（注〈漸・六四〉、〈繫辭下傳〉）、「巽為長木」（注〈繫辭下傳〉），宋衷說：「巽為木」（注〈巽・九二〉），他並對「巽為木」作了詳細說明：「陽動陰靜，二陽動於上，一陰安靜於下，有似於木也。」（注〈說卦傳〉），干寶說：「初二體巽，為草木。」（注〈姤・九五〉）、「巽為木」（注〈旅・六五象〉）。關於桑、楊，虞翻說：「巽為桑，」（注〈無妄・六三〉）、「巽為楊」（注〈大過・九二〉）。關於杞、苞、瓜類者，虞翻說：「杞，杞柳，木名也。巽為杞、為苞。」（注〈姤・六五〉），干寶注〈姤・六五〉也說：「初二體巽，為草木。二又為田，田中之果，柔而蔓者，瓜之象也」。

（5）以人倫為例

有祖先、父母、子女、兄弟姊妹、君臣、夫婦等物象。關於祖，虞翻注〈大過・六二〉說：「祖謂祖母，初也。母死稱妣」，以初爻為祖母之象。關於父，虞翻說：「泰乾為父」（注〈蠱・初六〉）、「遯乾為父，艮為子，三五位正，故父父，子子」（注〈家人・象〉）、「陽道成乾，為父」（注〈繫辭上傳〉）、「乾天稱父」（注〈繫辭下傳〉）、「謂乾陽也，為天，為父」（注〈繫辭下傳〉）、「乾為父」（注〈繫辭下傳〉）並為「乾為父」作解說：「成三男，其取類也，故為父也。」（注〈說卦傳〉）。關於母，虞翻說：「泰坤為母」（注〈蠱・九二〉）、「三坤為喪，為母」（注〈小過・六二〉）、「坤地稱母」（注〈繫辭下傳〉）、「坤為母」（注〈繫辭下傳〉）。關於子，虞翻曰：「艮子弒父」、「震，長子」（注〈蒙・九二〉）、「震為長子」（注〈師・六五〉、〈萃〉）、「艮為子」（注〈蠱・初六〉、〈家人・象〉）、「震，乾之子」（注〈恒・六五〉），干寶也說：「震……為長子，而為祭主也」（注〈震・象〉）。關於兄、弟，虞翻說：「震為兄」（注〈泰・六五〉、〈家人・象〉、〈歸妹・初九〉）、「艮為弟」（注〈家人・象〉）。關於妹，虞翻說：「兌妹」（注〈泰・六五〉）、「兌為妹」（注〈歸妹〉、〈序卦傳〉）。關於君、臣，虞翻說：「乾為大君」（注〈師・上六〉）、「坤為用、為臣」（注〈觀・六四〉）、「姤乾為君」（注〈復・上九象〉）、「坤為臣」（注〈革・九三〉、〈蹇・六二〉、〈損・上九〉）、「坤為眾臣」（夬・象）、「四乾為君」（注〈革・九四〉）、「乾，君，謂五也。」（注〈革・上六象〉）、「泰乾為良，為君。」（注〈歸妹・六五〉）、「晉坎為臣」（注〈小過・六二〉）「泰乾為君；坤為臣」（注〈繫辭上傳〉）、「乾為君，坤為臣」、「否乾君尊上，坤臣卑下。」（注〈序卦傳〉），翟元注「地道、妻道、臣道」說：「坤有此三者也」（注〈坤・文言〉）。關於夫、

婦，虞翻說：「震剛爲夫，伏巽爲婦」（注〈蒙・九二〉）、「震爲夫」（注〈蒙・六三〉、〈小畜・九三〉、〈大過・九五〉）、「師震爲夫，巽爲婦」（注〈同人・象〉、〈序卦傳〉）、「二體乾老，故稱老夫。女妻謂上兌，兌爲少女，故曰女妻」（注〈大過・九二〉）、「震，乾之子，而爲巽夫」（注〈恒・六五〉）、「震爲夫，巽四爲婦」（注〈家人・象〉）、「震爲元夫」（注〈睽・九四〉）、「爲征、爲夫而體復」（注〈漸・九三〉），關於朋友，虞翻說：「兌爲友」（注〈損・六三〉）、「伏艮爲友」（注〈兌・象〉）、虞翻說：「震爲夫，巽爲婦，故有夫婦也，……乾爲父，艮爲子，故有父子……乾爲君，坤爲臣，故有君臣也。」（注〈序卦傳〉）。

（6）以身體爲例

有身、首、面煩、頯、額、手、足、口、目、腹、股肱、腓、背、心等象。關於身，虞翻說：「坤身稱躬」（注〈蒙・六三〉）、「坤爲身」（注〈家人・上九象〉、〈繫辭上傳〉）、「乾坤爲身」（注〈蹇・象〉）〔註22〕、「觀坤爲身」（注〈艮〉）、「坤爲身故稱我」（注〈中孚・九二〉）、「初坤爲身」（注〈繫辭下傳〉）、「坤爲積惡，爲身」（注〈繫辭下傳〉）。關於首，虞翻說：「頂，首也，乾爲頂」（注〈大過・上六〉）、「首謂坤。」（注〈離・上九〉）、「五已變之乾，爲首」（注〈晉・上九〉）、「乾爲首」（注〈姤・上九〉、〈既濟・六二・上六〉）、「乾尊而在上，故爲首。」（注〈說卦傳〉）。關於面煩、頯、額，翟玄說：「頄，面也。謂上處乾首之前，稱頄。頄，頰間骨」，虞翻說：「的，白。顙，額也。震體頭，在口上白，故的顙。」（注〈說卦傳〉）、「四動成乾，爲顙，在頭口上，故爲廣顙」（注〈說卦傳〉）。關於手、足，虞翻說：「艮爲手」（注〈坤・六四〉）、「震足艮手」（注〈蒙・初六〉）、「體艮爲手，故擊」（注〈蒙・上九〉）、「艮爲手」（注〈訟・上九〉、〈小畜・九五〉、〈泰・初九象〉、〈噬嗑〉、〈無妄・六二〉、〈大畜・六四〉、〈坎・上六〉、〈咸・九三〉、〈遯・六二〉、〈晉・六二〉等）、「震足蹈艮（尾）」（注〈履〉）、「艮手」（注〈隨・上六〉、〈觀・象〉、〈賁・六五〉、〈剝・六五〉、〈解・六三象〉等）、「變震時，爲足。」（注〈履・六三〉）、「震爲足」（注〈泰・九二象〉、〈噬嗑・初九〉、〈賁・初九〉）、「震足沒水，故過涉也」（注〈大過・上六〉）、「震足爲趾」（注〈大壯・初九〉）、「震動用，故爲足。」（注〈說卦傳〉），翟元說：「震爲足」（注〈說卦傳〉）。關於口，虞

〔註22〕身雖指自身，但並不專指身體，也有反身修德之謂。

翻說：「兌在口」（注〈乾‧文言〉）、「兌爲口」（注〈泰‧上六〉、〈臨‧六三〉、〈離‧六五〉、〈說卦傳〉等）、「兌口」（注〈臨‧象〉、〈睽‧上九〉、〈困‧象〉、〈兌‧象〉、〈繫辭下傳〉）、「或以大過兌爲口，或以臨兌爲口」（注〈頤〉）、「兌爲口舌」（注〈咸‧上六〉）、「兌兩口對」（注〈兌‧象〉）、「大有兌爲口」（注〈繫辭上傳〉）等。關於目，虞翻說：「離爲目」（注〈屯‧上六〉、〈小畜‧九三〉、〈頤〉、〈頤‧六四象〉、〈小過‧象〉）、「巽多白眼」（〈小畜‧九三〉）、「離目不正」（注〈履‧六三〉）、「坎耳離目」（注〈夬‧九四〉）、「噬嗑離目，爲窺。」（注〈豐‧上六〉）、「離目爲見」（注〈巽〉）、「以離之目，觀天之象」（注〈繫辭上傳〉）。此外還有諸多身體器官，如腹，虞翻說：「離爲女子，爲大腹」（注〈屯‧六二〉）、「坤爲萬國，爲腹」（注〈比‧象〉）、「離爲大腹」（注〈泰‧六五〉、〈睽‧上九〉、〈艮‧六四〉）、「坤能包藏含容，故爲腹也」（注〈說卦傳〉）。如股肱，虞翻說：「艮爲兩肱，巽爲兩股」（注〈坤‧文言〉）、「巽爲股」（注〈咸‧九三〉、注〈繫辭下傳〉）、「巽長，爲股。艮小，爲腓……坎爲心」（注〈艮‧六二〉）、「艮爲背，巽爲股」（注〈繫辭下傳〉）、「巽爲順，股順隨於足，故巽爲股」（注〈說卦傳〉），宋衷也說：「巽爲股」（注〈姤‧初六〉）。如心，虞翻說：「坎爲心」（注〈比‧象〉、〈謙‧六二〉、〈復‧象〉、〈坎〉、〈離‧六五〉、〈咸‧象〉等）、「動成坎心」（注〈益‧上九〉）。

（7）以食衣住行爲例

有酒、乾肉、百穀果蓏、禽獸魚鱉、袂、腰帶鞶帶、戶、門闕、宮室、廬、棟、門庭、閽寺庭闕、床、屋、車、大輿、輪等物象。關於食，虞翻說：「變體噬嗑，爲食」（注〈需‧象〉）、「三體離需，飲食之道。」（注〈小畜‧九三〉）、「初已之正，體噬嗑食，坎水陽物，並在頤中，故飲食衎衎。」（注〈漸‧六二〉）、「頤中有物，故食。」（注〈雜卦傳〉），虞翻注〈坎‧六四〉說：「三至五，有頤口象。……坎酒在上，樽酒之象。」、「坎爲酒」（注〈坎‧六四〉）、注〈噬嗑‧六三〉說：「三在膚裏，故稱肉」，陸績說：「離爲乾肉」（注〈噬嗑‧九四〉），干寶說：「夫坤者，地也；婦人之職也；百穀果蓏之所生，禽獸魚鱉之所托也；而在游魂變化之家，即烹鬻腥實以爲和味者也。故曰需者，飲食之道也。」（注〈需〉），劉表說：「山止于上，雷動於下，頤之象也。」（注〈頤‧象〉）。關於衣，虞翻說：「乾爲衣，故稱袂」（注〈歸妹‧六五〉）、「乾爲衣」（〈訟‧上九〉、〈既濟‧六四〉、〈繫辭下傳〉）、「巽爲腰帶，故鞶帶」（注〈訟‧上九〉）。關於住，虞翻說：「坤爲戶」（注〈訟‧九二〉、〈坎‧

六四〉)、「乾爲門」(注〈同人・初九〉)、「乾爲門，艮陽在門外，故爲門闕。兩小山，闕之象也。」(注〈說卦傳〉)、「坤爲闔戶」、(注〈觀・六二〉)、「艮爲宮室」(注〈觀・六二〉、〈剝・六五〉、〈繫辭下傳〉)、「艮爲居。初在艮內。故居其室」(注〈繫辭下傳〉)、「艮爲廬」(注〈剝・上九〉)、「巽爲長木，稱棟。」(注〈大過〉)、「剝艮爲庭」(注〈夬〉)、「艮爲庭」(注〈艮〉)、「泰坤爲戶，艮爲庭」(注〈節・初九〉)、「艮爲門庭」(注〈節・九二〉)、「坤爲邦國，五在艮，闇寺庭闕之象」(注〈中孚・九二〉)、「巽爲長木，反在上，爲棟。」(注〈繫辭下傳〉)，虞翻注〈豐・上六〉說：「三至上，體大壯，屋象，故豐其屋」，王肅說：「坤以象床」(注〈剝・六四〉)，干寶注〈豐・上六〉說：「在豐之家，居乾之位，乾爲屋宇，故曰豐其屋」，注〈明夷〉初至四爻時則說：「一爲室，二爲戶，三爲庭，四爲門，故曰於出門庭矣」，此干寶取六畫之象及爻畫之象也。關於行，虞翻說：「坎爲車」(注〈師・六三〉、〈小畜・上九〉、〈賁・初九〉、〈睽・六三〉、〈睽・上九〉、〈井・上六〉)、「豫、坤爲車，爲輻。」(注〈小畜・九三〉)、「比坤爲大車」(注〈大有・九二〉)、「坤爲車」(注〈剝・上九〉)、「坤爲車」(注〈大畜・九二〉)、「坤爲車輿」(注〈大畜・九三〉)、「坤爲大輿」(注〈大壯・九四〉)、「乾爲輿。」(注〈困・九四〉)、「坎車」(注〈艮・六五〉)、「坤爲大車」(注〈說卦傳〉、〈說卦傳〉)，宋衷說：「離者兩陽一陰。陰方陽圓，輿輪之象也」(注〈既濟・初九〉)，姚信說：「坎爲曳，爲輪，兩陰夾陽，輪之象也」(注〈未濟・九二〉)。

（8）以生活器用爲例

有祭器、缶、黍稷器、弓、黃矢、戎兵、甲胄、弓弧、繩、飛矢、穀甲胄、鍛厲矛矢、彈、柄等器物，虞翻說：「坤器爲缶」(注〈比・初六〉)、「坤爲器」(注〈觀・象〉、〈睽・上九〉、〈萃・象〉)、「器，坤也」(注〈繫辭上傳〉、「震主祭器，故有樽簋。坎爲酒。簋，黍稷器。……坤爲缶」(注〈坎・六四〉)、「離爲矢」(注〈睽・上九〉、〈旅・六五〉、〈繫辭下傳〉)、「坎爲弓。離爲黃矢」(注〈解・九二〉)、「離爲戎兵、甲胄、飛矢。坎爲弓弧，巽爲繩。艮爲石，謂穀甲胄，鍛厲矛矢」(注〈萃・象〉)、「坎爲弓彈。離爲鳥矢。……巽繩」(注〈小過・六五〉)、「巽爲繩」(注〈夬・九四〉、〈姤・初六〉、〈萃・象〉、〈萃・六二〉、〈繫辭下傳〉)、「乾爲物，坤爲器用」(注〈繫辭上傳〉)、「離爲矢，坎爲弓，坤爲器。」(注〈繫辭下傳〉)，虞翻說：「坤爲柄」(注〈繫辭下傳〉)，干寶說：「柄，所以持物」(注〈繫辭下傳〉)，陸績說：「離……又爲兵

矢。」（注〈噬嗑・九四〉），干寶說：「離爲雉，爲矢」（注〈旅・六五〉）

（9）以方位爲例

有東、西、南、北、中、西南、西北、東南、東北等方位之象，虞翻說：「兌爲西」（注〈小畜・象〉、〈隨・上六〉）、「兌西震東」（注〈小畜・九五〉、〈小畜・上九〉、〈泰・六四〉、〈歸妹・六五〉、〈中孚・六四〉）、「坤爲方，二五之坤。震東兌西，離南坎北，故曰照于四方。」（注〈離・象〉）、「坤，西南卦。……艮東北之卦。」（注〈蹇〉）、「復震二月，東方；姤五月，南方；巽八月，西方；復十一月，北方」（注〈姤・象〉）、「震東兌西」（注〈震・上六〉）、「震東兌西，離南坎北」（注〈歸妹・象〉）、「兌爲西」（注〈小過・六五〉）、「泰震爲東，兌爲西」（注〈既濟・九五〉）、「乾坤列東，艮兌列南，震巽列西，坎離在中，故八卦成列」（注〈繫辭下傳〉）、「離，南方，故南面……乾剛，正五，月十五日晨象西北，故西北之卦。……坎者，水也。正北方之卦也。……艮東北，是甲癸之間」（注〈說卦傳〉）、「震，東方」（注〈說卦傳〉）等象。

（10）以五行爲例

有金、木、水、火、土等象。虞翻說：「震竹巽木，坎水離火，艮山兌澤，乾金坤土」（注〈繫辭上傳〉）、「甲乾、乙坤相得，合木……丙艮、丁兌相得，合火……戊坎、已離相得，合土……庚震、辛巽相得，合金……天壬、地癸相得，合水」（注〈繫辭上傳〉），他在解釋天地之數一至十時說：「水甲、火乙、木丙、金丁、土戊、水已、火庚、木辛、金壬、土癸」（注〈繫辭上傳〉）、「火生土」（注〈繫辭下傳〉），干寶解釋〈屯・象〉說：「水運將終，木德將始」、解〈井〉說：「水，殷德也。木，周德也」、解〈震〉說：「周木德，震之正象也」。

以上所論之物象，乃爲魏晉象數學家論物象之大要，其中有本於〈說卦傳〉之述者，有易家自創之逸象者。有自三畫論象者，有自六畫論象者。有直論卦象者，也有就爻而論象者。然要皆可見可感之象，亦即實取諸物之象者。義理易學家雖雖也不忘用物象來解《易》，如王肅說：「坤以象床」（注〈剝・六四〉），又說：「四體純陰卦，骨之象；骨在乾，肉脯之象」，但不若象數學家將象視爲解《易》的重要途徑，幾乎到達無語不求象的地步。這也說明了一個現象，那就是象數易學家重視的是實證精神而不是玄虛之理。

2. 事 象

《周易》除了物象外，還有所謂的事象，〈繫辭上傳〉說：「聖人設卦觀象，繫辭焉而明吉凶，剛柔相推而生變化。是故吉凶者，失得之象也。悔吝者，憂虞之象也。變化者，進退之象也。剛柔者，晝夜之象也。」失得、憂虞、進退都是事象之一種，事象通常藉由物象表現出一種人事生命活動的現象，〈繫辭上傳〉說：「是故夫象，聖人有以見天下之賾，而擬諸其形容，象其物宜，是故謂之象」，「形容」是事物的一種比擬象徵，因此「形容」與「形」是不同的，「形」指的是具體的物象，而「形容」便是透過具象或抽象事物所比擬的一種人文狀態，故〈繫辭下傳〉說：「易者，象也；象也者像也」說的便是一種人文事物的象徵，凡人事有所動者必有所象，以事物的各類形態取象者，即屬此類。朱熹說：

> 蓋其所謂象者，皆是假此眾人共曉之物，以形容此事之理，使人知
> 所取舍（捨）而已。〔註23〕

卦爻辭及卦爻符號所顯示之象，除了具體的物象外，往往透過比喻象徵的方式來表達某一個事象，而這些人文事象在《周易》一書中亦是不可勝數，李鏡池先生在《周易探源‧序》中說：「〈師〉談軍事，〈大畜〉談農業生產，〈同人〉談戰爭，〈大有〉談豐收，〈臨〉談治民之術，〈賁〉談婚姻，〈復〉談行旅。」〔註24〕《周易》一書到處都有人類活動的各種事象，魏晉易學家在這方面也有不少的闡發，舉數例以證：

（1）學問論辯之象

虞翻注解〈乾‧文言〉時稱〈乾‧九二〉為講論學問之象，他說：

> 二，陽在二，兌在口；震為言，為講論；坤為文，故『學以聚之，
> 問以辯之』。兌象，君子以朋友講習。（《周易集解》引）

虞翻以「十二月消息」論乾卦六爻，〈乾‧九二〉陽息坤，形成所謂的〈臨〉卦䷒，〈臨〉上坤下兌，中互體震，故有「兌在口、震為言、坤為文」之說，「兌在口、坤為文」本為〈說卦傳〉所固有，而「震為言」則為虞翻自創之逸象，〔註25〕以口講論文采，故有「學以聚之，問以辯之」的朋友講習之象。

〔註23〕見《朱子語類‧卷六十七》（北京：中華書局，2004 年 2 月第 5 次印刷），頁 1647。

〔註24〕見李鏡池《周易探源》，（北京：新華書店，1991 年 7 月第 3 次印刷），頁 10。

〔註25〕參見王新春《周易虞氏學》，（台北：鼎淵文化事業有限公司，1999 年 2 月初版），頁 231。王新春先生將虞翻之逸象作出整理，可為參考。

（2）棺斂死喪之象

〈繫辭下傳〉說：「後世聖人易之以棺槨，蓋取諸〈大過〉」，虞翻注說：「巽爲木，爲入處；兌爲口；乾爲人；木而有口，乾人入處，棺斂之象。」〈大過〉卦 ䷛ 上兌下巽，中互體乾，兌爲口，巽爲木，乾代表人，一個人進入木之口，象徵入斂之象。陸績也說：「六三從困辱之家，變之大過，爲棺槨死喪之象。」（注〈繫辭下傳〉）〈困〉 ䷮ 的三爻變則成〈大過〉卦，〈大過〉有棺槨之象，故象徵爲死喪之象。

（3）懷孕之象

〈艮・六四〉說：「艮其身，無咎」，虞翻注說：「身，腹也……或謂妊身也。五動則四體離婦。離爲大腹，孕之象也」，〈艮〉卦 ䷳ 上艮下艮，五動爲陽爻則成〈漸〉卦，〈漸〉 ䷴ 之三至五爻互爲離，離之象爲大腹，故有懷孕之象。

（4）喜悅順比之象

〈兌・象〉說：「說以先民，民忘其勞」，虞翻注說：「謂二、四已變成屯。坎爲勞，震喜，兌說，坤爲民，坎爲心，民心喜說，有順比象。」〈兌〉卦 ䷹ 二四爻變則爲〈屯〉卦 ䷂，〈屯〉卦上坎下震，中互體坤，加上原卦兌象，故有「震喜，兌說，坤爲民，坎爲心」之說，民心喜悅，因此有順比之象。

（5）耕之象

〈繫辭下傳〉說：「斲木爲耜，揉木爲耒，耒耜之利，以教天下，蓋取諸益」，虞翻注說：「坤爲田，巽爲股，進退。震足動耜，艮手持耒，進退田中，耕之象也。」〈益〉卦 ䷩ 上巽下震，中間互體有艮、坤。坤爲田，巽爲股、又爲進退之象。震爲足，象徵動耜之狀。艮爲手，象徵持耒之狀。整體觀之，手足動耜持耒，進退於田中，有耕之象。

（6）舂杵之象

〈繫辭下傳〉說：「斷木爲杵，掘地爲臼，臼杵之利，萬民以濟，蓋取諸小過」，虞翻注說：「止於下，臼之象也。震動而上，杵之象也。震出巽入，艮手持杵，出入臼中，舂之象也，故取諸小過」，〈小過〉 ䷽ 上震下艮，中互體爲巽，震動而上，象徵杵；下艮而止，象徵臼；又震爲出、巽爲入、艮爲手，手持著杵，出入於臼之中，爲舂之象。

（7）射之象

〈旅・六五〉說：「射雉，一矢亡」，干寶注說：「離爲雉，爲矢；巽爲木，

爲進退；艮爲手，兌爲決。有木在手，進退其體，矢決於外，射之象也」，〈旅〉卦 ䷷ 上離下艮，中互體爲兌、巽，離之象爲矢，艮爲手，巽爲木、又象徵進退之象，兌代表決，手持木物，將矢進退移動而後決之於外，故爲射之象。

（8）市井交易之象

〈繫辭下傳〉說：「日中爲市，致天下之民，聚天下之貨，交易而退，各得其所，蓋取諸噬嗑」，翟元注說：「否五之初也。離象正上，故稱日中也。艮爲徑路。震爲足，又爲大塗。否乾爲天。故致天下之民象也。坎水艮山，群珍所出，聚天下貨之象也。……市井交易，飮食之道，故取諸此也」，〈噬嗑〉卦 ䷔ 上離下震，中互體爲坎、艮，離代表日中，艮爲路徑，震爲足、又代表路途，因此有日中人奔走於途之象。〈噬嗑〉由否五之初而來，故以卦變條例取象，取生卦〈否〉 ䷋ 的上卦乾天之象並喻之爲天下，故整體觀之，有致天下之民於日中奔走於途之象。然如何知此則爲市井交易呢？因爲坎爲水，艮爲山，凡山水之間的奇珍異品皆聚於市，故喻爲市井交易之象。

這一類的象，有別於「觀天察地」、「鳥獸之文」、「地之宜」、「諸身諸物」的物象，而是一種表徵人事義蘊的「象」，亦即將天下之「賾」加以比擬形容，使人得以把握事物表象下所蘊藏的深義，孔穎達說：「凡易者象也，以物象而明人事，若《詩》之比喻也」，〔註26〕即此類是也。

（三）取象之法

魏晉象數易學家治《易》之法重在象，對於易象的研究和探討不遺餘力，爲了通解《周易》卦爻辭與卦爻象之間的關係，除了《周易》本身固有的取象法外，也不斷地增加或改變取象的方法，使得這時期諸多的取象說形成一系列之易例（易象義例）。宋‧丁易東撰著《易象義》雖取之李鼎祚《周易集解》及朱震《漢上易傳》，實際上則兼採漢魏晉以來的取象之說，他說：

> 事事皆有祖述而非傅會，字字皆有據依而非穿鑿也。雖本之鼎祚、《漢
> 上》而兼摭虞翻、干寶諸子之所長，故能萃聚而成一家之書。〔註27〕

丁易東認爲《周易》之文辭皆有其象，因而摭拾魏晉以來象數學家的各種取象之說，從虞翻、干寶諸子到李鼎祚、朱震之說皆萃聚之，故而完成《易象

〔註26〕見孔穎達《周易正義》疏〈坤‧初六〉，《十三經注疏‧周易正義》（王弼韓康伯注、孔穎達等正義）（台北：藝文印書館，1982年8月9版），頁19。

〔註27〕見宋‧丁易東《易象義‧原序》，經部，易類第十五冊（總二十一冊）），收錄於文淵閣《四庫全書》（台北：商務印書館，1986年3月初版），頁21-476。

義》一書，他將這些取象法歸類爲十二義例並說：

> 先儒之求象亦未嘗以一例拘，大率論之，其義例亦十有二。一曰本
> 體。二曰互體。三卦變。四應爻。五曰動爻。六曰變卦。七曰伏卦。
> 八曰互對。九曰反對。十曰比爻。十一曰原畫。十二曰納甲。〔註28〕

在這些義例當中幾乎包括魏晉時期象數易學家所有的取象法，只是名稱稍有
改異而已，如「伏卦」即是漢魏易「飛伏」體例中之「伏」，「互對」即是虞
翻所謂的旁通，「反對」即是所謂的「覆」、「綜」之說。這些取象法爲理解魏
晉時期的易象觀提供了重要的線索，因此本論文則大致概括幾個重要取象方
式，以說明當時之象例及其易象思維。〔註29〕

1. 卦　變

（1）〈小過〉：「飛鳥遺之音，不宜上，宜下，大吉」，虞翻注說：「離爲
飛鳥，震爲音，艮爲止。晉上之三，離去震在，鳥飛而音止。故飛鳥遺之音。」
此乃從卦變取象者，〈小過〉卦由〈晉〉卦變來，〈晉〉卦 ䷢ 上離下坤，〈小
過〉卦 ䷽ 上震下艮，〈晉〉上之三而變成〈小過〉，上體 ☲ 則變成 ☳，又
爲鳥，☳ 爲音，☶ 爲止，故說：「離去震在，鳥飛而音止」，因此「鳥飛音止」

〔註28〕見丁易東《易象義・統論中》，經部，易類第十五冊（總二十一冊）），收錄於文
淵閣《四庫全書》（台北：商務印書館，1986 年 3 月初版），頁 21-481。此十二
類解釋如下：「本體」即以本卦上下二體取象。「互體」即以一卦中的三至五爻、
二至四爻所互之卦取象。「卦變」則指稱「某卦從某卦變來」，有自一爻變者取
象，有自二爻變者取象。「應爻」指正應與敵應（或稱無應），一卦六爻，一四
應、二五應、三上應，以陰應陽或以陽應陰則爲正應，以陽應陽或以陰應陰則
爲敵應，利用陰陽相應的關係以觀察卦象。「動爻」則指老陽變陰，老陰變陽的
取象法。「變卦」則如《左傳》筮易之例，有一至六爻變而成別卦，再由本卦及
變卦而取象者。「伏卦」如乾伏坤、坤伏乾、艮伏兌、兌伏艮之類，陽爻中潛藏
著陰爻，陰爻中潛藏著陽爻，藉著乾坤相伏、震巽相伏、艮兌相伏、離坎相伏
而取象。「互對」指的就是漢儒的旁通。「伏卦」與「互對」的差別在於伏止於
一爻論，而旁通則以全體論。「反對」則是把整個卦倒反過來以取其象，如損、
益者，如姤、夬者。「比爻」則指初與二比、二與三比、三與四比、四與五比、
五與上比，二爻相比則取象相互牽連，如乾之初九連九二之動則取象於〈遯〉。
「原畫」則看一卦之此畫原屬於何卦。如陽畫屬乾、陰畫屬陰，初九、九四屬
震，初六、六四屬巽，九二、九五屬坎，六二、六五屬離，九三、上九屬艮，
六三、上六屬兌，此乃推其爻畫所自來，如〈觀・六二〉以離取象，類似漢・
鄭玄之爻體說。「納甲」即將干支與八卦相配，如乾納甲壬、坤納乙癸之類。

〔註29〕卦變、互體、卦氣、卦主、旁通等象數易例在第四章已介紹過，然第四章著
重在體例的闡發，本章所論則重在易象的發揮，取向不同，其所要表現之重
點亦異。

之象乃從生卦與所生之卦所得。（2）〈旅・彖〉：「旅小亨。柔得中乎外，而順乎剛，止而麗乎明，是以小亨旅貞吉也」，蜀才注說：「否三升五。柔得中於外，上順於剛，九五降三，降不失正，止而麗乎明，是以小亨，旅貞吉也。」〈旅〉☲☶ 由〈否〉☰☷ 卦變而來，〈否〉☰☷ 卦六三上升至五位，故說：「柔得中於外，上順於剛」；又九五下降至三位，陽位爲陽爻，故說：「九五降三，降不失正」，〈旅〉☲☶ 上離下艮，離爲明，艮爲止，故說：「止而麗乎明」，此一卦皆擬乎事象，爲卦變取象之例。

2. 互　體

（1）〈噬嗑〉：「亨，利用獄」，虞翻注說：「坎爲獄，艮爲手」，〈噬嗑〉卦☲☳ 三、四、五爻互坎，二、三、四爻互艮，「坎爲獄」爲其逸象，「艮爲手」本自〈說卦傳〉，此二象乃來自於〈噬嗑〉之互體。（2）〈賁・六四〉：「白馬翰如」，陸績注說：「震爲馬、爲白，故曰白馬翰如。」〈賁〉卦☶☲ 上艮下離，並無震象，震象乃來自〈賁〉卦☶☲ 三、四、五之互體，震代表馬之的顙，〈說卦傳〉：「震……其於馬也，爲善鳴，…爲的顙。」的者，白也，〔註30〕故有「震爲馬、爲白」之說。（3）〈謙・六二〉：「鳴謙」，姚信注說：「三體震，爲善鳴，二親承之，故曰『鳴謙』。」〈謙〉卦☷☶ 上坤下艮，並無震象，其震象乃得自〈謙〉卦☷☶ 三、四、五之互體而來，故有「三體震」之說。（4）〈巽・六四〉：「悔亡，田獲三品」，翟元注說：「田獲三品，下三爻也：謂初巽爲雞；二兌爲羊，三離爲雉也。」巽卦☴☴ 巽下巽上，「初巽爲雞」指的是巽卦的下卦，「二兌爲羊」指的是二、三、四所互的兌卦，「三離爲雉」指的是巽卦☴☴ 三、四、五所互的離卦，而「雞、羊、雉」則本於〈說卦傳〉之象。（5）〈旅・上九象〉：「其羽可用爲儀吉，不可亂也」，干寶注說：「處漸高位，斷漸之進。順艮之言，謹巽之全，履坎之通，據離之耀。婦德既終，母教又明。有德而可受，有儀而可象」，〈漸〉卦☴☶ 上巽下艮，故干寶有「順艮之言，謹巽之全」之說，然「坎之通、離之耀」之象又是從何而來呢？〈漸〉卦二、三、四所互的爲坎卦，三、四、五所互的爲離卦，故有「履坎之通，據離之耀」之說。

3. 卦　氣

（1）〈歸妹・九四〉：「歸妹愆期，遲歸有時」，虞翻注說：「震春兌秋，

〔註30〕李鼎祚《周易集解・說卦傳》說：「的，白。顙，額也。震體頭，在口上白，故『的顙』。《詩》云：有馬白顛，是也。此上虞義也。」，（台北：商務印書館，1996 年 12 月臺 1 版第 2 次印刷），頁 421。

坎冬離夏，四時體正，故歸有時也」，〈歸妹〉卦䷵上震下兌，中二、三、四互離，三、四、五互坎，震爲春、兌爲秋、離爲夏、坎爲冬，故說：「四時體正」，此雖有互體之說，然主要從卦氣取象也。(2) 干寶注〈蒙〉說：「於世爲八月，於消息爲正月卦也。正月之時，陽氣上達，故屯爲物之始生，蒙爲物之稚也。」以蒙卦値正月，正月之時，陽氣息，象徵萬物始生之狀，故有「物之稚」之象。

4. 成既濟定〔註31〕

(1)〈乾·象〉說：「雲行雨施」，虞翻注說：「已成既濟，上坎爲雲，下坎爲雨，故雲行雨施」，〈乾〉卦䷀的二、四、六爻變之正而後成〈既濟〉卦，〈既濟〉卦䷾上坎下離，中間二、三、四爻再互坎卦，故有「上坎爲雲，下坎爲雨」之象。(2)〈賁·上九象〉：「白賁無咎，上得志也」，虞翻注說：「上之五得位，體成既濟，故曰得志。坎爲志也」，〈賁〉卦䷕的五、六二爻之正成〈既濟〉卦，上爲坎，「坎爲志」是虞翻之逸象，此象藉由成既濟定而取得。(3)〈咸·象〉：「聖人感人心而天下和平。」虞翻注說：「乾爲聖人；初四易位成既濟；坎爲心、爲平，故聖人感人心而天下和平」，〈咸〉䷞初、四二爻之正而成〈既濟〉卦，上爲坎，「坎爲心、爲平」皆爲虞翻之逸象，此象亦是藉由成既濟定而取得。

5. 之 正〔註32〕

(1)〈解·九二〉：「田獲三狐，得黃矢，貞吉」，虞翻注說：「二稱田。田，獵也。變之正，艮爲狐，坎爲弓，離爲黃矢，矢貫狐體」，〈解〉卦䷧上震下坎，中互爲坎卦、離卦，故有「坎爲弓，離爲黃矢」之象。然艮象從何而來呢？〈解〉卦䷧的二爻變之正則成豫䷏，豫䷏的二、三、四爻互體爲艮卦，故有「艮爲狐」之象。此乃透過之正而取得卦象者。(2)〈萃〉：「利見大人」，虞翻注說：「大人謂五。三四失位，利之正。變成離，離爲見。故利見大人」，爲取得「見」之象，虞翻把〈萃〉卦䷬的三、四二爻變之正而後

〔註31〕「成既濟定」爲虞翻的一個重要的注《易》體例，在六十四卦當中，只有〈既濟〉䷾一卦，陽位當陽爻，陰位當陰爻，六爻皆當位而得正，故〈雜卦〉說：「既濟，定也」，虞翻注說：「濟成六爻，得位定也。」即是認爲〈既濟〉卦爲六十四卦中六爻最正、最定、最完整的一卦，故以此成立「成既濟定」的體例，遇他卦之六爻有不正者，皆可透過之正使之成爲〈既濟〉卦。

〔註32〕一卦六爻，陽爻居陽位、陰爻居陰位則稱爲當位，否則稱爲失位或不當位。凡失位之爻透過變動使之當位則稱爲之正。

成為〈蹇〉卦䷦，〈蹇〉卦中間三、四、五爻互為離，故有「離為見」之象。

（3）〈豐·九四〉：「遇其夷主，吉」，虞翻注說：「震為主。四行之正成明夷，則三體震，為夷主，故遇其夷主，吉也」（4）姚信注〈豐·象〉說：「四體震王。假，大也。四上之五得其盛位，謂之大」，〈豐〉卦䷶四、五二爻皆失位，故動之正使四位的陽爻居五之尊位，得正處尊，故謂之大。

6. 易　位〔註33〕

（1）〈蠱·初六〉：「幹父之蠱，有子考」，虞翻注說：「蠱，事也。泰乾為父，坤為事。故幹父之蠱。初上易位，艮為子，父死大過稱考，故有子考」，〈蠱〉卦䷑上艮下巽，故有「艮為子」、「子考」之象，至於「乾、坤」之象從何而來呢？將〈蠱〉卦䷑的初、上爻易位則成〈泰〉卦䷊，故有「泰乾為父，坤為事」之象。（2）〈觀·象〉：「觀天之神道，而四時不忒」，虞翻注說：「臨，震兌為春秋。三上易位，坎冬離夏，日月象正。故四時不忒」，虞翻先用〈觀〉卦䷓的反卦〈臨〉卦䷒取得「震春兌秋」之象，而後將〈觀〉卦䷓的三、上易位成為〈蹇〉卦䷦，〈蹇〉上坎下艮，中三、四、五互為離卦，故有「坎冬離夏」之象。（3）〈旅·象〉：「旅，小亨」，姚信注說：「此本否卦，三五交易，去其本體，故曰客旅」，〈旅〉卦䷷乃自〈否〉卦䷋而來，雖是卦變之說，其實也是一種易位之體例，將〈否〉卦䷋的三、五兩爻交易則得〈旅〉卦，故知其象亦可藉由易位而得。

7. 反　卦〔註34〕

（1）〈繫辭下傳〉：「子曰：『君子安其身而後動』」，虞翻注說：「謂反損成益。君子，益初也。坤為安身，震為後動。」把〈損〉卦䷨整個顛倒過來看則成〈益〉卦䷩，〈益〉卦䷩下卦為震，中二、三、四互為坤卦，故說：「反損成益」、「坤為安身。震為後動。」（2）〈序卦傳〉：「有男女，然後有夫婦」，虞翻注說：「咸反成恒，震為夫，巽為婦，故有夫婦也」，把〈咸〉卦䷞整個顛倒過來看則成〈恒〉卦䷟，〈恒〉䷟上震下巽，故有「震為夫，巽為婦」之說。（3）干寶注〈比〉說：「比者，坤之歸魂也。……去陰居陽，承乾之命，義與〈師〉同也」，把〈比卦〉䷇整個顛倒過來看則成〈師〉卦䷆，

〔註33〕將一卦的其中兩爻交易其位者稱之易位。

〔註34〕虞翻的「反」有兩個意義，一是將整個卦顛倒過來看，如損、益二卦。唐·孔穎達稱為「覆」，宋·丁易東則稱為「反對」。二是指旁通而言。在這裡指的是前者之義。

如此一來，〈比〉卦六二去之至五位、九五降而居二位則成〈師卦〉，故說「義與〈師〉同也」，此則以反卦取象。

8. 旁　通〔註35〕

（1）〈師·六三〉：「師或輿尸」，虞翻注說：「坤爲尸，坎爲車多眚。同人離爲戈兵，爲折首」，〈師〉卦 ䷆ 上坤下坎，故有「坤爲尸，坎爲車」之象，然虞翻以〈同人〉下卦之〈離〉解之，顯然用的是旁通取象的方式，〈師〉卦 ䷆ 六爻陰陽全反者爲〈同人〉 ䷌，〈同人〉 ䷌ 的下卦爲離卦，故有「離爲戈兵，爲折首」之象產生。（2）〈泰·初九象〉：「拔茅征吉」，虞翻注說：「否泰反其類，否巽爲茅。茹，茅根，艮爲手」，〈泰〉卦 ䷊ 上坤下乾，無艮之象。虞翻取〈泰〉卦之旁通卦〈否〉卦 ䷋ 的互體，〈否〉卦 ䷋ 二、三、四互艮，三、四、五互巽，故有「巽爲茅、艮爲手」之象。（3）夬卦 ䷪，翟元注說：「坤稱邑也。」〈夬〉卦 ䷪ 上兌下乾，無坤之象，而翟元以〈坤〉注之，乃以〈夬〉卦旁通卦〈剝〉卦 ䷖ 之下卦以解之，剝卦上艮下坤，坤爲地，故說：「坤稱邑」，此則以旁通取象也。

9. 八　宮

（1）《京氏易傳·師》：「師，變離，入陰陽於正道，復本歸坎，陽在其中矣！……坎之變於艮，艮爲少男，少男處卦之末，爲極也」，陸績注說：「內卦坎爲本宮，……震一陽居初爻，坎二陽處中，艮三陽處卦之末，故曰陽極爲少男，又云止也。」〈師〉卦 ䷆ 屬坎宮，故陸績說：「內卦坎爲本宮」，〈坎〉卦 ䷜ 三、四、五爻互艮，在〈說卦傳〉中艮爲少男、爲止，故說：「陽極爲少男，又云止也」，此從宮卦取象之例。（2）〈豐〉：「亨。勿憂，宜日中」，干寶注說：「豐坎宮陰，世在五。……坎爲夜，離爲晝，以離變坎，至於天位，日中之象也」，〈豐〉卦 ䷶ 有離晝之象並無坎夜之象，坎象乃得自於〈豐〉卦所屬之本宮〈坎〉卦 ䷜，此例亦是從宮卦取象者。

10. 納　甲

（1）〈繫辭上傳〉說：「在天成象，在地成形，變化見矣」，虞翻注說：「謂日月在天成八卦；震象出庚，兌象見丁，乾象盈甲，巽象伏辛，艮象消丙，坤象喪乙，坎象流戊，離象就巳，故在天成象也。在地成形，謂震竹巽木，坎水離火，艮山兌澤，乾金坤土。在天爲變，在地爲化，剛柔相推，而生變

〔註35〕旁通者即是二卦之陰陽性質皆相反者，如「同人反師」、「夬反剝」者。

化矣。」乾象與甲結合，坤象與乙結合，艮象與丙結合，兌象與丁結合，坎象與戊結合，離象與己結合，震象與庚結合，巽象與辛結合。將天地的變化結合日月甲乙壬癸的消長推移以及金木水火土五行的生剋變化，這正是納甲取象之應用。（2）陸績注《京氏易傳・乾》時說：「乾爲天地之首，分甲壬入乾位。」天地是萬物之根本，故以乾納甲、坤納乙，作爲天地之父母，又爲陰陽之終始。此以納甲取象也。（3）干寶注〈坤・上六〉說：「爻終於酉，而卦成於乾」，依照納甲之法，〈坤〉卦由初爻至上爻則爲乙未、乙巳、乙卯、癸丑、癸亥、癸酉，坤卦上六爻值酉，故云「爻終於酉」，此亦以納甲取象也。

11. 升　降〔註36〕

（1）姚信注〈豐〉說：「四上之五，得其盛位」，〈豐〉卦䷶九四上升至五位，六五則降至四位，因陽位上升至尊位，故說：「得其盛位」，此從升降取象。（2）〈同人・彖〉：「柔得位得中，而應乎乾」，蜀才曰：「此本夬卦。九二升上，上六降二，則『柔得位得中，而應乎乾』。下奉上之象，義同於人，故曰同人」，〈同人〉卦䷌由〈夬〉卦䷪而來，此本卦變之說，在此則由爻之升降而形成，〈夬〉卦䷪九二爻上升至上，上六下降至二位，故說：「柔得位得中」，此由升降取象。（3）干寶注〈坤・六三〉說：「陰氣在三，七月之時，自否來也。陽降在四，三公位也。陰升在三，三公事也。」干寶的「陽降陰升」與「陽升陰降」不同，他是站在消息卦氣來立論，從卦氣推衍的角度看〈坤・六三〉，陰消乾至第三爻，故說：「陽降在四、陰升在三」，此屬另外一種升降取象法。

12. 乘承據應隔

（1）〈家人・六四象〉：「富家大吉」，虞翻注說：「三變體艮，艮爲篤實。坤爲大業。得位應初，順五乘三，比據三陽，故曰『富家大吉，順在位也』」，〈家人〉卦䷤的三爻動變則成䷓，如此四爻則處艮體，二、三、四爻互爲坤。此時四爻對原卦〈家人〉卦而言，爲陰爻處陰位，應初爻之陽，順承五爻之陽，又乘三爻之陽，故說：「得位應初，順五乘三，比據三陽」，此從應、承、乘取象者。（2）〈家人・九五〉：「王假有家」，陸績注說：「假，大也。五得尊位，據四應二，以天下爲家，故曰王大有家」〈家人〉卦䷤的五爻爲陽爻，對四陰爻則爲據，且又與二爻之陰相應，一切皆正而大，故說：「五得尊位，據四應二」、「王大有家」，此以應、據取象者。（3）〈未濟・九二〉：「曳

〔註36〕此例始於荀爽，指凡陽在下者上升至五；陰在上者，下降至陽移動之位則稱之爲升降。

其輪，貞吉」，姚信注說：「坎爲曳，爲輪，兩陰夾陽，輪之象也。二應於五，而隔於四，止則據初，故曳其輪」，〈未濟〉卦 ䷿ 的二爻爲陽爻與五位的陰爻相應，中隔四位的陽爻，對於初位的陰爻則稱之爲據，故說：「二應於五，而隔於四，止則據初」，此以據、隔、應取象者。（4）王肅注〈損・上九〉：「弗損益之」說：「據五應三」，因爲〈損〉卦 ䷨ 的上九爲陽爻相對於五位的陰爻關係則爲據，上與三一陰一陽爲相應也，故說：「據五應三」，此以據、應取象者。（5）〈未濟・九二象〉說：「中以行正也」，王弼注說：「體剛履中而應於五，五體陰柔，應與而不自任者也」，二位本應爲陰爻，在此則爲陽爻，然因其能巽順而應於五，故有「應與而不自任」之象，此則從應取象者。（6）〈損・六四象〉：「損其疾，亦可喜也」蜀才注說：「四當承上，而有初應，必上之所疑矣」〈損〉卦 ䷨ 的四爻爲陰爻理當承五，然卻與初位之陽爻有相應之情，故爲上所疑，此以承、應取象者。（7）〈晉・九四象〉說：「碩鼠貞厲，位不當也」，翟元注說：「謂雖進承五，然潛據下陰，久居不正之地，故有危厲也」，四對五爲下對上故稱「承」，陽爻乘陰爻稱「據」，但四爲陰位本應爲陰爻，此則爲陽爻；三爲陽位本應爲陽爻，此則爲陰爻，然此爻爲陰據陽之象，爲位不當之象，故說：「久居不正之地，故有危厲也」，此以承、據取象者。（8）〈蹇・九五象〉說：「大蹇朋來」，干寶注說：「在險之中，而當王位，故曰：大蹇。此蓋以托文王爲紂所囚也。承上據四應二，眾陰並至」，〈蹇〉卦 ䷦ 九五爻上承上六，下據四陰，又與二位陰爻相應，顯見三爻與之相關者皆爲陰爻，故有「眾陰並至」之象，此以承、據、應取象也。

除以上所說的十二種取象法外，還有飛伏、卦主、兩象易、半象……等其他的取象法，本論文僅取其大要者論之。從各種義例取象是象數易學家注《易》的重要方針，唯義理易學家如宋衷、王肅、王弼亦有以卦主、互體、承乘據應等方式取象，然不若象數易學家幾乎將各種體例視爲《周易》取象的核心要義，因此二派在不同的重點之下，自然呈現不同的易象觀。

二、象與意

象是《易》的根本，一切的象，不管是物象、事象皆是爲了通辭或達理，王弼說「得意忘象」、「得象忘言」，意謂若無象就無法得意，忘言者亦爲了得象，故主張「忘象」以凸顯「易象」是通辭悟理的要素。陸績說曰：「言卦象極盡天下之深情也」（注〈繫辭上傳〉），天下萬事萬物變動不已、運行不息，

能夠把天下極幽深隱微的道理推衍無窮者，唯有卦象而已，〈繫辭上傳〉也說：「極天下之賾者存乎卦」，象取法卦爻之德，把天下各種幽隱難見之情理藉象以表達，故有痛悔者，其象則顯示悲憂；有憾吝者，其象則顯示憂慮，〈繫辭上傳〉說：「悔吝者，憂虞之象也」，虞翻注說：「悔則象憂，吝則象虞也」，干寶也說：「悔亡則虞，有小吝則憂。憂虞未至於失得，悔吝不入於吉凶。事有小大，故辭有急緩，各象其意也。」（注〈繫辭上傳〉），悔吝非物象，無具象可言，然它卻代表一種含著情理的象，藉由卦辭及卦象把把這個意表達出去，故說易象能「通神明之德、類萬物之情」，然而天下萬事萬物是如此「至賾」、「至動」，因此易象也顯得「至變」、「至廣」。然易象果眞能夠涵蓋所有的事物之理嗎？又意是在象中求？亦或象在意中求？這些問題都顯示魏晉易學家對於「易象觀」有著不同的看法。

（一）象中求意，象在意先

象數易學家與義理易學家對於「象可表意」一說基本上是一致的，虞翻說：「六十四卦，皆觀象繫辭」（注〈鼎·象〉），陸績主張「設卦盡情僞之意」（注〈繫辭上傳〉），王弼主張：「象以觀意」、「意以象盡」，〔註37〕韓康伯說：「托象以明義，因小以喻大」，〔註38〕這兩派都贊成「象可觀意」。不同的是象數易學家以象爲主，在象中求意，而義理易學家則是以理爲主，在意中求象。

1. 象中求意

聖人知道書不能盡其言，言又不能盡其意，故立象以盡之。〈繫辭上傳〉說：「子曰：『聖人立象以盡意，設卦以盡情僞』」，就因爲書面文字與言語都無法完全表達聖人的意思，所以聖人創立各種易象來表達其思想，設制六十四卦的卦畫來反映萬事萬物的情實與狀態，故易象不只是一種物象與事象而已，它更是一種取法與象徵；它不僅代表靜態的事物，它更象徵著一種動態的變化法則，因此才能「盡情僞之意」，才能「彌綸天地之道」。魏晉象數易學家解《易》之時，也往往借助形象的類推，尋繹出形象之外的義理，如〈觀·

〔註37〕可參考本論文第三章第一章〈義理易的崛起·王弼掃象〉一小節。王弼說：「象生於意，故可尋象以觀意，……象者，所以存意。得意而忘象，……象者，意之荃也。」（《周易略例·明象》），見樓宇烈校釋《王弼集校釋》（台北：華正書局，1992年12月初版），頁609。

〔註38〕此韓康伯注〈繫辭下傳〉語，見《十三經注疏·周易正義》（王弼韓康伯注、孔穎達等正義）（台北：藝文印書館，1982年8月9版），頁172。

象〉：「有孚顒若，下觀而化也」，虞翻注說：

> 坎爲水，坤爲器，艮手臨坤，坎水沃之，盥之象也。……巽爲進退，
> 容止可觀，進退可度，則下觀其德而順其化。上之三，五在坎中，
> 故有孚顒若，下觀而化。（《周易集解》引）

〈觀〉卦 ䷓ 上巽下坤，巽象徵進退可度，坤則表順化之思。虞翻利用易位之
例，將〈觀〉之上三交易成〈蹇〉卦 ䷦，〈蹇〉卦上坎下艮，爲艮手臨器皿且
有坎水沃之，爲盥之象，象徵「有孚顒若」，加上聖人容儀進退得宜，舉止可
觀，民眾崇向之而順其教化，故說：「下觀而化」。易學家雖善用各種取象法，
然卻透過這些形象推演出抽象之理，故能表現「天下之賾」、「天下之至動」。
又〈剝·象〉說：「山附於地」，陸績注說：

> 艮爲山，坤爲地。山附於地，謂高附於卑，貴附於賤，君不能制臣
> 也。（《周易集解》引）

利用「山附於地、高附於卑」之象比類「貴附於賤、君不能制臣」之義，這
也是從易象抽繹出人生之義理者。又〈蒙·初六〉：「發蒙」，干寶注說：

> 初六戊寅，平明之時，天光始照，故曰「發蒙」。此成王始覺周公至
> 誠之象也。（《周易集解》引）

〈蒙〉卦 ䷃ 上艮下坎，干寶以納甲法注《易》，〈蒙〉卦下卦爲坎，坎初六納
干支爲戊寅，代表天光始出的平明之時，故以「發蒙」之象引申爲「成王始
覺周公至誠之象也」，這就是象數易學家以象數求義理的方式。

　　然而從這些取象法以及眾多的形象中，是否能夠做到「立象盡意」呢？
陸績發揮孔子「聖人立象以盡意」之說，他說：「此明說立象盡意，設卦盡情
僞之意也」（注〈繫辭上傳〉），表示象是可以盡意的，因爲這個「意」是象徵
一種儒家的情理或德性，並非是義理易學家所謂的「道」或「無」，故主張可
以盡之。其他象數易學家雖不言「立象盡意」，但屢屢以易象說明卦意，如虞
翻注〈賁·象〉說：「賁離象，重明麗正，故以化成天下也」，此以〈離〉象
傳達〈賁〉卦「光明」之意。陸績注〈坎·象〉說：「枕閡礙險害之貌」，此
以〈坎〉象傳達〈坎〉卦「險閡」之意。翟元注〈姤·象〉說：「天下有風，
風無不周布，故君子以施命告化四方之民矣」，此以巽象傳達〈姤〉卦「施命
告化四方之民」之意。干寶注〈鼎·上九〉說：「故鼎之義，上爻愈吉也。鼎
主烹飪，不失其和。金玉鉉之，不失其所。公卿仁賢，天王聖明之象也」，此
則以「鼎主烹飪，不失其和」之象傳達〈鼎〉卦「公卿仁賢，天王聖明」之

意。這些說法都說明易象的目的就是在「達意」，以「象」求「意」，求「象中之意」是漢以來象數學家的作法，而這樣的方式也影響著後世象數學家對易象的看法，如宋・吳沆《易璇璣》說：

> 苟明乎象則天地之大可坐而窺，鬼神之奧可默而知，而卦之名有可以自擬，爻之辭可乙自揆，聖人之已言者，可曉然而無疑，其未言者可以類而推之，故曰「聖人立象可以盡意」，苟明乎象則理罔不通，苟泥其辭，則勢罔不窮。〔註39〕

明白象的功能及其象徵意義，那麼天地之間的萬事萬物、鬼神之奧秘、卦名之由來、爻辭之形成皆可比類推之、曉然無疑，故說「立象可以盡意」、「明象可以通理」。由卦爻求其象，由象知其意，此聖人立象之旨。如此一來，知象有不可或缺的重要意義。《四庫全書・像象管見提要》便說：「錢一本『即卦爻以求象，即象以明人事』」，〔註40〕宋・郭雍《郭氏傳家易說》說：

> 繫辭曰易者象也，又曰聖人立象以盡意，蓋以易之意不可得而盡，故有象以盡之也。意不可盡，徒玩其辭，皆空言耳！如是則不可以訓天下後世，而作《易》之道絕矣！此聖人立象之旨也。經曰見乃謂之象，然則使斯道之可見者，無非象也。……故知《易》之為書，其意其辭皆由象出，未有忘象而知《易》者。〔註41〕

因為意不可盡，故要立象以盡之，《易》之為書，就在卦爻之畫及其所象徵之意義上，若無象，則可逕自作經書，不必作《易》，故知《易》之特色即在象上，一切的易意及文辭皆不可捨象而言之。故郭雍說：「未有忘象而知《易》者」。明・來知德也說：

> 夫《易》者，象也。象也者，像也。……像者乃事理之仿佛近似可以想像者也，非真有實事也，非真有實理也。……有象則有大小、遠近、粗精、千蹊萬蹺之理，咸寓乎其中，方可彌綸天地。……故象者猶鏡也，有鏡則萬物畢照，……不知其象，《易》不注可也。〔註42〕

〔註39〕 見宋・吳沆《易璇璣・卷上・有象篇第八》，經部，易類第五冊（總十一冊）），收錄於文淵閣《四庫全書》（台北：商務印書館，1986 年 3 月初版），頁 11-605。

〔註40〕 見《四庫全書・像象管見提要》，經部，易類第二十七冊（總三十三冊）），收錄於文淵閣《四庫全書》（台北：商務印書館，1986 年 3 月初版），頁 33-559。

〔註41〕 郭雍《郭氏傳家易說・總論・象》，經部，易類第七冊（總十三冊）），收錄於文淵閣《四庫全書》（台北：商務印書館，1986 年 3 月初版），頁 13-8。

〔註42〕 見來知德撰、鄭燦訂正《易經來註圖解・自序》（台北：中國孔學會，1988 年 11 月再版），頁 2。

後人延續漢魏晉以來的注《易》之風，以象證辭，以象盡意，還《易》立象之本旨，合乎作《易》者之原意，此即是所謂「象中求意」。象的涵義不只是在物象、事象上，更在大小、遠近、粗精種種情狀的變化運動中，因此象是一種動態的、象徵的性質，所以可「極盡天下之深情」。魏晉之後有侯果說：「欲明立象可以盡聖人言意也」（注〈繫辭上傳〉，《周易集解》引）。又有崔覲也說：「言伏羲仰觀俯察，而立八卦之象，以盡其意」（同前），又說：「文王作卦爻之辭，以繫伏羲立卦之象。象即盡意，故辭亦盡言也」（同前），「意」既在「象」中求，顯而易見，只有先立象而後才能盡意，這是象數易學家普遍的看法。

2. 象在意先

從前文的論述中看到所有的象數學家皆是由象求意，因此無不在各種象中下工夫，再企圖從各種卦爻象中抽出人事之義理，不同於義理易學家將象數視爲易理的工具，他們卻是將象數視爲研《易》的第一要義，故無不殫思竭慮在象數方面地鑽研，認爲《周易》幾無象外之辭、象外之理，一切的哲理皆自象數出，使象數成爲「意」唯一的生成之源，於是開出後人「取象論義」及「象爲先、意爲後」的思想理路。唐・孔穎達極力從漢魏以來的義理易和象數易當中開發出一條嶄新的易象觀，以王、韓之《易》注爲主，同時吸收象數學家之說，調合二者之異，主張理從象生，認爲空談義理是行不通的。故孔穎達在疏〈乾・初九〉說：「各因象明義，隨義而發」，又疏〈坤・初六〉說：「凡易者象也，以物象而明人事」，〔註43〕亦即有象才有易理，易理乃由象生也，漢魏以來象數學家一直堅守這樣的原則，故發明一切的易象義例，以象釋《易》，爲了盡意，無不鑽於取象，認爲一切的易理莫不由此出。近人尚秉和說：

> 《易》之爲書，以象爲本，故〈說卦〉專言象以揭其綱。……蓋天下萬事萬物之意，無不包含於易象之中，故能盡意，此言立象之本也。……夫曰「觀象繫辭」，則今之易辭，固皆古聖瞪目注視卦象而爲者也。《易》之卦爻辭，既由象而生。後之人釋卦爻辭，而欲離象，其不能識卦爻辭爲何物，不待智者而決矣。朱子云：先見象數，方

〔註43〕見《十三經注疏・周易正義》（王弼韓康伯注、孔穎達等正義）（台北：藝文印書館，1982 年 8 月 9 版），疏〈乾・初九〉之引文見頁 8，疏〈坤・初六〉之引文則見頁 19。

　　得說理，不然事無實證，虛理易差。〔註44〕

尚秉和認爲舉凡天下萬事萬物之意，皆包含於易象之中，故主張易象爲盡意之本，一切的卦爻辭及事物之理，皆由象發，有象方有此理，無象則無此理，因此研《易》者不可捨象而窮理，捨象而窮理，非《易》也，故知易象是《周易》之源、之本。「先有象方有此理」的這種說法正反映漢魏以來象數學家取實證反對虛理的易象觀。

（二）意中求象，意在象先

1. 意中求象

　　王弼主張「象生於義」，那麼象在義理學家的心中就不是如此必然且重要，以義爲主，以象爲次，一個義可用很多象來表示，就不必像象數易學家把乾定爲馬象，把坤定爲牛象般地固定，因爲只要能得其卦意，一個卦諸爻都可以用各種不同的象來表示。以〈乾〉卦爲例，〈乾〉卦只要把握其「行健」的精神，究竟爲龍象或馬象都不是那麼重要，他說：

> 餘爻皆說龍，至於九三獨以「君子」爲目，何也？……是故初九、九二，龍德皆應其義，故可論龍以明之也。至於九三「乾乾夕惕」，非龍德也，明以君子當其象矣。統而舉之，「乾」體皆龍，別而敘之，各隨其義。〔註45〕

〈乾〉卦有乾健之義，故以龍象配之，如初九說：「潛龍勿用」，九二說：「見龍在田」，九四說：「（龍）或躍在淵」，九五說：「飛龍在天」，上九說：「亢龍有悔」。然獨九三不以龍敘之，而取「君子」以爲象，是何義也？乃王弼認爲各隨其義而取象，〈乾・九三〉「夕惕」非龍德，乃《周易》憂患意識之體現，故隨其義而取「君子」之象。因此象雖用以明義，然並非滯泥不通，可視卦義之變化而取其象。元・曾貫《易學變通》也說：

> 世之儒者，徒知象足盡意而求象中之意矣！而不知象由意立，乃不求意中之象。……姑以〈乾〉〈坤〉言之，〈乾〉既稱龍，〈坤〉何得而稱龍？〈坤〉既稱馬，〈乾〉何得而稱馬？以象求象，徒見其不合矣！以意求象，則知〈坤〉之稱馬，非〈坤〉之爲馬也，特以〈坤〉

〔註44〕見尚秉和《周易尚氏學》附錄二〈《左傳》、《國語》易象釋〉（北京：九州出版社，2005 年 1 月第 1 次），頁 563～564。

〔註45〕王弼注〈乾・上九文言〉，見《十三經注疏・周易正義》（王弼韓康伯注、孔穎達等正義）（台北：藝文印書館，1982 年 8 月 9 版），頁 15。

> 配〈乾〉，故言牝以別之，則〈坤〉之牝馬，豈非以順健之意！與〈坤〉
> 之稱龍，亦非〈坤〉之爲龍也，特以〈坤〉敵〈乾〉，故言龍戰者，
> 主〈乾〉而不主〈坤〉，言臣不可以加於君也。〔註46〕

曾貫認爲若是以象求義，往往拘於象而無法通解；若以義求象，其象則可因義而加以變通，如此就可以說明爲何〈乾〉稱龍，〈坤〉也稱龍的情況？因爲〈坤〉敵〈乾〉，出現龍戰之象，像似臣欲敵君，故〈坤〉亦有稱龍之說。至於〈坤〉稱馬、〈乾〉也稱馬者，乃因一爲乾馬，一爲牝馬，乾馬爲剛，牝馬爲柔，柔順剛，牝順乾，二者雖都稱馬，然有牝、乾之別。如此以義求象，象反而靈活變通而不滯，故曾貫又說：「求意於象又不若求象於意，引而伸之，觸類而長之，則卦無不通之象，而象無不盡之意矣！」〔註47〕這就是發揚王弼「象生於義」之說者。

2. 意在象先

因爲王弼主張「意中求象」，各隨其義而取象，因此象與義（意）之間的關係當然是義先而象後。然象雖非第一位，卻也不容盡棄之。王弼在《周易略例·明象》中有幾句話「夫象者，出意者也」、「盡意莫若象」、「象生於意，故可尋象以觀意」、「意以象盡」、「得意而忘象」足以證明「象」是必備的要素，王弼的「忘象」正說明象存在之必要性。更何況無象何來的忘？無象又如何求意？由此可證象不可缺。王弼爲了糾正漢易過度關注取象之法以致失去聖人之旨，故而倡導「象之所生，生於義」的說法，把「取義」視爲注《易》最重要的工作，並非欲去所有的象，他說：

> 夫易者，象也。象之所生，生於義也。有斯義，然後明之以其物。
> 如以龍敘乾，以馬明坤，隨其事義而取象焉。〔註48〕

義理易的象數觀與象數易的象數觀最大的不同，就在於對「象」「意」孰先孰後的看法。王學主張象在意中取，即所謂「象生於義」也，將「義理」擺在

〔註46〕見元·曾貫《易學變通·卷六·象意說》，經部，易類第二十冊（總二十六冊)），收錄於文淵閣《四庫全書》（台北：商務印書館，1986年3月初版），頁26-64。
〔註47〕見元·曾貫《易學變通·卷六·象意說》，經部，易類第二十冊（總二十六冊)），收錄於文淵閣《四庫全書》（台北：商務印書館，1986年3月初版），頁26-64。
〔註48〕引自《十三經注疏·周易正義》（王弼韓康伯注、孔穎達等正義）（台北：藝文印書館，1982年8月9版），頁15。王弼之見，以義爲第一位，只要合於易義，事物皆可爲象徵，如義在健，乾卦未必爲馬、爲龍，亦可以取他物爲象徵。事物只不過是爲了達到易義的媒介而已，並非最重要的，因此主張「有斯義，然後明之以其物」。

《周易》研究的首位，將象數僅視為求義的工具與媒介，以意為本，以象為末，從這個角度看待象數易，認為象數易學家的「象中取意」、「象先於意」之說不管用那一種逸象或解卦之法，都是有所限制，如果強行以象求義，就會造成滋漫偽繁、滯泥不通的情況。反之，象數易學家認為義理學家的「意中求象」、「意先於象」之說會造成存意忘象之失，雖不全掃盡象數，但也會因為忽視象的存在而違背「易者，象也」及「聖人立象」之旨。

第二節　易數論

〈繫辭上傳〉：「是故易有太極，是生兩儀，兩儀生四象，四象生八卦。」由太極、兩儀、四象、八卦，這「一、二、四、八」四個數字就象徵宇宙的生成作用。又〈繫辭上傳〉說：「大衍之數五十，其用四十有九。分而為二以象兩，掛一以象三，揲之以四，以象四時，歸奇於扐以象閏，五歲再閏，故再扐而後掛。……是故四營而成易，十有八變而成卦。」此乃將太極、兩儀、三才、四象等數的思想與揲蓍之筮結合在一起，利用數進行運算，達到占筮的目的。這個行蓍的過程就是四營十八變的運數過程，故說易數又是筮占運算的工具。〈繫辭上傳〉說：「天數五，地數五，五位相得，而各有合。天數二十有五，地數三十，凡天地之數五十有五。此所以成變化而行鬼神也。」把奇耦之數同天地之數結合，數又表現出「成變化而行鬼神」的神秘之功。清·陳夢雷《周易淺述·凡例》說：「六經皆言理，獨《易》兼言數」，〔註49〕「數」對於《周易》而言如此重要，那麼魏晉時期的易學家又是如何看待易數的呢？將析之如下：

一、大衍之數與天地之數

要了解魏晉時期大衍之數與天地之數的關係？以及「數」在當時的義涵為何？就不能不把漢魏以來對大衍之數的看法作一番整理：

1. 京房說：「五十者，謂十日、十二辰、二十八宿也，凡五十。其一不用者，天之生氣，將欲以虛來實，故用四十九焉。」（《周易正義》注「大衍之數」時引）

〔註49〕見清·陳夢雷《周易淺述·凡例》，經部，易類第三十七冊（總四十三冊）），收錄於文淵閣《四庫全書》（台北：商務印書館，1986年3月初版），頁43-2。

2. 《易緯‧乾鑿度》說：「故大衍之數五十，所以成變化而行鬼神也。日十干者五音也，辰十二者六律也，星二十八者七宿也。凡五十，所以大閡物而出之者也」，〔註50〕又說：「衍天地合和數，天地合一二得三，合九六、合二十五及三十」、「天地合策數五十有五，所用法古四十九，六而不用，驅之六虛」〔註51〕

3. 劉歆說：「元始有象一也，春秋二也，三統三也，四時四也，合而為十，成五體。以五乘十，大衍之數也，而道據其一，其用四十有九，所當用也，故著以為數。」（《漢書‧律曆志》載）

4. 馬融說：「馬有太極，謂北辰也。太極生兩儀，兩儀生日月，四時生五行，五行生十二月，十二月生二十四節氣。北辰居中不動，其餘四十九，轉運而用也。」（《周易正義》注「大衍之數」時引）

5. 荀爽說：「卦各有六爻，六八四十八，加乾、坤二用，凡有五十。《乾》初九『潛龍勿用』，故用四十九也。」（《周易正義》注「大衍之數」時引）

6. 鄭康成說：「天地之數五十有五，以五行氣通。凡五行減五，大衍又減一，故四十九也。」（《周易正義》注「大衍之數」時引），又說：「天地之數五十有五，以五行通氣，凡五行減五，大衍又減一，故四十九也。衍，演也。天一生水於北，地二生水於南，⋯⋯天五生土於中。陽無耦，陰無配，未得相成。地六成水於北，與天一并⋯⋯。以五十之數，不可以為七八九六卜筮之占以用之，故更減其一，故四十有九也。」（注《禮記‧月令》，孔疏引）

京房、《易緯》、劉歆、馬融、荀爽、鄭康成等人對於五十之數的成因說法不同，但可歸納為兩個重點：（一）立足在象的基礎上：1. 五十之數大都建立在自然的物象而成，如京房的十日、十二辰、二十八宿，《易緯》的日十干、辰十二、星二十八者，劉歆的元始、春秋、三統、四時十之數乘五者，馬融的太極、兩儀、日月、四時、五行、十二月、二十四節氣，荀爽六爻乘八卦加上乾坤者。這些對宇宙天文所關注的自然物象都是可感可知的。2. 對於不

〔註50〕見黃奭輯《易緯‧乾鑿度》（上海：上海古籍出版社，1993 年 4 月第 1 版），頁 11。

〔註51〕此二段引文見黃奭輯《易緯‧乾坤鑿度》（上海：上海古籍出版社，1993 年 4 月第 1 版），頁 55、56。

用之「一」，也是從物象而出發，如京房爲不用之「一」爲天之「生氣」，馬融的「一」指的是太極，亦即爲北辰。（二）天地之數與大衍之數的關係：1. 京房、馬融、荀爽等人之見認爲大衍之數與天地之數並無關聯。2. 《易緯・乾鑿度》與鄭玄則認爲大衍之數乃自天地之數而來者。

漢易「不用之『一』」與「大衍之數」的說法，到了魏晉時期，逐漸開出兩條途徑：（一）不管是象數易或義理易大都認爲大衍之數就是天地之數演合而來。（二）象數學家對於「一」的看法保留在自然物象的層面，義理易學家則將「一」視爲「道」與「無」的別稱。

（一）象數學家論大衍之數與天地之數

前引〈乾鑿度〉說：「故大衍之數五十，所以成變化而行鬼神也」，這句話表示「成變化而行鬼神之事」是「大衍之數」的工作。然今天十三經注疏本卻說：「凡天地之數五十有五，此所以成變化而行鬼神也」，這又表示「成變化而行鬼神」乃「天地之數」之職責，從二者同「行鬼神」之事來看，顯示大衍之數與天地之數必然有某種關係。〈乾鑿度〉說：「衍天地合和數，天地合一二得三，合九六、合二十五及三十」，又說：「天地合策數五十有五，所用法古四十九，六而不用，驅之六虛」，四十九之數乃自天地五十五之數減去六而來，即去掉「六而不用，驅之六虛」即成四十九，由此可證四十九乃自天地之數而來，亦即大衍之數是來自於天地之數者。此外，鄭玄主張把天地之數減去五行之數而成大衍之數，因爲大衍之數無法用以占筮，爲了筮法的需要，減去「一」而不用，故說：「凡五行減五，大衍又減一，故四十九也」、「以五十之數，不可以爲七八九六卜筮之占以用之，故更減其一，故四十有九也。」這些都證明四十九乃自天地之數減六而來。

《易緯》與鄭玄之說爲魏晉象數學家所承繼，皆認爲大衍之數乃來自於天地之數的演合與推演，整理如下：

1. 虞翻說：「天二十五，地三十，故五十有五。天地數見於此，故大衍之數略其奇五，而言五十也。」（《周易集解》引）
2. 虞翻說：「五位謂五行之位。甲乾、乙坤相得，合木，謂天地定位也。丙艮、丁兌相得，合火，山澤通氣也。戊坎、己離相得，合土，水火相逮也。庚震、辛巽相得，合金，雷風相薄也。天壬、地癸相得，合水，言陰陽相薄，而戰於乾。故『五位相得，而各有合。』或以一六合水，二七合火，三八合木，四九合金，五十合土也。」（《周易集解》引）

3. 姚信、董遇云：「天地之數五十有五者，其六以象六畫之數，故減之而用四十九。」（《周易正義》引）

4. 干寶說：「衍，合也。」（《周易集解》引）

干寶以衍為合，此即〈乾鑿度〉所說：「衍天地合和數」之意，亦即鄭玄所謂「六一合於北」、「二七合於南」之意，虞翻也以「一六合水，二七合火」等說來說明天地合和之數。合者，陰陽相合、天地相合，故有「六一、二七」之論，五十五由陰陽相合而成，代表天地之數，變而為大衍之數者，乃象天地之數的運用，藉大衍之數的占著來顯陰陽之變化，來定乾坤之策，並成就「行鬼神」之功也，姚信說：「此天地之數五十有五，分為爻者，故能成就乾坤之變化，能知鬼神之所為也。」（注〈繫辭上傳〉，《周易集解》引）將天地之數衍為四十九，再用著筮以盡天下變化之能事。然則五十五的天地之數又是如何變成五十與四十九之數呢？虞翻說：「略其奇五，而言五十也。」（注〈繫辭上傳〉，《周易集解》引）將五十五略其奇數取其整數則成五十。而姚信、董遇則主張五十五之數減去爻象六畫之數則成四十九，此說與《易緯》減去「六而不用，驅之六虛」的說法近似，由此足證魏晉大衍之數乃自天地之數而來。然大衍之數如何運用呢？〈繫辭上傳〉說：「大衍之數五十，其用四十有九，分而為二以象兩，掛一以象三，揲之以四以象四時，歸奇於扐以象閏」，陸績將此大衍之數的「四營十八變」作如下之解釋，他說：

> 分而為二以象兩，一營也；掛一以象三，二營也；揲之以四以象四時，三營也；歸奇於扐以象閏，四營也。謂四度營為，方成《易》之一爻者也。（《周易集解》引）

說明四十九乃為著數也，為天地之數的實際運用，將揲著之數分為「分而為二以象兩」、「掛一以象三」、「揲之以四以象四時」、「歸奇於扐以象閏」四個階段，「象兩」代表陰陽，為一營也；「象三」代表天地人，為二營也；「四時」代表春夏秋冬，為三營也；「象閏」代表其餘之數，為四營也，〔註52〕每一營都有其意義與象徵，每一個爻的完成都是數與象的合和之力，以此四十九數來佐佑天地生成萬物之功，這樣的說法也影響義理易學家王弼、韓康伯的看

〔註52〕閏者，孔穎達疏說：「歸奇於扐以象閏者，奇謂四揲之餘，歸此殘奇於所扐之策而成數，以法象天道。歸殘聚餘，分而成閏也」，見《十三經注疏・周易正義》（王弼韓康伯注、孔穎達等正義）（台北：藝文印書館，1982 年 8 月 9 版），頁 153。

法，王注「大衍之數」一段時說：「演天地之數，所賴者五十」，韓注此段說：
「分而爲二以象兩，一營也；掛一以象三，二營也；揲之以四，三營也；歸
奇於扐，四營也」（《周易正義》引）王韓之注比起陸績則簡要，雖不明言天
地之數五十有五減五爲大衍之數，然不否認大衍爲蓍數，故亦以四營爲之。
唐‧李鼎祚結合漢魏晉以來有關大衍之數的說法作出結論，他說：

> 此章云天數五，地數五，五位相得而各有合，天數二十有五，地數
> 三十，凡天地之數五十有五。此所以成變化而行鬼神，是結大衍之
> 前義也。既云五位相得而各有合，即將五合之數配屬五行也。故云
> 大衍之數五十也，其用四十有九者，更減一以並五，備設六爻之位，
> 蓍卦兩兼，終極天地五十五之數也。自然窮理盡性，神妙無方，藏
> 往知來，以前民用，斯之謂矣。〔註53〕

贊成漢魏晉諸儒將天地之數衍演成五十之數，並用五行之說來酬酢天地之
用，所以把五十五視爲天地之極數，把四十九視爲蓍之用數，「減一並五」即
把天地之極數變成天地之用數，表現「成變化而行鬼神」之功，故說：「天地
之數五十有五。此所以成變化而行鬼神，是結大衍之前義也。」大衍之義可
顯道神德行、幽贊甚明，故說：「神妙無方，藏往知來」。

（二）王弼、韓康伯論大衍之數與天地之數

　　象數學家談大衍之數固屬象數易學之範疇，然玄學家的大衍之數是否也
是如此呢？今天學界談王弼之大衍義大都立足於玄學範疇來作討論，如湯用
彤先生說：「王弼注《易》擯落象數而專敷玄旨。其推陳出新，最可於其大衍
義見之。」〔註54〕王葆玹先生說：「將『大衍之數五十，其用四十有九』中『不
用的一』，解爲《易》之太極，又循由以《老》解《易》的思路，將這《易》
之太極與《老子》的『無』等同起來」。〔註55〕由《老》解《易》即是湯用彤
先生所說的「專敷玄旨」之意。然而，王、韓論大衍之數與天地之數是否涉
及象數學家的思想理論？又或者只是傳達玄旨高義而已呢？荀融難王弼之大
衍義，必有其難之之道，那麼其道又是如何呢？《魏志‧鍾會傳》裴注說：「弼

〔註53〕見李鼎祚《周易集解》（台北：商務印書館，1996年12月臺1版第2次印刷），
　　　　頁336。
〔註54〕見湯用彤《魏晉玄學‧王弼大衍義略釋》，（湯用彤撰　台北：佛光文化事業
　　　　有限公司，2001年4月初版），頁79。
〔註55〕見王葆玹〈王弼《周易大衍論》佚文研究〉一文，收錄於《道家文化研究》
　　　　第十二輯，（北京：生活、讀書、新知三聯書店，1998年1月第1版），頁393。

注《易》，穎川人荀融難弼大衍義，弼答其意。」〔註56〕《三國志・魏書・荀彧傳》注文曾稱融與王弼、鍾會齊名，會論《老》、《易》。〔註57〕史雖不見載荀融之《易》學，然從其叔祖荀爽主升降，其叔荀顗與諸兄並崇儒術，荀融應是立足於儒門易來問難王弼之大衍義。〔註58〕那麼王弼的大衍之數其內涵為何呢？韓康伯〈繫辭上傳〉注引王弼之說：

> 演天地之數，所賴者五十也。其用四十有九，則其一不用也。不用而用之以通，非數而數以之成，斯易之太極也。四十有九，數之極也，夫無不可以無明，必因於有，故常於有物之極，而必明其所由之宗也。〔註59〕

「其一不用」的「一」就是「《易》之太極」，也就是演天地之數的宗元，更是統馭萬象的本體，掌得此本體，則千變萬化的現象，便可貞一於道。因此王弼的「一」就是「道」、「無」，如注《老子》三十九章說：「一，數之始而物之極也。各是一物之生，所以為主也。物皆各得此一以成，既成而舍一以居成，居成則失其母，故皆裂、發、歇、竭、滅、蹶也。」〔註60〕這個「一」與注《易》的「一」，都是指稱為萬物生成的根源，若居成而失其母，便會發生「裂、發、歇、竭、滅、蹶」的情況而混亂不已，因此「一」就是萬物之母、萬物之本體。「一」與「四十有九」即「一眾」、「體用」、「有無」、「本末」、「母子」之關係，故知「一」雖是數之極，卻非數，亦不可用數來表達，於

〔註56〕 《南齊書・陸澄傳》引陸澄〈與王儉書〉說：「且弼於注經中已舉〈繫辭〉，故不復別注。今若專取弼《易》，則〈繫〉、〈說〉無注。」又《舊唐書・經籍志》著錄王弼《周易大演論》一卷及《新唐書・藝文志》著錄《大衍論》三卷。從這段話可知王弼沒有特別注解〈繫辭傳〉，但它在注解《周易》時確實舉論〈繫辭〉內容。而《周易大演論》、《大衍論》應是後人自其《易》注中取材加以編著而成。

〔註57〕 《三國志・魏書・荀彧傳》注說：「融，字伯雅，與王弼、鍾會俱知名，……與弼論《老》、《易》，義傳於世。」見盧弼《三國志集解》（臺北：漢京文化事業有限公司，2004年3月初版），頁331。

〔註58〕 荀粲宣揚玄學派易學，好道家言。荀顗、荀融等人則繼承了其先輩象數易學傳統，認同漢易傳統，反對玄學派易學，對於鍾會、王弼的玄學提出發難。荀顗難鍾會《易無互體》，荀融難王弼《大衍義》。事見《魏志・何劭荀粲傳》、《三國志・魏書・荀彧傳》、《晉書・荀顗傳》等傳。

〔註59〕 見《十三經注疏・周易正義》（王弼韓康伯注、孔穎達等正義）（台北：藝文印書館，1982年8月9版），頁152。

〔註60〕 見樓宇烈校釋《王弼集校釋》（台北：華正書局，1992年12月初版），頁105～106。

是借用「四十有九」的「有」來體現這個非數的「一」。「一」者，並非於太極之外別有一個實體，而是當下便蘊攝在萬有紛紜的現象中，所以雖稱「四十有九」爲數之極，「一」爲非數，意謂「一」是「四十有九」的本體，「四十有九」是「一」的運用，這便是王弼體用合一的思想，也是玄學家體外無用，用外無體的哲學體系。而這一套以「道」與「無」來說明「一」、「《易》之太極」的大衍義之思，必然是荀融所不同意的。

依照玄學的體用論而言，體用是合一的，故「四十九」即「一」、「一」即「四十九」，一是萬形萬用的本體，融於象數之中又超乎象數，王弼稱之爲太極，這個太極不是數，是陰陽之本體，四十九爲陰陽之用，太極之本體就存在陰陽化用的當中，故說：「不用而用之以通，非數而數之以成」，韓康伯說：「夫有必始於無，故太極生兩儀也。太極者，無稱之稱，不可得而名，取有之所極，況之太極者也。」，〔註61〕把非數之「一」況之爲太極，其實即是指稱無極，唯有無才能統馭有，若「一」爲數，那就有所受限而無法成爲有之本體，故說：「夫有必始於無」、「常於有物之極，而必明其所由之宗」，唯有「大象無形」、「大音希聲」〔註62〕才能顯把握道，才能充分展現陰陽變化之極功，故韓康伯又說：「道，寂然無體，不可爲象。必有之用極，而無之功顯，故至乎『神無方而易無體』，而道可見矣」，〔註63〕無方無體就不可以形詰者，因此必需要忘象而遺數。這就是義理學家的象數觀。

既是如此，王弼的大衍義是否也兼論象數之學呢？如果是，爲何玄學家也講象數呢？王弼論大衍之數第一句話就說：「演天地之數，所賴者五十也。」這句話點出了一個重點——「演」字，那就是大衍之數是來自於天地之數之演衍者。據《周易正義》所引王、韓之注，當時之注文是先大衍之數再天地之數者，與後文所言《朱子本義》的次序是不同的，《周易正義》所載的篇章次序如下：

> 大衍之數五十，其用四十有九。分而爲二以象兩，掛一以象三，揲之以四以象四時，歸奇於扐以象閏；五歲再閏，故再扐而後掛。

〔註61〕見《十三經注疏·周易正義》（王弼韓康伯注、孔穎達等正義）（台北：藝文印書館，1982 年 8 月 9 版），頁 156。

〔註62〕王弼在《老子指略》說：「故象而形者，非大象也；音而聲者，非大音也」，見樓宇烈校釋《王弼集校釋》（台北：華正書局，1992 年 12 月初版），頁 195。

〔註63〕見《十三經注疏·周易正義》（王弼韓康伯注、孔穎達等正義）（台北：藝文印書館，1982 年 8 月 9 版），頁 148。

天數五，地數五，五位相得，而各有合。天數二十有五，地數三十，
凡天地之數五十有五，此所以成變化而行鬼神也。

天一，地二，天三，地四，天五，地六，天七，地八，天九，地十。

〔註64〕

王弼注《易》之次序，先大衍之數再天地之數，這與宋・朱熹將「大衍」一
節移至天地之數的後面不同。〔註65〕這代表什麼意思呢？明・王廷相在《雅
述・上篇》引王、韓之注說：

王弼不先言天地之數五十有五，而先言大衍之數五十者，明大衍包
天地之數，而非天地之數生大衍也。〔註66〕

從王廷相所引王弼之思來看，可以肯定一件事實，那就是王弼認為推演天地
之數所倚賴的就是大衍之數，故王葆玹先生說：

王弼認為大衍之數是天地之數的根本，兩者之間呈本末的關係。……
韓注引王弼說：『演天地之數，所賴者五十也』，「演」通「衍」，王
弼這話實際上是省略語，其原義實際上是說：『演（衍）天地之數，
所賴者大演（衍）之數五十也。』〔註67〕

『演天地之數，所賴者五十也』解作『演（衍）天地之數，所賴者大演（衍）
之數五十也。』這是一個新的思考方向。至於說「大衍之數是天地之數的根
本」不如說是「大衍之數是天地之數的推演運用」，至於如何推演？王葆玹先

〔註64〕這三段引文見《十三經注疏・周易正義》（王弼韓康伯注、孔穎達等正義）（台
　　　　北：藝文印書館，1982年8月9版），頁152～155。

〔註65〕「天一，地二，天三，地四，天五，地六，天七，地八，天九，地十。天數
　　　　五，地數五，五位相得，而各有合。天數二十有五，地數三十，凡天地之數
　　　　五十有五，此所以成變化而行鬼神也。大衍之數五十，其用四十有九。分而
　　　　為二以象兩，掛一以象三，揲之以四以象四時，歸奇於扐以象閏；五歲再閏，
　　　　故再扐而後掛。」這一段文字見朱熹《周易本義》，老古文化出版社。如此一
　　　　來大衍之數則上承天地之數而來，於是大衍之數是否就是天地之數就成為學
　　　　術界爭辯的問題所在。金景芳先生說：「參天兩地者，即五天數與五地數相與
　　　　參雜，而成五十有五，為大衍之數也。占者立此著數，而求數定爻定卦。」

〔註66〕見明・王廷相《雅述・上篇》，收錄於《四庫全書存目叢書》・子部八四（台
　　　　南縣：莊嚴文化，1995年9月初版），頁84-14。實際上王廷相並未十分同意
　　　　王弼大衍包天地之數的說法，然從這段引文可知王廷相所見之版本應先引大
　　　　衍之數，再引天地之數者。

〔註67〕見王葆玹〈試論易學史上王弼大演論與朱熹象數學的關係問題〉一文，此文
　　　　收錄在國立成功大學中文系編輯《魏晉南北朝文學與思想研討會論文集》（台
　　　　北：文史哲出版社，1991年8月初版），頁522。

生則繼續說：

> 「演」、「衍」兩字可解作「合」，那麼王弼所謂的「演天地之數」便
> 只能是他所說的「六一合於北」、「二七合於南」、「三八合於東」、「四
> 九合於西」、「五十合於中」。他說的「所賴者五十」便只能是「五十
> 合於中」，亦即五行生成數中天五與地十的乘積。〔註68〕

說五十是「五行生成數中天五與地十的乘積」，不知王先生所根據為何？一般
而言，二十五乃積五奇而成，三十乃積五偶而成，二者之和正為五十五。然
以五奇五耦相合而成天地之數，卻是自漢以來流行的說法，孔穎達引鄭玄之
注說：「鄭注《易繫辭》云：天一生水於北，地二生水於南，……天五生土於
中。陽無耦，陰無配，未得相成。……大衍之數五十有五，五行各氣並氣，
並而減五，惟有五十，以五十之數不可以為七八九六卜筮之占以用之，故更
減其一，故四十有九也，是鄭注之意。」〔註69〕這並非把大衍之數與天地之
數看成兩回事，實際上，鄭玄已表示「大衍之數五十有五」，減去五行為五十，
但五十無法占卜，故再減一。因此在鄭玄的觀點中，大衍之數就是天數五與
地數五所衍合而成的，因此大衍之數與天地之數有著密切的關係。虞翻說：「五
位謂五行之位。甲乾、乙坤相得，合木……天壬、地癸相得，合水。……或
以一六合水，二七合火，三八合木，四九合金，五十合土也。」（注〈繫辭上
傳〉，《周易集解》引），以一六、二七、三八、四九、五十來說明天地五行生
成之數是當時流行的說法，王弼身處其中是否也受到這種說法的影響呢？
隋·蕭吉在《五行大義》引一段王、韓之話說：

> 《易·上繫》曰：天數五，
>
> 王曰：「謂一、三、五、七、九也。」
>
> 韓曰：「五奇也。」
>
> 地數五
>
> 王曰：「謂二、四、六、八、十也。」
>
> 韓曰：「五耦也。」
>
> 五位相得

〔註68〕見王葆玹〈試論易學史上王弼大演論與朱熹象數學的關係問題〉一文，此文
　　　　收錄在國立成功大學中文系編輯《魏晉南北朝文學與思想研討會論文集》（台
　　　　北：文史哲出版社，1991年8月初版），頁522～523。

〔註69〕引自鄭玄注《禮記·月令》，見見《十三經注疏·禮記正義》（鄭玄注、孔穎
　　　　達等正義）（台北：藝文印書館，1982年8月9版），頁283。

王曰：「五位，謂金木水火土也。」

而各有合

王曰：「謂水在天爲一，在地爲六，六一合於北；火在天爲七，在地爲二，二七合於南；金在天爲九，在地爲四，四九合於西；木在天爲三，在地爲八，三八合於東；土在天爲五，在地爲十，五十合於中。故曰：『五位相得而各有合』」

韓曰：「天地之數各有五，五數相配，以合成金木水火土也。」〔註70〕

蕭吉所謂的王、韓是否就是王弼、韓康伯，答案應該是肯定的，其理由有二：一、隋以前之注《易》家出現王、韓並舉者在易學史上僅見王弼、韓康伯，王葆玹先生說：「文中『王』、『韓』相承，合乎易學史上王弼、韓康伯並稱的通例。」〔註71〕二、韓康伯在注解〈繫辭上傳〉「天地之數」一章時也說：「天地之數各五，五數相配，以合成金、木、水、火、土。五奇合爲二十五，五耦合爲三十。」〔註72〕五奇指的是謂一、三、五、七、九也；五耦指的是二、四、六、八、十也。此與蕭吉所引的「王曰」說法相同。又「天地之數各五，五數相配，以合成金、木、水、火、土。」此語與蕭吉所引的「韓曰」說法相同。由此可證王、韓確曾以五位五行解天地之數，並且以大衍之數來演合天地之數，故說：「演天地之數，所賴者五十也」，亦即演天地自然之理，所賴者必需是大衍之數五十也，這說明王弼哲學體用不離的一致性，在「有之用極，而無之功顯」，因此實體的「有」也是義理易學家所不能排斥的。義理學家把天地之數視爲「體」，象徵一切萬事萬物運動變化的原理；把大衍之數視爲「用」，代表原理在實際人生的運用；在某個意義上來說，大衍之數所逆證的正是天地之數的本意，這就是義理學家用象數的方法來表現「即體即用」的思想所在。因此儘管王弼極力掃象闡理，但從第三章論他解《易》偶用象數之法的情形來看，他要完全擯落象數是不可能的，因爲象數的「有」與忘象遺數的「無」其實就是一體兩面，天地之數與大衍之數也是體用問題，並不必有先生後衍的爭論。所以說王、韓二人的易數觀正說明一件事實，那就是他們將宇宙學說透過象數的實證來體現玄學之

〔註70〕見隋·蕭吉《五行大義》（台北：廣文書局，1987年7月第1版），頁12～13。

〔註71〕見王葆玹〈試論易學史上王弼大演論與朱熹象數學的關係問題〉一文，此文收錄在國立成功大學中文系編輯《魏晉南北朝文學與思想研討會論文集》（台北：文史哲出版社，1991年，8月初版），頁521。

〔註72〕見《十三經注疏·周易正義》（王弼韓康伯注、孔穎達等正義）（台北：藝文印書館，1982年8月9版），頁153。

本體，因此要明白漢魏晉象數易學之變遷，義理易學家的象數觀亦是不忽視的，他們同樣代表魏晉象數易學的觀點之一。

二、陰陽之數

　　《易經》中的數字都有自己獨特的含義，此陰陽之數者，乃指陽奇陰耦之數，此數可以成就萬物之變化，定萬物之象，因此可以視為天地之間陰陽二種基本的屬性及其運動變化的體現。虞翻說：「謂分天象為三才，以地兩之，立六畫之數」（注〈說卦傳〉），又說：「乾坤各三爻，而成六畫之數也」（注〈說卦傳〉），六畫之數象徵乾坤陰陽，陽數為乾道、天道、君道、父道、夫道、剛道，代表著乾健、奮動、強盛、正直等特質。陰數為坤道、地道、妻道、臣道、柔道，代表著靜止、柔順、謙弱、陰暗等特質。陰與陽代表一切事物的對立性及其相反相成的特性，故能完成天地合德變化之功。〈繫辭下傳〉說：「陰陽合德而剛柔有體，以體天地之撰」，韓康伯注說：「撰，數也」，天地之間，萬事萬物的現象，不是陽就是陰，陰與陽、剛與柔就足以體現一切事物之情狀，因此宇宙之間，幾無物可逃乎陰陽之數者。清·刁包《易酌》說：

> 聖人觀陰陽之變，而八卦、而六十四卦，於是乎立矣！其數陽則為剛畫，其數陰則為柔畫，聖人取剛柔之義一一發明之而三百八十四爻，於是乎生焉。〔註73〕

「奇數」象陽成乾，「耦數」象陰成坤，於是乎有為數三之八畫卦與為數六之六十四卦，這些三爻之數、六爻之數象徵天地之情、萬物之象，因此「數」也可以看成是「象」的另一種表徵。《周易》運用數字來象徵其陰陽哲學，其數學特質就已經結合了易象與義理，這就是陰陽之數的深蘊所在。

（一）象數學家論陰陽之數

　　〈說卦傳〉說：「昔者聖人之作《易》也，幽贊於神明而生蓍，參天兩地而倚數，觀變於陰陽而立卦」，《易》之作也，乃揲蓍運數，參天兩地，推步陰陽，而有八卦、六十四卦之立。卦為數之載體，因此備盡天地萬物之情，數則包納宇宙萬事萬物之理。虞翻說：「數六畫之數。六爻之動，三極之道，故定天下吉凶之象也。」（注〈繫辭上傳〉），六畫之數表現的是三極之道，三

〔註73〕見清·刁包《易酌·卷十三》注〈說卦傳〉，經部，易類第三十三冊（總三十九冊）），收錄於文淵閣《四庫全書》（台北：商務印書館，1986年3月初版），頁39-569。

極者天道、地道、人道也。天道有陰陽、地道有剛柔、人道有仁義，一卦六畫，推其數則知其陰陽之變化、萬物之情狀，故說：「陰陽施行，以生萬物」，乾爲父，坤爲母；乾爲陽，坤爲陰；陰陽德正，則品物流行。虞翻又說：「陰陽之義配日月，則天地交而萬物通，故以嫁娶也。」（注〈歸妹〉）陰陽合德則上下得以交通，萬物得以亨通。干寶也說：「剛柔相推，故生變……故《易》、〈繫辭〉皆稱九、六也。陽數奇，陰數偶，是以乾用一也。坤用二也。」（注〈坤・初六〉）乾用一，坤用二；乾稱九，坤稱六，此陽數、陰數之運用也。而天地之間無非陰陽二數之推運也，所以《九家易》曾發揮這樣的旨意說：「撰，數也。萬物形體，皆受天地之數也。謂九，天數；六，地數也。剛柔得以爲體矣。」（注〈繫辭下傳〉）舉凡一切的父子、男女、日月、寒暑、晝夜、上下、夫婦、父母、兄弟、水火之形象以及進退、憂樂、存亡、得喪、消長、始終、生死、盈虛、往來、幽明、俯仰、愛惡、遠近、出處、禍福等之情狀皆爲陰陽之數的體現，故說：「萬物形體，皆受天地之數也。」

　　陰陽奇耦變化發展的運數，在象數的結構中，其意義往往不僅在於它所表徵的度數上，更在於其所代表事物的內在蘊含及意義上，故干寶說：「三者，天地人之數也。凡國於天地有興亡焉。故王者之亡其家也。必天示其祥，地出其妖，人反其常，非斯三者，亦弗之亡也。」（注〈豐・上六〉），「三」雖稱天地人之數，然其意義不在數值，而是附著在三才上面的道理。人之所作所爲對應著陰陽之數，其爲善、爲惡，天數、地數將會與人相應而顯其妖祥，因此人不可一刻背離陰陽之數，故翟元說：「推行陰陽，故謂之通也」（注〈繫辭上傳〉），蜀才也說：「天氣下，地氣上，陰陽交，萬物通，故吉、亨」（注〈泰・彖〉），陰陽之數不離天地之德，合則同功，分則道窮。干寶說：「言陰陽離則異氣，合則同功。君臣夫妻，其義一也。」（注〈坤・上六〉）又說：「天道窮，至於陰陽和薄也。君德窮，至於攻戰受誅也。柔順窮，至於用權變矣。」（注〈坤・上六象〉），陰陽之數所體現出來的不只是事物的表象而已，而是一種乾坤合德、和諧規律的宇宙秩序，南宋・蔡沈說：

> 溟漠之間，兆朕之先，數之原也；有儀有象，判一而兩，數之分也；
> 日月星辰垂於上，……數之化也；聖人繼世，經天緯地，立茲人極，
> 稱物平施，父子以親，君臣以義，夫婦以別，長幼以序，朋友以信，
> 數之教也。〔註74〕

〔註74〕見南宋・蔡沈《洪範皇極內篇下・卷二》，子部，術數類第一百一十一冊（總

一判而為二，數之分也，此為陰陽之數也。陰陽之數者何？君君、臣臣、父父、子子、夫夫婦婦，凡一切尊卑秩序，皆為陰陽之數的內涵，故以「數之教」名之，此即干寶所謂「三者，天地人之數」的意義所在。

陰陽之數除了象徵宇宙間一切相對立的事物與原理外，它還表現出「神」的特質，〈繫辭上傳〉說：「陰陽不測之謂神」，一陰一陽，互為其根，陰生陽，陽生陰，陰復生陽，陽復生陰，一屈一信，一往一來，生生不窮，變化不測，卻能行乎天地之間，範圍天地、曲成萬物，故說「神」也。因此，當一個人若能與天地共心，運神通化，推極天地之數，便能洞澈陰陽感應之事，而不以得喪禍福為憂。魏時，有魏郡太守鍾毓與管輅共論易義，鍾毓曾經問難管輅關於《易》者二十餘事，鍾毓自以為難之至精，不料管輅分張爻象，將義理闡發得十分殊妙。並且卜出鍾毓的出生日月，鍾毓大為驚愕並疑惑地問道：「聖人運神通化，連屬事物，何聰明乃爾！」管輅則以「陰陽之數」答之，他認為達道之人若能洞燭陰陽感應之變化，便能明白死生幽明同化於太極之道，故能不以生死為憂，不以福禍為懼。〔註 75〕可見這個陰陽之數代表著不測之神，通天地鬼神及死生變化之道，故能卜吉知凶而無誤。

管輅假借《易》之卦象來說明陰陽二氣交感變化之道通於萬類，人事天時皆有其定數，此定數則稱之為「卜筮之數」，也就是所謂的「陰陽之數」，他說：

> 吾與天地參神，蓍龜通靈，抱日月而游杳冥，極變化而覽未然，況茲近物，能蔽聰明？……夫天地者則乾坤之卦，蓍龜者則卜筮之數，日月者離坎之象，變化者陰陽之爻，杳冥者神化之源，未然者則幽冥之先。此皆周易之紀綱。（《三國志・魏書・管輅傳》裴松之注引〈管輅別傳〉）

管輅立足於《周易》占筮系統，透過乾坤之卦、坎離之象，以卜筮之數盡卦爻變化之能事。因為宇宙之間一切事物都無所逃乎陰陽之數，此陰陽之數則具備於卦爻象數之中，人經由象數與天地相感通，就能「通神明之德，類萬

八百零五冊）），收錄於文淵閣《四庫全書》（台北：商務印書館，1986 年 3 月初版），頁 805-714。

〔註75〕《三國志・魏書・管輅傳》裴松之注引〈管輅別傳〉說：「幽明同化，死生一道，悠悠太極，終而復始。文王損命，不以為憂，仲尼曳杖，不以為懼，緒煩著筮，宜盡其意」，見盧弼《三國志集解》（臺北：漢京文化事業有限公司，2004 年 3 月初版），頁 699。以下凡〈管輅別傳〉的引文皆出自此書，故不再作註。

物之情」，故說：「夫卜非至精不能見其數，非至妙不能睹其道。」（同前）陰陽之數通於萬類，然此數必須通過人之神明（靈明之德）才能與天地相參，與蓍龜相通，與日月幽冥同游，了知宇宙變化而預見未來，故管輅又說：

> 今逃日月者，必陰陽之數，陰陽之數通於萬類，鳥獸猶化，況於人乎！夫得數者妙，得神者靈，……是故生者能出亦能入，死者能顯亦能幽，此物之精氣，化之游魂，人鬼相感，數使之然也。（《三國志‧魏書‧管輅傳》裴松之注引〈管輅別傳〉說）

萬物莫逃乎數，數是一切事物變化的法則，人欲推衍此數，必英神以茂，以靈明之德，逆測吉凶之道，故說：「英神以茂，必能明天文地理變化之數」（同前），《周易‧說卦傳》也說：「易，逆數也」，《周易正義》引顧懽的話說：「神雖非數，因數而顯。」〔註76〕管輅揲蓍運數，能知消息盈虛之理，生死危亡之道，此則為何晏所不解者，故何晏說：「君論陰陽，此世無雙也」（同前）。

由上所述，知象數學家所論之陰陽之數基本上有三個涵義：（一）象徵宇宙間一切相對立的事物與原理（二）代表陰陽相盪、相得、相攻、相感的運動規律。（三）具有通神知化之特性。

（二）韓康伯論陰陽之數

對於義理易學家而言，象與數都是通理顯道的工具而已，道是超越象與數為形而上的本體，因此欲求道則需「忘象而遺數」，韓康伯說：

> 非忘象者，則無以制象。非遺數者，則無以極數。至精者無籌策而不可亂，至變者體一而無不周，至神者寂然而無不應。斯蓋功用之母，象數所由立」。〔註77〕

象之所以有象，並非由象而來，乃由義而來；數之所以有數，也不是從數而來，乃由道而來，象數是形而下的器，隱藏在其中的「道」才是天地萬物的本原，這個至精、至變、至神的「道」藉由象數而顯，象數本身則體現「道」的籌策不亂、體一周備、寂然皆應的特性，因此象數可視為「道」在現象界

〔註76〕引文見《十三經注疏‧周易正義》（王弼韓康伯注、孔穎達等正義）（台北：藝文印書館，1982年8月9版），頁152。這個數指的是一種法則，宇宙萬事萬物運行的法則，人與天之間必須要通過這個數來溝通，由數逆知一切的變化規律及吉凶禍福。

〔註77〕引文見《十三經注疏‧周易正義》（王弼韓康伯注、孔穎達等正義）（台北：藝文印書館，1982年8月9版），頁154。以下韓康伯論數之引文皆從此版出，故不再作註。

的落實，這就是韓康伯「象數」所成立的原因所在。用這樣的觀點去看待陰陽，那麼陰陽之道爲何？陰陽之數又是爲何呢？他說：

> 道者何？無之稱也，……故至乎「神無方，而易無體」，而道可見矣。
> 故窮變以盡神，因神以明道，陰陽雖殊，無一以待之。在陰爲無陰，
> 陰以之生；在陽爲無陽，陽以之成，故曰「一陰一陽」也。（注〈繫
> 辭上傳〉，《周易正義》引）

陰陽之道雖爲不同的象徵義涵，然從道的角度視之，皆可稱之爲「無」。萬物以無爲本，以有爲用。道在陽，陽之象雖爲有，然陽之道則爲無；道在陰，陰之象雖爲有，然陰之道則爲無。陰之道與陽之道皆可視爲形而上之本體，顯諸用則爲陰陽之象。這一切的陰陽之象皆以其道爲之本原，道唯有虛空無己，才能含藏無窮無盡的生生之因，若有陰有陽，則有所限制，如何「虛而不屈，動而愈出」（《老子‧第五章》），故說：「在陰爲無陰，陰以之生；在陽爲無陽，陽以之成」，凡所有的「無」皆是「有」賴以之生的根據。

由此視之，道是一種法則，故陽有陽之道，陰有陰之道，這些道必藉「有」以達成，才能體現「體用一如」之意義，故韓康伯又說：

> 陽，君道也。陰，臣道也。君以無爲統眾，無爲則一也。臣以有事
> 代終，有事則二也。故陽爻畫奇，以明君道必一；陰爻畫兩，以明
> 臣體必二，斯則陰陽之數，君臣之辨也。以一爲君，君之德也。二
> 居君位，非其道也。故陽卦曰「君子之道」，陰卦曰「小人之道」也。
> （注〈繫辭下傳〉，《周易正義》引）

韓康伯在這裡用了一個巧妙的譬喻來說明「君臣之道」便是一種「陰陽之數」，他說陽代表的是君道，陰代表的是臣道，君以無來統眾，其德象徵虛無之本體，故以「一」稱之，以陽爻奇數表之；臣則有事有職，勞於眾務，其情象徵形而下之象，故以「二」稱之，以陰爻耦數表之。故知其以陽爲君，即是以道爲體；以陰爲臣，即是以器爲用，這就是所謂的「陰陽之數」。韓康伯是把陽道、君道的無爲拿來代表道家之思；把陰道、臣道的有爲拿來代表儒家之思，整個「陰陽之數」就是儒道融合的一種體用觀。再其從尊陽卑陰的論點來看，其「數」其實深蘊著「尊卑貴賤」的禮秩，故說：「陰陽之數，君臣之辨也」。陽爲虛無之體，純一不二，爲君之道；若陰卦以二爲君，以一爲臣，則違反君臣之理，乖上下之序，故說：「陽卦爲君子之道，陰卦爲小人之道」。

陰與陽之數又是如何相感而產生萬物的呢？韓康伯雖以老子、王弼的

「無」為本體，卻不從道家宇宙生成論來看待萬物之產生，他認為陰陽之運、萬物之動都是一種獨化的過程，故說：

> 神也者，變化之極，妙萬物而為言，不可以形詰者也，故曰「陰陽不測」。嘗試論之曰：原夫兩儀之運，萬物之動，豈有使之然哉！莫不獨化於大虛，欻爾而自造矣。造之非我，理自玄應；化之無主，數自冥運，故不知所以然，而況之神。是以明兩儀以太極為始，言變化而稱極乎神也。（注〈繫辭上傳〉，《周易正義》引）

道的顯用乃由陰陽合功而成，而陰陽之動，非有物使之然，乃不知其所以然者，故說：「莫不獨化於大虛，欻爾而自造矣」，雖然萬物以無為本體，然其產生並無所謂的造物者，乃是不知所以然而然，因此說：「化之無主，數自冥運」，數在自然而然中運作卻不知其所以然者，稱之為「神」。此「欻爾自造」、「獨化自得」的概念顯然是受到郭象獨化論的影響，〔註78〕然韓康伯把陰陽不測的運動理路結合「獨化」、「自造」的觀念，使陰陽之數也多了一層神秘之感，故說：「變化而稱極乎神」。

由上所述，知韓康伯所論之「陰陽之數」基本上有二個涵義：（一）表徵體用合一、儒道融合、尊卑相正的觀念與與原理（二）有「數自冥運」的神秘變化之功。

第三節　象與數

象與數是易學家賴以立論的基礎，卦擬陰陽之狀以得象，數則運陰陽之數以窮變，二者相資相成為《周易》重要的構成要素。不管是象數學家或義理學家都不能脫離象數而空談哲理，否則《易》就不成其為《易》者。清・李道平《周易集解纂疏・自序》說：「作易者，不能離象數以設爻象。說易者，即不能外象數而空談乎性命矣」，〔註79〕因此分析易學家對於象數的看法，對

〔註78〕郭象認為萬物都是「自生」、「自爾」，沒有原因或目的，也不需由他物而生化，其存在都是獨立的，故注〈齊物論〉說：「凡物云云，皆自爾耳，非相為使也，故任之而理自至矣」，又說：「造物者無主，而物各自造，物各自造，而無所待焉，此天地之正也。」（同前）；注〈大宗師〉說：「然則凡得之者，外不資於道，內不由於己，掘然自得而獨化也。」道是欻爾而自造，非有所謂的造物主。
〔註79〕見清・李道平《周易集解纂疏・自序》（北京：中華書局，2006 年 2 月第 4 次印刷），頁 1。

於了解他們治《易》的思想理路與方法特色是有很大的助益。

一、象數先後

象數先後問題在魏晉之前就曾出現過，如《左傳・僖公十五年》韓簡說：
「龜，象也；筮，數也。物生而後有象，象而後有滋，滋而後有數」，「象」
與「數」的產生究竟是先有「象」呢？或先有「數」？《左傳》是從萬物的
生成過程而論「象數」，故有「先象後數」之說，認為萬物之生應先見其形，
形既滋多而後有數量，此「象數」與《周易》陰陽之象、陰陽之數並無甚關
係。其後，《易緯・乾坤鑿度》也認為宇宙萬物的生成是從無至有，先有理而
後有形，有形而後有象，有象而後有數，〔註80〕亦即先有生物之原理、規則
而後才有形象，有形而下之器方有數之可言，這種說法與《易》相關，也表
現出它的「宇宙生成論」，《易緯・乾鑿度》說：

> 夫有形生於無形，乾坤安從生？故曰有太易、有太初、有太始、有
> 太素也。太易者，未見氣也。太初者，氣之始也。太始者，形之始
> 也。太素者，質之始也。〔註81〕

這是從無至有的過程，由氣→形→質，這與它所說的「象成而後數」的理路
是一致的。

然而魏晉易學家是如何看待象數先後的問題呢？〈繫辭上傳〉說：「參伍
以變，錯綜其數，通其變，遂成天地之文；極其數，遂定天下之象」，虞翻注
說：「數六畫之數……定天下吉凶之象也。」（注〈繫辭上傳〉）六畫之數指的
是三極之道，他在注〈說卦傳〉「參天兩地而倚數」時說：「參，三也。謂分
天象為三才，以地兩之，立六畫之數」，六畫之數指的是六十四卦，數確定了
就能定吉凶之卦象，這是從占筮著數來立論的。因為實際操作筮法時，在四
營十八變的情形下，交錯綜合著策之數就有七、八、九、六的數字產生，於
是就形成各種不同的卦，有了卦才有卦象，有卦象即可顯吉凶悔吝之情，因
此從揲著的角度而言，宜先進行著策之數的演算才能依爻而定卦，而後才能
「定天下吉凶之象」，故說「極其數，遂定天下之象」。事實上，虞翻並不強

〔註80〕見黃奭輯《易緯・乾坤鑿度》：「《易》起無，從無入有，有理若形，形及於變
而象，象成而後數。」（上海：上海古籍出版社，1993 年 4 月第 1 版），頁 54。
〔註81〕見黃奭輯《易緯・乾鑿度》，（上海：上海古籍出版社，1993 年 4 月第 1 版），
頁 9。

調數先象後的觀念，只是爲了注經而有此論，易學家明易數之妙不僅在用蓍數以確定卦象，更表達著卦數、命數、度數、禮數等觀念，如虞翻注〈震‧六二〉說：「震數七」，以七之數代表震，是七亦爲象，即震象，後世有人將卦與數的結合稱爲十日數或卦數者。〔註82〕而管輅則把陰陽之數看成通萬物之靈、達幽明死生之變的命數、神數。又虞翻注〈節‧象〉、〈節‧象〉時都以坤數十來代表數度，〔註83〕故有制數度之說。韓康伯則說：「陰陽之數，君臣之辨」（注〈繫辭下傳〉），陰陽之數是用來正君臣尊卑之禮秩者。此外數還有五行之數、十二辰、納甲之數、終始之數等說。然整體而言，象數易學家注《易》，以數解經少，以象解之多，他們並不強調數先象後的觀念。只有從揲蓍策數的實際操作，才有「數先象後」的問題。

韓康伯也曾對此提出看法，他認爲從作《易》者的角度來看，應該「象先數後」；但從用《易》者的立場來看，則應該「數先象後」，他說：

> 卦，象也。蓍，數也。卦則雷風相薄，山澤通氣，擬象陰陽變化之
> 體；蓍則錯綜天地參兩之數，蓍極數以定象，卦備象以盡數，故蓍
> 曰「參天兩地而倚數」，卦曰「觀變於陰陽」也。（《周易正義》引）

從卦象的陰陽變化來看，先有陰陽之象而後有奇耦之數及交錯變化之運，故說：「卦備象以盡數」。然而從蓍策定卦的角度來看，必須先有七、八、九、六之數才能分爻定卦而成其象，故說：「蓍極數以定象」。《左傳‧僖公十五年》說：「龜，象也；筮，數也。物生而後有象，象而後有滋，滋而後有數。」唐‧孔穎達《左傳正義》說：「象生而後有數，是數因象而生也。若《易》之卦象，則因數而生，故先揲蓍而後得卦，是象從數生也」，〔註84〕從萬物生成的觀點來論八卦的起源，當先有陰陽之象而後有奇耦之數，故說「數由象生」；然若

〔註82〕宋‧朱震《漢上易傳‧卦圖卷下》有所謂的〈十日圖〉，他並說明「乾納甲、壬配一、九，坤納乙、癸配二、十，震納庚配七，巽納辛配八，坎納戊配五，離納己配六，艮納丙配三，兌納丁配四」。元‧吳澄《易纂言外翼‧卷四》有所謂的〈卦數之圖〉，他將震配三與七。又清‧刁包《易酌》也有〈卦數之圖〉，他也是將震配三與七，他說：「一數屬艮乾，二數屬離兌，三數屬坎震，四數屬巽離，五數屬乾，六數屬巽，七數屬震乾，八數屬兌坤，九數屬艮，十數屬坤」。

〔註83〕虞翻注〈節‧象〉說：「艮手稱制。坤數十，數度」，注〈節‧象〉說：「艮止爲制，坤爲度，震爲議，爲行，乾爲德，故『以制數度，議德行』，乾三之五，爲『制數度』」（《周易集解》引）

〔註84〕見唐‧孔穎達《左傳正義‧僖公十五年》（台北：廣文書局，1972年8月再版），頁105。

從著筮的過程立論，需先有著草數目的變化而後有一卦之象，如此以數求象，故說：「象從數生」。

　　究其實，「象」與「數」的內涵往往包含錯綜複雜的理論，並不是「先後」一說可以解決的，甚者，在事物發展變化的規律當中，「數」也是「象」一種表現的形式，「象」與「數」相因相成，無法強分，清‧錢澄之《田間易學‧卷首上》說：

> 象者，聖人所畫之奇耦是也。數者，圖中所具之一、二、三、四、五、六、七、八、九、十也，象列而數存，數著而象寓，二者適相因也。〔註85〕

「以━象陽，以━━象陰」，此為陰陽之象，然陽數奇，陰數耦，乾用一，坤用二，此又為陰陽之數，陰陽之象既存，一、二之數即存焉，故說：「象列而數存」。反之，聖人揲著用數，七、八、九、六之數定，陰陽之象才能成焉，故說：「數著而象寓」。由此可知「象」與「數」雖分述為二，其理實一也。張善文先生在《義理與象數》一書說：

> 孔穎達言《周易》的「象」從「數」而產生，乃是專就占筮得卦的過程揭明「象數」之所由起。若不涉及《易》筮問題，僅就《周易》的本身內容而言「象數」，則「象」與「數」不宜強分其先後，而是在六十四卦三百八十四爻的具體變化環境中交融溝通，以呈現事物內在的發展規律。……在《周易》的象徵哲學體系中，六十四卦、三百八十四爻的卦象、爻象，與陰陽奇耦之數，實是一而二、二而一的概念。〔註86〕

張善文先生對「象數先後」的問題作了一個結論，從《易》筮的體系而言，「象」從「數」而產生；然跳開占筮之系統，「象」與「數」是不宜強分先後的。張善文先生更表示「陰陽奇耦之數，實是一而二、二而一的概念」，因為卦爻象顯示的便是奇偶之數，又藉由奇偶之數可以表現卦爻象，「象」與「數」在各種變化的環境當中，又往往相對相合，數生象，象又生數，二者交參互入，循環無端，因此不可強分為二，干寶說：「三者，天地人之數」（注〈豐‧上

〔註85〕清‧錢澄之《田間易學‧卷首上‧》（《中國古代易學叢書》第三十四卷，中國書店出版，1998 年 3 月第 1 版。）（無載出版地），頁 613。

〔註86〕見張善文《象數與義理》（台北：洪葉文化事業有限公司，1997 年 1 月初版 1 刷），頁 31～32。

六），《周易集解》引），三雖是代表天地人的數目，其實也代表著天地人三才之象，天地之間萬事萬物無一刻不變，故陰陽之象也無時無刻不隨之以變，象變則數存焉，數變象又易焉，如卦變、消息、旁通、互體、飛伏、宮卦、五行等說，無不有象，也無不有數，數變象亦因之而易，象變則數隨之而變，「象」與「數」是相爲蘊藏者，或數肇於無象之先，或數寓於有象之內，「象」與「數」牽動陰陽變化之理，同時也表達萬事萬物運動變化的規律，故王夫之說：「天下無數外之象，無象外之數，⋯⋯是故象數相倚，象生數，數亦生象」，〔註87〕象以數而定，數又以象顯，象數推究天地萬物之理、陰陽變易之則，故研易者不應離數而言象，也不應離象而言數，象與數本是一而二、二而一不可截然分割的概念。

二、陰陽循環

陽數爲剛畫，陰數爲柔畫，天地之間皆由此陰陽二氣的運動變化而來，故說：「乾坤毀則無以見易」。天地之間無處非陰陽，詘信往來、動靜闔闢，交錯而不止。《京氏易傳・卷下》「八卦相盪，二氣陽入陰，陰入陽，二氣交互不停，故曰『生生之謂易』，天地之內無不通也」，〔註88〕《周易》用陰陽六爻來象徵事物運動變化的過程，不外乎剛柔相易、陰陽迭運之理，故〈說卦傳〉說：「故易六畫而成卦，分陰分陽，迭用柔剛，故易六位而成章」，虞翻說：「乾剛常動，坤柔常靜，分陰分陽，迭用柔剛」（注〈繫辭上傳〉），又說：「迭，遞也。分陰爲柔，以明夜；分陽爲剛，以象晝。剛柔者，晝夜之象。晝夜更用，故迭用柔剛矣」（注〈說卦傳〉）「迭用」是個相推層遞的運動方式，晝去夜來，夜去晝來，寒往暑來，暑往寒來，晝夜寒暑交替，周而復始，陰陽對立、互動卻又互相轉化，層層遞進，最後交融和諧，此爲《易》之運動規律。

這個變化的過程中，陰陽之間呈現著多樣化的運動方式，有相易、相錯、相雜、相攻、相感、相推、相盪、相摩、相資、相悖、合合等。陰陽二者相互對立又相互依存，相互依存又相互轉化，陳滿銘老師以移位、轉位稱之，〔註89〕

<hr>

〔註87〕見王夫之《尚書引義・洪範一》（北京：中華書局，1976年5月第1版），頁102。

〔註88〕見《京氏易傳・卷下》嚴靈峯編輯無求備齋《易經集成》第一百七十七冊（台北：成文出版社，1976年臺1版）（無月份），頁112。

〔註89〕陳滿銘老師說：「故〈乾卦〉，由初九的『乾龍，勿用』，移向九二的『見龍在

林師文欽則以「圓道周流」來論之，〔註90〕林忠軍先生則以升降說、交感說、左右旋轉說等多種方式稱之，〔註91〕這些運動的形式，不外乎二個原則：

（一）相互轉化，往返流動

荀爽說：「三百八十四爻，陰陽動移，各有所會，各有所通」（注〈繫辭上傳〉），陰陽之間不管如何相蕩，往往呈現「物極必反」的態勢，而這個態勢又造成彼此之間的移轉，因爲有轉化，故能夠有所會通。宋衷說：「地平極則險陂，天行極則還復，故曰『無平不陂，無往不復』也。」（注〈泰・九二象〉），虞翻說：「否反成泰，泰反成否，故『反其類』。終日乾乾，反復之道」（注〈雜卦傳〉），易窮則有變，物極則反於初，在六十四卦的排序中，〈泰〉極則〈否〉來，〈剝〉極則〈復〉來，這表示兩者之間是會互相轉化的，在在都顯示逆向與順向的相互作用，而逆向正是推動順向的內在力量，如月之盈虛、四時更替一樣，無弦月之虛則無滿月之盈，無嚴冬之寒則無暖春之煦，故知不詘則不信，不蟄則無存，故〈繫辭下傳〉：「屈信相感而利生焉。尺蠖之屈，以求信也；龍蛇之蟄，以存身也」，人事之理無不然，屈以求信，蟄以存身，〈乾・文言〉說：「知終終之，可與存義也」，姚信注說：「知終者，可以知始終。……知存知亡，君子之宜矣」（注〈乾・文言〉），始終是一事兩之面，亦是循環運動之起點、終點，若見其始而不見其終，如何進行下一個「始」呢？知存而不知亡，又如何存而不亡呢？唯有知「終」之思，才能啓開另一階段之「始」，唯有有「亡」之慮，才能保其存，因此翟元說：「在安慮危，在存而不忘亡，在治而慮亂」（注〈繫辭上傳〉），安危、存亡、治亂也是相互轉化、往返流動的，因此才能推進著歷史的演變，這就是陰陽運動的規律，以反復流轉的方式讓宇宙萬物生生不息。

田，利見大人』，移向九三……復移向九五的『飛龍在天，利見大人』，形成一連串的順向位移。上九，則因已到達了極限、頂點，會由吉變凶，漸次形成逆向移位，開始向對待面轉化，造成另一種轉化，故說是『亢龍有悔』了」。見陳滿銘老師《辭章學十論》（台北：里仁書局，2006年5月初版），頁348～349。

〔註90〕 林師文欽說：「蓋易，逆數也，主要亦建在圓道周流義上。……宇宙間之事，無非在往來相推，屈伸相感而成圓道，於進化軌跡上作循環流轉，周流而不息。……天道如是，人生……亦復如是」，見林師文欽《易傳之變易思想研究》（高雄師範大學碩士論文，1985年5月），頁165。

〔註91〕 2008年12月6、7二日台大與高師大假高雄高師大舉行「第二屆《易》詮釋中的儒道互動國際學術研討會」，筆者請教與會的林忠軍教授有關陰陽運動方式，林教授回以此三種方式並以「多樣性」答之。

（二）旋轉迭進，於穆不已

物極必反造就循環反復的規律，陰陽剛柔在對立與合德的作用下相摩相蕩，互動、移轉、前進又循環遞昇，萬事萬物因此得以日新其德，生生不絕，虞翻說：「旋轉稱摩薄也。乾以二五摩坤，成震、坎、艮。坤以二五摩乾，成巽、離、兌。故『剛柔相摩，則八卦相蕩』也」（注〈繫辭上傳〉），這些變化運動的軌跡，虞翻稱為旋轉，又稱為摩薄，有順有逆、有上升有下降、有往有來、有詘有信、有消有息等方式，宇宙的秩序即在在這兩種勢力絪縕的驅動下進行著循環演化。虞翻在注〈泰〉時說：「陽息坤反，否也。坤陰詘外，為小往。乾陽信內，稱大來。天地交，萬物通，故『吉、亨』」（《周易集解》引），又在注〈坤・文言〉時說：「陽息坤成泰。天地反，以乾變坤，坤化升乾，萬物出震，故『天地變化，草木蕃』矣」（《周易集解》引），〈泰〉者，反〈否〉而成，必需天氣往下降，地氣往上升，才能交泰亨通，說明反面的一方才是正面一方的內在根基，只有往對立的路向往返流動，才能周而復始，保持活潑生動的生命力，因此蜀才注〈泰・象〉也說：「天氣下，地氣上，陰陽交，萬物通，故『吉、亨』」（同前），地氣上，天氣下，上下交通往來，萬物自然暢通。這些循環的運動都具有流動與轉化的現象，而象的流轉體現在自然萬物、社會人生的萬象上則成為一種理數，「象」與「數」、「陰」與「陽」都是一而二、二而一的情形，無窮變化、終而復始，因此才能把天地的生意發揮至無窮無盡的地步。虞翻說：「變而通之，觀變陰陽始立卦。乾坤相親，故成天地之文」（注〈繫辭上傳〉），乾通坤、坤通乾、陽變陰、陰又變陽，乾坤陰陽相為變通、循環不已，故能成就天理人事之變化以盡天下之利，陸績說：「變三百八十四爻，使相交通，以盡天下之利」（注〈繫辭上傳〉），陰陽之間唯有交融合德，宇宙萬物才能生生不息，故翟元說：「推行陰陽，故謂之通也」（注〈繫辭上傳〉），陰陽之間彼此往來反復，周流不已，才能通行久遠，《朱子語類・卷七十七》說：

> 一闔一闢謂之變。只是一陰了，又一陽，此便是道。寒了又暑，暑了又寒，這道理只循環不已。『維天之命，於穆不已』，萬古只如此。〔註92〕

一寒一暑，一冬一夏，講的便是這個陰陽迭遞、周而復始的道理。革故鼎新、

〔註92〕 見《朱子語類・卷七十七・易十三・ 說卦》（北京：中華書局，2004 年 2 月第 5 次印刷。），頁 1970。

物極則反、剝復更運、否泰反類，便是陰陽之數呈現的運動方式，人事之理亦復如斯，陰陽兩種屬性的消長，表現在社會人生即成爲盛衰、興亡、得喪、成敗、慶咎、進退等現象之更迭，天地沒有永遠的盈或虛，人事也沒有永遠的好或壞，福禍相互倚伏，剝復相互迭起，萬事萬物一直處在周流變化當中，循環不已，人們當知此道，故必終日乾乾、時時惕勵，干寶說：「反復天道，謀始反終。故曰『終日乾乾』。盈而不反，必陷於悔」（注〈乾‧上九〉）日月消長，四時更迭，這是天道的反復；尊卑上下、進退存亡，這是人道的反復。唯有知終知始，才能又始又終，因此知終始反復、新舊替代並非是單向的循環，也並非回到原點，而是無窮變化、往上前進的，這就是爲什麼《周易》不以〈既濟〉爲終，而以〈未濟〉終之的道理所在，表示宇宙乃是循環不已、周流不息的。

《周易》的循環運動可歸結爲「陰」與「陽」這兩種勢力的絪縕變化，其變化既是循環反復、周而復始，說明其軌跡應是陰→陽→陰→陽→陰→陽無窮發展變化，亦即陰→陽→陰以及陽→陰→陽兩種方向之間相互激盪，否則就無法終而復始，「復始」說明循環變化乃循著「始→終→始→終→始」無窮變化的路向運行，唯有如此才能往前推進，故知後一個「始」則爲另一個階段的開端，與前一個「始」並不相同亦不重疊，陸績說：

> 陰窮則變爲陽，陽窮則變爲陰，天之道也。……窮則變，變則通，
> 與天終始，故可久。（注〈繫辭下傳〉）

「陰窮則變爲陽，陽窮則變爲陰」，其變化軌跡應是：陰窮→變陽（陽窮）→變陰（陰窮）→變陽（陽窮）→變陰，如此陰→陽→陰→陽→陰無窮演變，其所謂的順逆、陰陽、象數皆渾融一體，和諧爲一，故能與天相終始，陰陽、順逆、象數本不相離者，以象器變化立論方有二。《日講易經解義》說：

> 一動一靜，互爲其根，一陰矣又一陽焉，一陽矣又一陰焉，大而一
> 闔一闢，小而一噓一吸，莫不皆然。〔註93〕

天地之間只是此陰陽二氣，終則有始，循環無端，相因相續，流轉不滯，故李光地說：「一陰一陽兼對立與迭運二義」，〔註94〕對立→合德→對立，如此

〔註93〕 見清‧牛鈕、孫在豐等奉敕撰《日講易經解義‧卷十五》，經部，易類第三十一冊（總三十七冊）），收錄於文淵閣《四庫全書》（台北：商務印書館，1986年3月初版），頁37-616～37-617。

〔註94〕 見李光地《周易折中‧卷十三》論一陰一陽之道。（台北：眞善美出版社，1981年7月再版），頁982。

層層迭運、向上前進的陰陽運動，有學者稱之爲「螺旋結構」，如陳滿銘老師說：

> 「螺旋」就是「互動、循環而提昇」的意思。這種螺旋作用，可用
> 下列簡圖來表示：二元→互動→循環→提昇。〔註95〕

螺旋結構是兩種對立的元素在相互作用下，以螺旋形上升的方式迂迴循環，不斷往上前進的發展軌跡，而虞翻的「革故鼎新」、「否反成泰，泰反成否，……終日乾乾，反復之道」、〔註96〕陸績的「陰窮變陽，陽窮變陰」、干寶的「王者盛衰，亦有迭更」、「反復天道，謀始反終」、等說雖無詳言其循環運動的軌跡爲何，然以「互動、循環而提昇」的螺旋理論闡述之，亦不失爲一說。喬兆坤先生在〈《周易》的哲學思辨〉一文中也將《周易》的「七日來復」與「周而復始」視爲螺旋運動的一種，有別於單向、機械式的循環方式，他將「七日來復」視爲一種曆法，而且是螺旋結構的曆法，因爲每一週期的終端即爲下一週期的始端，下一週期對於前一週期而言就是一個新的階段，因此「來復」便是一種不斷破舊立新迴旋向上的循環運動。他同時也把六十四卦的卦序說成「相復」或「相對」的螺旋形卦序，因爲六十四卦相鄰的二卦往往不是相對即是反覆，最後又以〈未濟〉終之，表示將啓開另一新的階段，亦是「前進上升」的循環思想。〔註97〕

　　天地萬物藉由陰陽二氣進行循環運動，而其相因相涵、相生相勝、相反相成流變會通的結果就構成一個和諧互補的整體，因此虞翻說：「合德謂天地雜，保大和，日月戰。」（注〈繫辭下傳〉）。干寶說：「陰氣之始，婦德之常，故稱元。與乾合德，故稱亨」（注〈坤〉），「日月戰」意謂陰陽兩氣互相激盪，「保大和」則指天地合德、陰陽合功而達到最合和均諧的狀態，因此干寶說陰氣與乾合德，便可亨通，陰陽絪縕，共相和會，感應變化，故有萬物之生。《易原》說：

〔註95〕見陳滿銘《意象學廣論》：「而這種系統可從《周易》（含《易傳》）與《老子》等古籍中獲知梗概，它們不但由『有象』而『無象』，找出『多、二、一、(0)』之逆向結構；也由『無象』而『有象』，尋得『(0)、一、二、多』之順向結構；並且透過《老子》『反者道之動』（四十章）……。」（台北：萬卷樓圖書股份有限公司，2006年11月初版），頁4。

〔註96〕虞翻說：「革更，故去。鼎亨飪，故取新也」（注〈雜卦傳〉），又說：「否反成泰，泰反成否，故反其類。終日乾乾，反復之道。」（同前）

〔註97〕見喬兆坤〈《周易》的哲學思辨〉，《運城學院學報》，第22卷第3期，2004年6月。頁5。

> 凡曰相錯、相雜、相得、相易、相盪、相推、相摩、相資、相感、
> 相攻、相逮、相悖,是皆合二以成其互者也。二,其分也;互,其
> 合也。分之外有互焉,則不得不三也。原其始則皆陰陽而交焉也。
> 故老氏於三已生物之後,又嘗即其所形而明其所始矣!曰『萬物負
> 陰而抱陽,沖氣以爲和』夫且負且抱,是二之相交者也。負抱之中
> 有和焉,則萬物之所從爲物者也。〔註98〕

合二以成其「互」,「互」是二者絪縕和會之象,也就是老子所謂的「和」,老子說:「一生二,二生三,三生萬物,萬物負陰而抱陽,沖氣以爲和」,「負且抱」、「沖氣」喻爲陰陽之相交、相錯、相雜、相得、相易、相盪、相推、相摩、相資、相感、相攻等變化方式,而變化調適爲爲最佳之狀態則爲「和」,天地和合,萬物萌動,保合太和,品物流行,無二則三不可見,三者何?即「和」之謂也,所以陳鼓應解釋「三」時說:「『三』應是指陰陽兩氣互相激盪而形成的均適狀態」,解釋「和」時則說「指陰陽合和的均調狀態」及「言陰陽二氣湧搖交盪以成和氣」,〔註99〕意謂陰陽循環運動所呈現出來的規律便是一個和諧統一的境界,虞翻稱之爲「大和」,〔註100〕亦即爲「太和」,體現天、人、自然、社會等秩序在陰陽相反相成的作用下,達到太和均諧的境界,表現出《周易》哲學自然和諧的最高境界。

小 結

最後將魏晉易象觀與易數觀之內容歸綜爲幾點摘要:

一、延續《易傳》及漢學取象之說

從陰陽二畫之爻到八卦三畫之爻到六十四卦六畫之爻,魏晉象數易學家

〔註98〕見宋・程大昌《易原・卷四》,經部,易類第六冊(總十二冊)),收錄於文淵閣《四庫全書》(台北:商務印書館,1986 年 3 月初版),頁 12-548～12-549。

〔註99〕此三句引言分別見陳鼓應《老子今注今譯及評介》(台北:商務印書館,2005 年 4 月第 5 次印刷),頁 213、211、212。

〔註100〕虞翻注〈既濟〉說:「泰五之二。小,謂二也。柔得中。故亨小。六爻得位,各正性命,保合大和故利貞矣。」透過卦變之說,使陰爻、陽爻的上下迭運往來,因而能「各正性命,保合大和」。又注〈繫辭下傳〉「陰陽合德而剛柔有體,以體天地之撰」時說:「合德謂天地雜,保大和,日月戰。乾剛以體天,坤柔以體地也。」(《周易集解》引)

都給予一定物象、事象的對應，並從中闡發人事義理。基本上，象數易學家取象、用象之說大都延續《易傳》本身及漢人之說，然為了使每一文辭皆能得到通解，他們更突破前人之說，引申演繹出許多的逸象，使得所有的天文、地理、卦氣、天象、人事、物理以致個人禍福、國家興衰皆可在此一時期的象數易學中找到理論的根據，尤其是以日月二十星宿注《易》及以納甲飛伏、五行生克注《易》，使這時期的易象變得豐富而複雜。整體而言，魏晉時期的易象，已非「觀象繫辭」之象，在〈說卦傳〉與漢易的基礎下，逐漸衍生至卦與卦、卦與爻、爻與爻之間一切變化之象皆屬之，因此其取象之法也達到歷代最高峰，成為後世象數學家取資之依據。

二、「象中求意」與「意中求象」

象數易學家以象為主，在象中求意，因此用卦畫來反映萬事萬物的情狀與義理，其易義是針對卦象而發的，因此有一卦爻之象便有一卦爻之理，故其理都可藉由象數而求之，如虞翻以〈離〉卦表光明之意，陸績以〈坎〉卦表險害之貌，干寶以〈鼎〉象烹飪表天王聖明之意，說明意在象中求，象是可以盡意的，因為其「意」並非是義理學家的「道」、「無」，而所盡者皆是儒門之思、儒家之義，非蹈玄尚虛之理，所以能盡。又因為主張意在象中求，自然開展出「藉象論義」、「象先意後」的理路。

義理學家如王學者，以義為主，以象為次，只要能達成其意，可隨義而取象，故一卦可用各種不同的象來表示，如〈乾〉卦可不必皆取龍象，取馬象、取君子之象皆可也，因為主張「意中求象」，所以象乃生於意者，故有「得意而忘象」、「意先於象」之說。

三、「大衍之數」與「天數之數」

虞翻將天地之數五十五略其奇數取其整數則成五十，此為大衍之數。姚信、董遇將天地之數五十五減去象六畫之數成為四十九。王弼論則說：「演天地之數，所賴者五十也。」意謂大衍之數是來自於天地之數之演合者。這些說法都足以證明魏晉諸儒主張大衍之數乃來自於天地之數，同時也都認同四十九是蓍之用數，用來表現「成變化而行鬼神」之功者。不同的是，大衍之數當中不用的「一」在象數學家代表的是一種分判天地二儀之先的元氣，故虞翻說：「太極，太一也。分為天地，故生兩儀也」（注〈繫辭上傳〉），一為

太極，代表剖分天地的元始物質，為一種物象。王學卻把「一」視為萬形萬用的本體，融於象數之中又超乎象數，故稱之為太極，這個太極不是數，是陰陽之本體，亦是老子所謂的無，太極之本體就存在陰陽化用當中，故說：「不用而用之以通，非數而數之以成」，此「虛一」的本體論正是荀融難弼大衍義的爭論點所在，也呈現出與象數易完全迥異的詮釋面貌。

至於天地之數從何而來？象數學家主張天二十五，地三十，天地合和並配以五行而為五十五，干寶說：「衍，合也。」（《周易集解》引），虞翻說：「一六合水，二七合火，三八合木，四九合金，五十合土也。」（《周易集解》引）表示五十五乃從天一地六合水，天三地八合木而來，亦即天數、地數相合再配以五行而成。王弼立足於玄學體系，主張大衍之數之「一」與「四十九」是體用關係，又說天地之數是個極數，大衍之數即由此天地之數衍合而來。另一方面，我們卻發現王、韓所謂的天地之數五十五也有配合五行的象數觀，我們透過《五行大義》引用王、韓之注以及《周易正義》采韓康伯天地各五數配五行的說法，都證明王、韓雖掃象闡理，仍然無法完全脫離象數易學的影響。這個說法的確給研究王學者一個很大的震撼，值得繼續探研。

四、「象數先後」與「陰陽運動」

從《左傳》主張象而後有數，《易緯‧乾坤鑿度》也認為象成而後數生，魏晉象數易學家為了注〈繫辭上傳〉「極其數，遂定天下之象」之語，而有用六爻之數、三極之道來定天下吉凶之象的說法，實際上，他們並不強調象數先後的概念。反之，義理學家韓康伯卻提出「蓍極數以定象，卦備象以盡數」之說，意謂從揲蓍用《易》者的角度來看，有七、八、九、六之數才確立卦及卦象之形成，此時宜「數先象後」；但若從作《易》者的立場來看，觀物取象而後方有數，此時則可說是「象先數後」。然而筆者以為「象」與「數」往往彼此相攝，並無法以「先後」之論斷之。從筮者而言，七、八、九、六雖是數，亦陰陽之象；反之，從作《易》而言，仰觀俯察雖是象，亦奇偶之數。更何況，象顯焉，數與之具；數著焉，象又寓乎其中，數是象的一種，象又是數的表徵，因此「象」與「數」雖二，實則一也，不宜強分其先後。

至於「象」與「數」的基本要素陰與陽二者是如何進行天地萬物之運行呢？在《周易》本身的說法中就存在二者互動的情況，〈說卦傳〉說：「分陰分陽，迭用柔剛」，表示陰陽二象、奇偶二數相互對立又相互依存，彼此轉化

又交互不停，如此年復一年、日復一日往後推進，因此萬物才能生生不息。然而如此「迭用」究竟又呈現何種的運動方式呢？虞翻以「遞也」解「迭」，又說：「晝夜更用，故迭用柔剛」，晝而復夜，夜而復晝，層層遞進，表明周而復始並非回到原點，而是迴旋向上的路向，虞翻注〈繫辭上傳〉曾以「旋轉」稱陰陽剛柔之摩盪，故知在「對立、迭運、合德、遞進、提昇」的運動規律之下，達到陰陽絪縕最和諧的狀態，此是出《周易》哲學最高之境，亦是魏晉象數易學「各正性命，保合大和」的目標。

第九章　魏晉象數易學的影響與評價

　　易學廣大，舉凡天文曆法、數學、物候、醫道經絡、文化藝術、丹道爐火、方外眾術均無不受到《周易》一書的影響，然若僅從「魏晉象數易學」這個範疇來作評論，其對後世產生的影響層面比起整個易學而言則相對有限，本論文僅擇其具有指標性、特殊性或重要性的影響加以敘述。

　　至於魏晉象數易學究竟應置於什麼樣的歷史地位？其學術價值如何？這個問題應當置於其時代背景來評議，魏晉象數易學家處於義理易盛行之時，他們極力地維護漢代象數注《易》的傳統，從學術發展的角度來看，的確做到延續象數易學的生命的重責大任。然卻因為過度發展象數體例，造成膠固支離、雜碎紛繁的缺失，後人又不免持有批判態度者。筆者以為對此時期的象數易學，不能直接肯定或隨意否定，因為其價值意義只能在其特殊的學術背景、特定的象數易學發展史的進程中才能得以客觀論評，基於此思，故將配合易學發展的學術環境給予象數易學公允的梳理與評判。

第一節　影　響

　　要給予魏晉象數易學公允的評價之前，就必需要了解其學對後世究竟產生何種影響？因此本節分為四個部分展開論析：一、對筮法的影響。二、對天文學的影響。三、對文學藝術的影響。四、對後世易學的影響。

一、對筮法的影響

　　對後世筮法的影響則分為兩個部分作論述：（一）納甲筮法對後世的影

響。(二)揲著之法對後世的影響。

（一）納甲筮法對後世的影響

納甲說雖由京房創論，魏晉時期虞翻、陸績、管輅、郭璞、干寶都曾據此以注《易》或占筮，如虞翻、陸績、干寶等人即用此說注《易》；虞翻、管輅、郭璞、干寶則援此以占卜，於是一套講論天文、曆法、干支、五行、世應、游歸、飛伏的學說，逐步發展為五行生克、六親六神、福德刑殺的筮法，並對後世的術數文化產生不少影響，如唐代以後以錢代著的火珠林法之產生，就是受到這一套筮法的影響，因此尚秉和說：「五行明而筮道乃大備矣！是以漢之焦（贛）、京（房），魏之管（輅）、郭（璞），……其筮法之神奇，有非春秋太史所能望見者」，〔註1〕歷經魏晉這些人的努力，也才有後世各種以納甲宮卦、干支五行為主的占卜活動。故知管郭之學之價值不在於他們發揚象數之精蘊，而是在於以納甲理論從事占算，並使之成為錢著法產生的依據，影響著人們的生活，從文化史的角度而言，這就是莫大的價值。

（二）揲著之法對後世的影響

〈繫辭上傳〉：「大衍之數五十，其用四十有九。分而為二以象兩，掛一以象三，揲之以四以象四時，歸奇於扐以象閏；五歲再閏，故再扐而後掛。……是故四營而成易，十有八變而成卦。引而伸之，觸類而長之，天下之能事畢矣。」陸績將大衍之數四十九的「四營十八變」作如下之解釋：「分而為二以象兩，一營也；掛一以象三，二營也；揲之以四以象四時，三營也；歸奇於扐以象閏，四營也。謂四度營為，方成《易》之一爻者也」（《周易集解》引），他把「分而為二」、「掛一象三」、「揲之以四」、「歸奇於扐」視為揲著的四個過程，啓發後人對大衍筮法的進一步研究，韓康伯注〈繫辭上傳〉這一段話時說：「分而為二以象兩，一營也；掛一以象三，二營也；揲之以四，三營也；歸奇於扐，四營也」（《周易正義》引），韓注用的就是陸績的說法，唐·孔穎達《正義》續韓注而說：「營謂經營，謂四度經營著策，乃成《易》之一變也」，此說一出，後人幾乎以這四營為大衍筮法的四個步驟，尤其到了宋代，四營之說幾成定論，如宋·吳仁傑《易圖說·卷三》論〈大衍筮法圖〉說：

> 著五十莖，以手合之為一而命之，所謂大衍之數五十，易有太極也。

〔註1〕 引自尚秉和《周易古筮考·自敘》，見尚秉和撰注·常秉義點校《周易古筮考、周易尚氏學》（北京：光明日報出版社，2006年1月第1版），頁1。

既命，則分著於兩握，所謂「分而爲二以象兩」也；既分，則以右手取，左握一著，別置之而不用，所謂其用四十有九「掛一以象三」也；既掛，則取著四十九莖以四數之，所謂「揲之以四以象四時」也；既揲，則先取左握奇餘之數歸之於扐，再取右握之餘歸之如前。……「分二」、「掛一」、「揲四」、「再扐」，凡四營謂之一變，至再變，「分」、「掛」、「揲」、「扐」如初，三變則爲一爻。〔註2〕

吳仁傑的「大衍筮法」即把陸績四營之法的操作過程表現出來，「既命」則「分二」，爲一營也；「既分」則「掛一」，爲二營也；「既掛」則「揲四」，爲三營也；「既揲」則「再扐」，爲四營也。如此「分二」、「掛一」、「揲四」、「再扐」爲一變，三變則成就一爻，故陸績說：「謂四度營爲，方成《易》之一爻者也」。宋·雷思齊說：「所謂四營者：分二者，其一也；掛一者，其二也；揲四，其三也；歸奇，其四也。……如是三變，竟始得爲一爻之成畫。」〔註3〕宋·雷思齊的四營正是陸績所說的四階段之說。宋·朱熹說：「四營，謂分二、掛一、揲四、歸奇也。易，變易也，謂一變也，三變成爻，十八變則成六爻也」，〔註4〕朱子不但延用陸績之說，並且進一步把這大衍筮法作詳盡地論述，使陸績四營之說具體地化成卜筮方式，成爲後人操作此法之根據。宋·趙汝楳《筮宗》引孔氏、朱氏之說：「唐·孔氏曰四度經營著策乃成易之一變。朱氏曰營謂經營，易即變也。謂分二、掛一、揲四、歸奇，凡四度經營著策乃成一變」，〔註5〕趙汝楳引二人的四營論，雖說從韓康伯之注而來，究其原，實乃來自陸績之說。

宋儒演繹孔穎達之說實乃承傳韓康伯之注，而韓注又是襲自陸績者，因此宋以後至當今的學者也大都沿襲此說，如元·胡一桂說：

四營者，謂分二、掛一、揲四、歸奇，凡四遍經營。易，變也，四營成一變也。變即易也，凡三變成一爻，十八變成六爻，是成一卦，計七十二營也。〔註6〕

〔註2〕　見宋·吳仁傑《易圖說·卷三》，經部，易類第九冊（總十五冊）），收錄於文淵閣《四庫全書》（台北：商務印書館，1986年3月初版），頁15-776。

〔註3〕　見宋·雷思齊《易筮通變·卷下》，經部，易類第十五冊（總二十一冊）），收錄於文淵閣《四庫全書》（台北：商務印書館，1986年3月初版），頁21-839。

〔註4〕　見朱熹《周易本義》（老古文化出版社，1981年7月初版），頁三之十一。

〔註5〕　趙汝楳《易雅·變釋第八》，附於趙氏《周易輯聞》之後，見《通志堂經解本》第五冊（台北：漢京文化事業有限公司），頁2906。

〔註6〕　元·胡一桂《周易啓蒙翼傳·上篇·伏羲揲著求卦之法》，見《通志堂經解本》

「分二、掛一、揲四、歸奇」四營揲蓍之法即是陸績所謂的四營之論。四營
而後需再揲、三揲然後三變成一爻，一卦有六爻，故需十八變。清‧李光地
亦採《本義》、《集解》及《正義》之說以論揲蓍之法：

> 《本義》：四營謂分二、掛一、揲四、歸奇也。易，變易也，謂一變
> 也，三變成爻，十八變則成六爻也。《集解》：陸氏績曰分而為二以
> 象兩，一營也；掛一以象三，二營也；揲之以四以象四時，三營也；
> 歸奇於扐以象閏，四營也。孔氏穎達曰營謂經營，謂四度經營著策，
> 乃成易之一變也。每一爻有三變，謂初一揲，不五則九，是一變也。
> 第二揲，不四則八，是二變也。第三揲，亦不四則八，是三變也。……
> 三變既畢，乃定一爻。六爻則十有八變，乃始成卦也。〔註7〕

《本義》的「分二、掛一、揲四、歸」四營即是陸績的「分而為二、掛一象
三、揲之以四、歸奇於扐」之說，此為韓注所襲，再為孔注所續，終演變為
宋儒以後的大衍揲蓍法。今人如金景芳‧呂紹剛的《周易全解》、黃壽祺‧張
善文的《周易譯注》等書皆從此說，可見陸績四營之說對後世推演大衍筮法
影響甚大。〔註8〕

二、對天文學的影響

　　象數學家對天象的探討雖不作直接鑽研，卻間接啟發後人對天文現象的
研究，如〈豐‧九四〉說：「豐其蔀」，虞翻說：「蔀，蔽也。噬嗑離日之坎雲
中，故豐其蔀」（《周易集解》引），日中之時受到坎雲之蔽障，於是呈現日隱
不明之現象，因此虞翻又說：「日在雲下稱沛。沛，不明也。沫，小星也。噬
嗑離為日，艮為沫。」（注〈豐‧九三〉）、「日蔽雲中，稱蔀。……噬嗑離為
見，象在上，為日中。艮為斗；斗，七星也。噬嗑艮為星，為止，坎為北中，
巽為高舞。星止於中而舞者，北斗多象也。離上之三，隱坎雲下，故日中見
斗」（注〈豐‧九二〉），〈豐〉☲☳ 的四、五兩爻動之正後成〈既濟〉☵☲，
再由初至五爻的上三爻的 ☶ 與下二爻的震象半見組成〈噬嗑〉卦☲☳，〈噬嗑〉上

第七冊（台北：漢京文化事業有限公司），頁 4086。

〔註7〕 見李光地《周易折中‧卷十四》（台北：真善美出版社，1981 年 7 月再版），
頁 1013。

〔註8〕 金景芳、呂紹綱《周易全解》，（上海：上海古籍出版社，2005 年 9 月第 2 次
印刷），頁 542～548。及黃壽祺‧張善文的《周易譯注》（台北：頂淵文化事
業有限公司，2004 年 9 月初版 3 刷），頁 549～551。

卦離爲日，中互艮，日爲雲所蔽，艮爲北斗星，有「日中見斗」之象。金景芳、呂紹綱《周易全解》說：

> 此䏁字指蔽日之陰影，「豐其䏁」即陰影越來越豐大，是對日蝕現象的描寫。「日中見斗」，「日中」指日蝕發生的時間，正當中午。因爲「豐其䏁」，陰影越來越大，差不多把整個太陽都遮住了，以至於出現了北斗七星。從食相來看，當屬日全食的「食既」階段。……沛即旆，旆爲幡幔，遮蔽之物。沫，極小的無名星。……從食相看，當屬日全食的「食甚」階段。〔註9〕

說明「豐其䏁」，日未全蝕，尚見北斗星；至「豐其沛」，表示日已全蝕了，連無名的小星也看得見，光明完全被昏暗所代替，金、呂二位先生與虞翻同解，完全是從日蝕的角度來看待此卦。盧央在《易學與天文學》則不以斗爲星義，而以斗爲小器物之形象，以沫爲小水泡之形象，且認爲二者都是指日面上的小黑斑，亦即所謂「太陽黑子」的描述。〔註10〕實際上，「斗」與「沫」在虞翻的理解就是星辰之意，「日中見斗」指的是日月蝕所造成的日隱星見之狀，明·萬民英的《星學大成》也說：

> 太陽與羅睺會合於未，而太陰又在未，此爲日中見斗。太陽與太陰同宮，此爲月朔可知。又與羅睺相會，此爲日蝕可知。〔註11〕

太陽與太陰同宮，日月交合，日蝕、月蝕發生在黃道、白道交會點，則爲「日中見斗」。又虞翻解「沫」爲艮、爲小星之義，聞一多先生說：

> 按沛《釋文》本或作旆，旆沛正借字。沫當讀爲彗。……疑「見沫」即見彗星。……旆之爲旗，長而垂梢，彗星之狀似之。……「豐其旆，日中見彗」猶「豐其䏁，日中見斗」，䏁旆皆車服，斗彗皆星象，見旆而疑彗，猶見䏁而疑斗。〔註12〕

意謂以車蓋之䏁斗說明天象之斗星，以兵車之旆象徵彗星之狀，蓋車如蓋天，此則比天於車，爲古人「蓋天」之說。虞翻雖不曾主張「蓋天說」，但從他的

〔註9〕 見金景芳、呂紹綱《周易全解》，（上海：上海古籍出版社，2005 年 9 月第 2 次印刷），頁 436～437。

〔註10〕 見盧央《易學與天文學》，（北京：中國書店，2006 年 1 月第 2 次印刷），頁 9。

〔註11〕 見明·萬民英《星學大成》，（三河市：華齡出版社，2006 年 6 月第 1 版），頁 408。

〔註12〕 見蔡尚思主編《十家論《易》》之〈聞一多論《易經》〉，（長沙：岳麓書社，1993 年 3 月第 1 版），頁 511～512。

注《易》中可看出他是傾向「天圓地方」的觀點，〔註13〕他認為日月星斗懸之於天，不但隨天旋轉，而且也表現著進退盈縮之狀，他說：「離為文明，日月星辰，高麗於上。故稱天之文也。」（注〈賁·象〉），又說：「日月星辰，為天文也。泰震春，兌秋。賁坎冬，離夏。巽為進退，日月星辰，進退盈縮，謂朓、側、朏也」（同前），日月星辰高高懸掛天空，為天文之象，這些天象的變化與春、夏、秋、冬四時相關，因為日月星辰或進或退、或盈或縮，於是就有晦而月見西方的「朓」、朔而月見東方的「側」（即側匿），以及每月初二或初三出現的朏。〔註14〕《唐開元占經·卷十一》說：「晦而月見西方謂之朓，朔而月見東方謂側匿」，又清·孫之騄輯《尚書大傳·五行傳》：「晦而月見西方謂之朓，朔而月見東方謂之朒，亦謂之側匿」，晦日在西方看到月亮謂之朓，朔日月亮在東方看到謂之側匿。虞翻曆法雖然不十分精密，但卻啓發後人對天文星象之探討，故亦具有參考價值。

　　至於天象的運行有其天度與氣數，虞翻在注《易》時也注意到這個問題，他說：「日月斗在天，日行一度，月行十三度，從天西轉，故『不疾而速』。星寂然不動，隨天右周，感而遂通，故『不行而至』者也」（注〈繫辭上傳〉），虞翻對日月星辰的運行表達兩個意見：一、當日行一度時，月亮就已運行十三度。二、天象運行表現著順逆左右兩種方向。《晉書·天文志》引漢秘書郎郗萌記先師相傳之話說：「日月眾星，自然浮生虛空之中，其行其止皆須氣焉。是以七曜〔註15〕或逝或住，或順或逆，伏見無常，進退不同，由乎無所根繫，故各異也。故辰極常居其所，而北斗不與眾星西沒也。攝提、填星皆東行，日行一度，月行十三度，遲疾任情，其無所繫著可知矣。若綴附天體，不得爾也」，〔註16〕《晉書》曾經對於天的形成提出三個說法：一、蓋天。二、宣夜。三、渾天。其中，

〔註13〕虞翻說：「杞，杞柳，木名也。巽為杞、為苞。乾圓稱瓜。故以杞包瓜矣」。又說：「乾二五之光，繼日之明。坤為方，二五之坤。」又說：「乾為易，為立；坤為方。」乾為天、為圓，故知天者圓也；坤為地、為方，故知地者方也。〈說卦傳〉曰：「乾為天，為圓⋯⋯坤為地，為大輿。」《說文解字》釋「圓」曰：「圓，天體也」。段玉裁注：「圓，環也。」則天為圓環之形。《周髀算經》卷上云：「圓方者，天地之形、陰陽之數。」又說：「方屬地，圓屬天，天圓地方。」

〔註14〕《說文解字》注：「朓，晦而月見西方，謂之朓。從月兆聲。朒，朔而月見東方謂之縮朒」。漢代在使用到「朒」這個意義時，大部分使用「側匿」。

〔註15〕七曜亦稱「七政」、「七緯」、「七耀」。指日（太陽）、月（太陰）與金（太白）、木（歲星）、水（辰星）、火（熒惑）、土（填星、鎮星）五大行星。

〔註16〕有關蓋天、宣夜、渾天之說，見唐房玄齡《晉書·天文上》（北京：中華書局，2003年6月北京第8次印刷），頁279。

對於「宣夜說」則引用漢人郗萌的觀點，表示天乃由氣構成，並非有張蓋或如雞殼者，故說：「日月眾星，自然浮生虛空之中，其行其止皆須氣焉」，同時認為日月七曜在氣之消長盈虛的運行中，逝住順逆，方向不同，不可逕謂左旋、右行，如北斗則常居其所，而攝提、塡星則東行，且其運行的度數則「日行一度，月行十三度」，虞翻、《晉書》及其所引漢人之說都表示古人對於天體的看法，因為對天文學缺乏足夠的了解，故無法作精確的表述，然此說卻能提供後人一個研究天文物理的方向──天體運行的度數。〔註17〕

另外，除了對天度的關注外，關於天地日月星辰的運動方向，虞翻提出「日月斗星隨天西轉」的觀點，此乃其對天象觀察後所作的推論和引申，《晉書·天文志·天體》引「周髀家」之言曰：「天員如張蓋，地方如棋局。天旁轉如推磨而左行，日月右行，隨天左轉，故日月實東行，而天牽之以西沒。」周髀家認為天體運動的方向是「左旋」，日月本身則是右行，然日月卻又隨著天體而同時左轉。宋以後，易學家、曆算家皆依倣之，如宋·朱震《漢上易傳卦圖·卷中·天文圖》引虞翻、王弼之注並說：「虞氏曰：離艮為星，離日坎月。王輔嗣曰：剛柔交錯，天之文也。……東為陽，西為陰，日月東行，天西轉」，〔註18〕天西轉指的是左旋，自東而南而西而北，即自東而往西轉；東行則自西向東轉，即右周。又宋·朱元昇《三易備遺·卷六》說：「自東而之南，自南而之西，自西而之北，終而復始，是為氣之運也，即天左旋之理也。……自北而之西，自西而之南，自南而之東，終而復始，是為象之運也，即日月星辰右旋之理也」，〔註19〕左旋為順，右行為逆，所以順逆左右兩種不同勢力的互動共同推移宇宙生命的進行，虞翻「西轉右周」之論，說明一切的陰陽變化都是相互且流轉不息的，然他卻沒有清楚交待左旋

〔註17〕後人對天度說也頗關注，如宋·朱熹說：「天有三百六十度，只是天行得過處為度，天之過處便是日之退處，日月會為辰。」（見《性理大全書·卷二十六·天度》）。又如明·張介賓說：「天度者，所以制日月之行也。……日行一度，月行十三度而有奇焉」（見《類經·卷二十三·運氣類》）。再如明·章潢說引范蔚宗之言說：「日之所行在天成度，在歷成日是也」（見《圖書編·卷十七·天度類考》）。

〔註18〕見宋·朱震《漢上易傳·卦圖中·天文圖》，收錄於《通志堂經解》本第一冊，清徐乾學輯、納蘭成德校訂（台北：漢京文化事業有限公司）（無年月版次），頁645。

〔註19〕見宋·朱元昇《三易備遺·卷六》，收錄於《通志堂經解本》第四冊，清徐乾學輯、納蘭成德校訂（台北：漢京文化事業有限公司）（無年月版次），頁1937。

右行是如何個轉法，後人對此則異見並出，紛然作解，如元‧趙友欽在《革象新書》一書說：「天非有體也，因星之所附麗擬之為天之體耳。觀夫星之昏在東者，及曉則西墜。昏所不見者，至曉則東升，東西轉運有以驗天體之左旋矣。」〔註20〕從日月的東升西降以證天道左旋。清‧秦蕙田也作如是觀，他說：

> 說卦曰帝出乎震……成言乎艮。……天之運行，恰自左而右，故曰左旋。凡日月五星悉隨而轉，故〈離‧象〉曰：「日月麗乎天」，《中庸》謂「日月星辰繫焉」繫也，麗也，明與天為體而無異理。《禮記》曰：「大明生於東，月生於西」，此陰陽之分、順逆之理也。至若日月五星別有右轉之度。〔註21〕

從〈說卦傳〉的震東到離南、兌西、坎北，說明自東而西的天道左旋之理，日月星辰雖然附麗天體且隨之而轉，其本身卻是右行的。一切的春夏秋冬，晦朔弦望，晝夜長短，行度盈縮，莫不由此而來。然亦有認為天與七曜皆左旋者，如清‧梅文鼎說：

> 七曜右旋自是實測，而所以成此右旋之度，則因其左旋而有動移耳。……自西而東故可以名之右旋。然七曜每日皆東升西降，故又可以名之左旋。〔註22〕

梅文鼎認為天與七曜皆左旋，因為實測為右旋，然視其每日東升西降，又可名為左旋。後人始終在左旋右旋的問題中爭辯不休，其原因是古人將天與地分開，認為天道左、地道右，且日月麗天而旋轉，故有日月右行、隨天左轉之說。實際上，今日科學已證實地球乃繞恆星太陽（日）而旋轉，地球既自轉也公轉，其左其右皆需相對立論，從北半球而言，地球是逆時針方向自轉，太陽相對地似乎呈現順時針方向旋轉，從這個角度看來，虞翻、姚信的說法則具啟發的作用，虞翻說：「謂坤消從午至亥，上下，故『順』也。謂乾息從子至巳，下上，

〔註20〕見元‧趙友欽《重修革象新書‧卷上‧天體左旋》，子部，天文算法類第九十二冊（總七百八十六冊）），收錄於文淵閣《四庫全書》（台北：商務印書館，1986年3月初版），頁786-276。

〔註21〕見清‧秦蕙田《五禮通考‧卷一百八十一》，經部，禮類第一百三十三冊（總一百三十九冊）），收錄於文淵閣《四庫全書》（台北：商務印書館，1986年3月初版），頁139-375。

〔註22〕見清‧梅文鼎《曆算全書‧卷二‧論左旋》，子部，天文算法類第一百冊（總七百九十四冊）），收錄於文淵閣《四庫全書》（台北：商務印書館，1986年3月初版），頁794-30。

故『逆』也。」（注〈說卦傳〉），坤消則乾息，乾息則坤消，這兩句話是一樣的，然從午至亥為順，反之，由子至巳則為逆，順逆乃相對立論，因此江永說：「順逆互為用也」，〔註23〕萬物順逆乃相對而生，也因為如此才能相生相承、周流不息。虞翻之見雖未必十分妥當，卻啟發後人對天體左旋右周之思考，筆者將虞翻及其後人之說作如下一圖以說明天體運轉之勢：

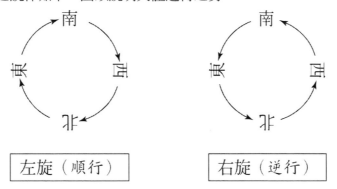

除了虞翻的「左旋右周」、「乾坤順逆」帶給後人對天體運行的問題作進一步地研究外，姚信、王肅的說法也引發後人對星曆運行方向的反省，〈明夷・六二〉說：「夷于左股」，王弼注〈明夷・六四〉說：「左者，取其順也」，左為順，右為逆，姚信卻注說：「自辰右旋入丑」，為何他要詮解為「右槃」呢？清・宋翔鳳《周易考異二》說：

　　但秫家皆言二十八宿從東而左行，日從西而右行，……姚作右槃，
　　當由肛改。〔註24〕

當曆算家們都認為二十八宿是從東向西而左行，為何姚信獨作右槃？宋翔鳳只說從肛改，並未詳論其因，有學者從納甲或從爻辰來說明右槃之轉，〔註25〕更

〔註23〕見清・江永著、孫國中校理《河絡精蘊・圖說》（北京：學苑出版社，2006年3月第2刷），頁329。

〔註24〕見清・宋翔鳳《周易考異二》，收錄於《續修四庫全書》第二十八冊（上海：上海古籍出版社，2002年3月第1版），頁493。

〔註25〕清・張惠言《周易姚氏義》說：「明夷，臨二之三，於納甲為戊辰。變為六二離爻，於納甲己丑，故曰自辰至丑。此用納甲例也。」此從納甲取義，見清・孫星衍、張惠言《孫氏周易集解・易義別錄》（山東：山東友誼書社，1992年9月第1版），頁450。今人林忠軍先生說：「此是以爻辰釋爻辭，是說〈明夷〉六二納丑，自辰逆勢而來。……〈明夷〉屬坎宮游魂卦，〈坎〉二爻納辰，……〈明夷〉二爻納丑，是自〈坎〉二爻辰而來，自辰至丑是逆勢，故言自辰右旋入丑。」此從爻辰取義，見林忠軍《象數易學史》（二）（山東：齊魯書社，1998年7月第1版。），頁28。

有學者直指姚信之誤在將左當作右，〔註26〕然姚信注《易》明知其原文爲「左股」，故意作「右骹」解，並說：「自辰右旋入丑」，想必其說定與天地日月之運行有關，宋・陳祥道曾提出一個觀念，即「天左旋，十二辰右轉」，〔註27〕由此可知天地之運轉與爻辰之關係就如同齒輪一樣，相互對旋，從這個角度就可明白姚信何以作右骹解。王肅注〈明夷・六二〉之「左股」時，將「股」作「般」解，並云旋也，亦即馬融所謂「日隨天而左旋」之意，〔註28〕故宋・史繩祖說：「明夷於左股注，馬融、王肅音股字作般云旋也，日隨天而旋也」，〔註29〕表示「夷于左股」與天地日月的運行有關。由此可證虞翻、姚信、王肅等人之說對後人研究天文現象也具有一定的影響力。

三、對文學藝術的影響

魏晉時期易學上「言、象、意」的問題本來是個哲學議題，但卻對中國文藝美學理論的發展產生了深刻影響，其中主要的關鍵則在於美學精神與審美意識的基本要素——「象」上，象在《周易》的涵義中是天地萬物的模擬、寫照或象徵，而文學藝術的形象也是用來模擬並反映天地萬物之情狀，二者在本質上都體現著「象徵性」、「比喻性」，使得非審美的易象與審美的藝術形象有了相通的管道，藉由這些特點，易象便導向了文藝形象之比附，孔穎達《周易正義》說：「凡《易》者，象也，以物象而明人事者，若《詩》之比喻也。」〔註30〕指出《易》之「象」與《詩》之「喻」的相通之處就在於「以物象而明人事者」，

〔註26〕聞一多先生說：「失傷謂之瘼，是夷於左股明甚，因知王肅作般，姚信左作右，其謬具不待煩言而解」，見《十家論《易》》之〈聞一多論《易經》〉，（長沙：岳麓書社，1993 年 3 月第 1 版），頁 515。

〔註27〕見宋・陳祥道《禮書・卷一百十八・天地辰建旋轉圖》，經部，禮類第一百二十四冊（總一百三十冊）），收錄於文淵閣《四庫全書》（台北：商務印書館，1986 年 3 月初版），頁 130-716。

〔註28〕馬融注〈明夷・六二〉說：「般，旋也。日隨天左旋也」。王肅注〈明夷・六二〉說：「般，旋也。」王肅注與馬融同。二注見清・馬國翰《玉函山房輯佚書》（日本京都：株式會社中文出版社，1979 年 9 月出版。）（無版次），前者頁 122，後者頁 182。

〔註29〕見宋・史繩祖《學齋佔畢・卷三・日隨天左旋》，子部，雜家類第一百六十冊（總八百五十四冊）），收錄於文淵閣《四庫全書》（台北：商務印書館，1986 年 3 月初版），頁 854-34。

〔註30〕見孔穎達《周易正義》疏〈坤・初六〉，《十三經注疏・周易正義》（王弼韓康伯注、孔穎達等正義）（台北：藝文印書館，1982 年 8 月 9 版），頁 19。

亦即藉物象隱喻、比喻或象徵人事。章學誠《文史通義・內篇・易教下》說:「《易》象通於《詩》之比興。」〔註31〕高亨也說:「《周易》筮辭,共四百五十條(卦辭六十四條,爻辭三百八十四條,乾用九、坤用六、各一條),皆不出乎記事、取象、說事、斷占四類」,其中取象之類「其內容較簡單者,近於詩歌之比興。……其內容較複襍者、近於散文中之寓言」,〔註32〕象具有文學比興的功能,比興就是一種隱喻,一種詩歌興味的傳達與象徵,故韓康伯說:「其稱名也小,其取類也大。托象以明義,因小以喻大。」〔註33〕以小喻大、見微知著、托象明義、意蘊深隱,顯然表現著隱喻的功能,深遠的意旨無法用言語表達,就得用象來比擬,因此象具有寄託深意的象徵作用。

　　象對於表達「意」,有著言語所不能到達的特殊功能,因此〈繫辭上傳〉認為「言不盡意」,故需「立象以盡意」,語言文字不能充分表現形而上的道,就必須透過易象才可以體悟道的意蘊,此為象數派所主張者。然義理派則以意為第一位,認為先有意而後有象,因此想要把握對於象的超越美感,就不能執著於象的表面層次,而要「得意忘象」才能留下回味無窮的審美意蘊,「象」在尋意的過程中只是一種引導與啟示的功能,故忘之、超越之可也。義理派與象數派因取象與忘象不同的易學主張而有「神用象通」〔註34〕與「象不盡意」的分辨,對後世也產生不同的文藝論旨趣。

(一)易象是藝術之基礎

　　「言近旨遠」、「言淺意深」一向是審美的路向,陶淵明說:「此中有真意,欲辯已忘言」,真意是無法用語言文字表達得出來,因此象就成了重要的媒介。「立象盡意」、「觀象取物」也成為古代美學借重的理論之一。《文心雕龍・原道》說:

　　　　傍及萬品,動植皆文:龍鳳以藻繪呈瑞,虎豹以炳蔚凝姿;雲霞雕
　　　　色,有逾畫工之妙;草木賁華,無待錦匠之奇。……故形立則章成

〔註31〕見章學誠《文史通義・內篇・易教下》(台北:盤庚出版社)(無載年月版次),頁5。

〔註32〕兩段引文皆見高亨《周易古經通說》(台北:洪氏出版社,1977年九月初版),前者見頁49,後者見頁41。

〔註33〕此韓康伯注〈繫辭下傳〉語,見《十三經注疏・周易正義》(王弼韓康伯注、孔穎達等正義)(台北:藝文印書館,1982年8月9版),頁172。

〔註34〕見劉勰《文心雕龍・神思・贊曰》說:「神用象通,情變所孕」(台北:宏業書局,1975年2月初版),頁495。

矣，聲發則文生矣。……人文之元，肇自太極，幽贊神明，《易》象
惟先。……若迺《河圖》孕八卦，《洛書》韞乎九疇，玉版金鏤之實，
丹文綠牒之華，誰其尸之？亦神理而已。〔註35〕

文學的根源在於取象之哲思，因此能夠產生神理之境界，神理之構成與取象
並無衝突，甚至可說神理是藉由易象而來，因為文章來自於動植品物，萬物
之形立文章則成，萬物之聲發文章則生，文章寫的就是龍鳳虎豹、雲霞雕色、
草木賁華等天地之輝光，故說：「人文之元，肇自太極，幽贊神明，《易》象
惟先。」人文來自於天文，形象與聲律代表的是《周易》之象數，文章的發
生就以此「象數」為基礎，將形象統攝心中，再由此發展為神理韻致，因此
象數就成為文藝創作的本原作用。

　　這種將取象視為藝術創造的第一法則，並非意味「象可以盡意」，而是表
明「象可以達意」，至於「象」是否足以道盡「意」之深蘊，這不是取象派的
重點，重要的是無論多麼有韻味的文藝作品，都不可以舍象而為之，就像孫
盛提出「易象妙於見形論」，目的在於強調「易象」之妙用，反對殷浩、王弼
貴道賤器之失，他主張觀象知器，並非局限在象數上面，而是以圓化之道來
論象數，亦即藉由形而下的象數來體現形而上的道，使意藉由象而彰顯，故
說「易象妙於見形」，這樣的觀念仍可在後人的文藝理論中找到論據，如五代
大畫家荊浩說：「畫者畫也，度物象而取其真。」〔註36〕雖說畫要有氣韻，仍
需忖度物象之形以寫其真，使其氣與質二者兼具，如此才能形神合一。宋・
陳姚最〈續畫品〉說：「立萬象於胸懷，傳千祀於豪翰」〔註37〕宇宙萬象擺於
心中，千載萬年亦置於筆端，透過自然萬物的形象，表現感受與意趣，這是
藝術的創作法則之一，這個「以象表意」並非是目的，而是方法，透過這個
方式以達到「象外之象」之鵠的，因此我們可以說「以象盡意」是藝術創作
的方法，而「象不盡意」才是追求的境界。取象說凸顯的是象的重要性，並
非目的性。因此叶朗《中國美學史大綱》說：「概念不能表現或表現不清楚、

〔註35〕見劉勰《文心雕龍・原道》（台北：宏業書局，1975 年 2 月初版），頁 1～2。
〔註36〕清・孫岳頒等奉敕撰《御定佩文齋書畫譜・卷十三・五代荊浩筆法記》，子部，
　　　　藝術類第一百二十五冊（總八百一十九冊），收錄於文淵閣《四庫全書》（台
　　　　北：商務印書館，1986 年 3 月初版），頁 819-397。
〔註37〕清・孫岳頒等奉敕撰《御定佩文齋書畫譜・卷十七・陳姚最續畫品》，子部，
　　　　藝術類第一百二十五冊（總八百一十九冊），收錄於文淵閣《四庫全書》（台
　　　　北：商務印書館，1986 年 3 月初版），頁 819-499。

不充分的，形象可以表現，可以表現得清楚、可以表現得充分」，〔註38〕意謂象因具有隱喻、象徵等功能，故能「探賾索隱、鈎深致遠」，表達語言概念無法到達的境界，這樣的說法並不否認「意在象外」的韻致，而是說明藝術家著眼於宇宙萬物，仰觀俯察，遊目騁懷，必須取乎象而超乎象，才能逸情遠致，超然於筆墨之外，這是美學理論普通的法則。

（二）藝術的境界在於象外

「以象表意」的目標在於「意在象外」，故王學的「象不盡意」就成了審美的準地，因此唐・張彥遠說：「夫陰陽陶蒸，萬象錯布，玄化無言，神工獨運。……故運墨而五色具，謂之得意，意在五色，則物象乖矣！」〔註39〕意謂取盡萬象之後，必需藉由心靈之神，觀其象而會其意，使形象得以重新塑造而達致「無言、神工」之妙趣，若是執著在五色筆墨之上，反而失去觀物取象背後的深刻意蘊了，因為審美的真正意韻皆在言象之外，超越具體形象的，於是魏晉的「言、象、意」之說逐漸在後世發展出一套美學理論，由象數而超乎象外，由超乎象外而直導無象之說。

孔穎達說：「『言不盡意』者，意有深邃委曲，非言可寫，是言不盡意也。聖人之意，意又深遠。若言之不能盡聖人之意，書之又不能盡聖人之言，是聖人之意，其不可見也。」〔註40〕意是幽隱的、深遠的，語言概念是很難表達得清楚的，故要藉象以達之，但象是否可以達到意之精妙呢？《三國志・魏書・荀彧傳》引何劭〈荀粲別傳〉說：「粲答曰：『蓋理之微者，非物象之所舉也。今稱『立象以盡意』，此非通於意外者也；『繫辭焉以盡言』，此非言乎繫表者也。斯則象外之意，繫表之言，固蘊而不出矣。』」〔註41〕理之極者即指無形之道，是言語所不能至者，必須透過象去領會內在的意蘊，因此李澤厚、劉綱紀說：

由「立象以盡意」有著和藝術形象相通的東西，象中包含著意而其

〔註38〕葉朗《中國美學史大綱》（台北：滄浪出版社，1986年9月初版），頁71。

〔註39〕見唐・張彥遠《歷代名畫記・卷二・論畫體工用搨寫》，子部，藝術類第一百一十八冊（總八百一十二冊），收錄於文淵閣《四庫全書》（台北：商務印書館，1986年3月初版），頁812-294。

〔註40〕見孔穎達《周易正義》疏〈繫辭上傳〉，《十三經注疏・周易正義》（王弼韓康伯注、孔穎達等正義）（台北：藝文印書館，1982年8月9版），頁158。

〔註41〕引文見盧弼《三國志集解》（臺北：漢京文化事業有限公司，2004年3月初版），頁334。

意又決非簡單的概念，所以君子爲了領會象中之意，要「觀其象而玩其辭」（繫辭上），這裡所說的「觀」、「玩」，又有著與藝術欣賞近似相通的東西……因而它所謂的「立象以盡意」仍然帶有非概念所能窮盡的藝術的性質……正因爲這樣，《周易》認爲對象要「極深研幾」，而且對它的領會理解，是「神而明之，存乎其人」（繫辭上）。〔註42〕

象雖含意，但意並非概念可以規範的，因此要領會意，就要對象加以「觀」、「玩」。而藝術之意具有非語言可以窮盡之特質，故「觀」、「玩」之餘必需「極深研幾」、「神而明之」，這說明無形無象的意不是一個具體可感的對象，它是深遠的、幽隱的，故說要超以象外。否則，一旦落入執象的陷阱，反而成爲得意之蔽障。南齊・謝赫《古畫品錄》在評張墨、荀勖爲第一品畫作時，則更直白地提出了「取之象外」的宗旨：「風範氣候，極妙參神。但取精靈，遺其骨法。若拘以體物，則未見精粹。若取之象外，方厭高腴，可謂微妙也。」〔註43〕表示畫作最微妙之處在於「取之象外」的「神」與「精」，而不並是「拘以體物」或者「骨法」之方式，這正是以「忘象說」爲基礎，達至極妙參神爲要義的藝術理論，更是對於韓康伯注〈繫辭上傳〉所說：「體神而明之，不假物象，故存乎其人」〔註44〕一說的發揚。

「忘象存神」之說對後世文學理論的影響也不小，如蕭子顯《南齊書・文學傳論》亦有相同之論：「屬文之道，事出神思，感召無象，變化不窮。」〔註45〕文章寫作的最高境界即在於「無象」，此則王學「忘象」之義，神思妙悟都是來自於形而上之道，此道出神入化，不可捉摸，故無法用象來表達，因此說：「大象無形」。又劉禹錫〈董氏武陵集紀〉說：「詩者其文章之蘊耶！義得而言喪，故微而難能；境生於象外，故精而寡和。」詩是一種蘊涵深刻的文章，象與言就是寄託意蘊之媒介，惟有忘言才能通乎無言，忘象才能超然於象外，審美心理便是一種飄逸灑脫、超然物外的境界，故宋・嚴羽《滄

〔註42〕見李澤厚、劉綱紀《中國美學史》（第一卷）（台北縣：漢京文化事業有限公司，1986 年 8 月），頁 359～360。

〔註43〕見南齊・謝赫《古畫品錄》，子部，藝術類第一百一十八冊（總八百一十二冊），收錄於文淵閣《四庫全書》（台北：商務印書館，1986 年 3 月初版），頁 812-4。

〔註44〕見孔穎達《周易正義》疏〈繫辭上傳〉，《十三經注疏・周易正義》（王弼韓康伯注、孔穎達等正義）（台北：藝文印書館，1982 年 8 月 9 版），頁 158。

〔註45〕見蕭子顯《南齊書・文學傳論》《台北：成文出版社，1971 年 10 月初版》，頁 8155。

浪詩話‧詩辯》：「盛唐詩人惟在興趣，羚羊掛角，無跡可求，故其妙處透徹玲瓏，不可湊泊，如空中之音，相中之色，水中之月，鏡中之象，言有盡而意無窮。」〔註46〕韻味必得從迹象以外的地方體會，不可執著言、象，如此才可體會出韻外之意。

　　此外，「忘象說」也衍申出一套「意在筆先」的美學理論，這也是王學「言意之辨」對後世文藝理論產生影響的一環，王弼說：「夫易者，象也。象之所生，生於義也。」〔註47〕「象生於義」、「意中求象」這個理念用在文藝當中就成為「意在筆先」的創作理論，王羲之〈筆陣圖〉說：「夫欲書，先乾研墨，凝神靜思，預想字形大小，……意在筆前，然後作字。」〔註48〕一切的氣、勢、筆、畫等形迹，皆先以意統攝之，意為主，形象為客，未落筆時先須立意，種種氣象先具於胸，一旦下筆，寫出心中之意，自成奇字。宋‧韓拙《山水純全集》也說：「凡未操筆，當凝神著思，豫在目前，所以意在筆先，然後以格法推之，可謂得之於心，應之於手也。」〔註49〕即謂下筆之前應是心中有意，以定風格，意高則高，意深則深，落筆之時方能得心應手。

　　從以上所述，魏晉時期易學家所提出的取象與忘象之說，對後世的文藝理論確實造成不少影響。

四、對後世易學的影響

　　這時期的象數易對後世易學產生不少影響，如卦變說、旁通說、卦主說啟發後人建立更完整的易學體例。干支五行、天地之數對後人理解納甲原理與宇宙生成提供理論根源。「九六七八」的說法有助於後世易學家對於動爻、筮法的理解。以史注《易》的特色，開啟後人援史注經之法。而孫盛以論文方式論《易》，更開啟後人義疏之學。凡此種種皆魏晉時期的象數易學對後世易學的影響，逐一論述於下：

〔註46〕見宋‧嚴羽《滄浪詩話‧詩辯》（台北：里仁書局，1987年4月），頁26。
〔註47〕引自《十三經注疏‧周易正義》（王弼韓康伯注、孔穎達等正義）（台北：藝文印書館，1982年8月9版），頁15。
〔註48〕見宋‧朱長文《墨池編‧卷一》，子部，藝術類第一百一十八冊（總八百一十二冊），收錄於文淵閣《四庫全書》（台北：商務印書館，1986年3月初版），頁812-620。
〔註49〕見宋‧韓拙《山水純全集‧論用筆墨格法氣韻病》，子部，藝術類第一百一十九冊（總八百一十三冊），收錄於文淵閣《四庫全書》（台北：商務印書館，1986年3月初版），頁813-322～813-323。

（一）卦變易例之創發啓發後人建立更完整的卦變體例

卦變一說開啓後人如伏曼容、李之才、朱震等人對此體例之研究，確實發漢易所未發者。宋代朱震《漢上易傳‧叢說》稱：「剛柔之爻，或謂之來，或謂之往，或謂之上下，所謂唯變所適也。此虞氏、蔡景君、伏曼容、蜀才、李之才所謂自某卦來之說也。」〔註50〕虞翻取荀爽升降說加以改進並創發卦變新體例，姚信、翟元、蜀才等人則對荀爽升降說與虞翻卦變說作了一些補正，雖然並未十分完整，卻啓發後人對此一體例作進一步地研究。

（二）干支五行、自然數配八卦之說影響後人以納甲、五行之數解天地之數與宇宙生成。

虞翻除了將天干配五行外，又把天干所代表的十個自然數與八卦相配，並用來注解天地之數，以一到十的自然數結合八卦的天干與五行，這是虞翻注《易》之特色，這啓發後人以五行生成數及納甲之數來解釋天地五十五之數與宇宙萬物之生成。宋‧朱震就曾引虞翻之說作〈十日數圖〉，〔註51〕並用納甲原理來說明天地之數。

（三）陸績對於「九六七八」的說法影響後世易學家對於動爻及筮法之詮解

陸績注〈乾‧初九〉說：「陽在初，稱初九，去初之二稱九二，則初復七。陰在初，稱初六，去初之二稱六二，則初復八。」陽在初稱初九、在二稱九二、在三稱九三、至上則稱上九，陰爻亦如斯。然陽極生陰，陰極生陽，如陰至上六則變而為陽，則成復卦，故注〈復〉說：「七日，陽之稱也。七、九稱陽之數也，謂坤上六極陽戰之地，……六陽涉六陰，反下七，爻在初，故稱七日，日亦陽也。」（《京氏易傳》），從物極必反的原理視之，坤卦至上爻盛極而陽生，反下七，故有「初復七」之說。從乾卦六爻推之亦復如斯，至上九爻陽極則生陰，反下八，故有姤卦之生。陸績此說，啓發後人注《易》的兩個路向：一是不從占筮而從卦變的理論看「九六七八」。二是從大衍筮法九六變、七八不變來看「七八九六」。前者表示不必占筮，就陰陽失位直接變

〔註50〕見宋‧朱震《漢上易傳‧叢說》，收錄於《通志堂經解》本第一冊，清徐乾學輯、納蘭成德校訂（台北：漢京文化事業有限公司）（無年月版次），頁672。

〔註51〕朱震、虞翻及唐‧崔憬之說之論，以八卦五行配合天一至地十之天地之數作十日圖。見朱震《漢上易傳‧卦圖卷下》，收錄於《通志堂經解》本第一冊，清徐乾學輯、納蘭成德校訂，出處同本章註1，頁660。

其位而論動爻，如宋·林至《易禆傳外篇·卦變》說：「大抵占筮以動爻爲主，往往論變，而古人言《易》亦有不筮而以變言其義者，是以陸績曰『陽在初，稱初九，……去初之二稱六二，則初復八。』」〔註52〕這是從卦變的角度來看「九六七八」，亦即從陰陽消長的情況論變爻，初爻變則稱初復七、初復八，如乾卦初爻變爲姤卦，坤卦初爻變爲復卦，因此林至從卦變的角度進一步將此陰變陽、陽變陰稱之爲「動爻」，故又說：「陸績、虞翻又論動爻……故以陽居陰位、陰居陽位則動。」，〔註53〕意謂陰陽不當位則要變爻，當位則不必變，這就是動爻，表示九、六爲變化之義，不當位則變爲七、八，使之陰陽各當其位則不變。後者以大衍筮法來看待「九六七八」，筮卦之時，變者爲九六，即老陰老陽，不變者爲七八，即少陰少陽，而《易》以致用爲本，故觀變玩占則用九六，九六之變在成就七八之用也，宋·徐總幹《易傳燈·卷三·九六七八》說：「聖人即無一爻言七八者，先輩亦不曾論及，此獨陸績謂『陽在初稱九，去初之二稱九二，則初復七矣！……去初之二稱六二，則初復八矣。』……此左氏所記卜筮者之某卦之說也。」〔註54〕表示七八爲不變者，九六爲變者，此則《左傳》筮例的「之卦」之說。後世解大衍筮法的「九六七八」幾從這個角度來立論，今人林忠軍先生也是從筮法的角度來看，這些都足以說明陸績易學的影響。〔註55〕

（四）干寶以史注《易》的特色，開啓後人援史注經之法

雖然從漢以來馬融、鄭玄、王弼、虞翻、陸績等人就有以史注《易》之例，然皆偶爾爲之，不似干寶儼然成爲注《易》之一大特色，干寶以《易》辭論殷商史事，開啓後人援史注經之派別，如注〈乾·初九〉說：「陽處三泉之下，聖德，聖德在愚俗之中，此文王在羑里之爻也。雖有聖明之德，未被時用，故曰勿用」（《周易集解》引），干寶以《易》辭推周家應期，顯現出以

〔註52〕引自林至《易禆傳外篇》，見《中國古代易學叢書》第十一卷，（中國書店出版，1998年3月第1版）（無載出版地），頁93。

〔註53〕林至《易禆傳外篇》，見《中國古代易學叢書》第十一卷，（中國書店出版，1998年3月第1版）（無載出版地），頁93。

〔註54〕宋·徐總幹《易傳燈·卷三·九六七八》說，經部，易類第九冊（總第十五冊）），收錄於文淵閣《四庫全書》（台北：商務印書館，1986年3月初版），頁15-835。

〔註55〕林忠軍先生說：「以筮法觀之，七是蓍數中少陽之數，是陽之稱。」，見林忠軍《象數易學發展史》（二）（山東：齊魯書社，1998年7月第1版），頁19。

史注經的特色，南朝陳張譏亦承此說，他注〈乾・初九〉說：「以道未可行，故稱勿用以誡之，於此小人道盛之時，若其施用，則為小人所害，寡不敵眾，弱不敵強，禍害所及，故誡勿用。若漢高祖生於暴秦之世，唯隱居為泗上亭長，是勿用也。」〔註56〕干寶以文王囚羑里之事解勿用之義，張譏則以漢高祖隱為泗上亭長來解勿用之情，張以漢高祖比擬文王，雖不甚妥當，但從這裡可以仍可看出干寶以史注《易》對後人的影響力。爾後，唐・孔穎達《正義》引張譏之言說明龍德潛藏勿用之義，〔註57〕亦是衍自干寶之說。宋・胡瑗《周易口義》亦引正義及張譏歷史引證以說明乾龍養德之義，〔註58〕宋・楊萬里《誠齋易傳》則直接引干寶之注而反駁之，他說：「干寶謂文王在羑里之爻，非也。羑里，聖人之不幸也，非潛也。程子謂舜之側微是也。」〔註59〕異於干寶、張譏二人從君子遭厄之時機論「潛」與「勿用」，楊萬里是從時機未成熟之處立論，故有「舜之側微」之說。承衍或反對干寶之注，都反映出干寶以史論《易》對後人的影響力。今人林忠軍先生便說：「這種以史注《易》的方法延續民國年間比前人有過之而無不及，古史辨派或受古史辨派影響的學者或用歷史眼光審視《周易》，或以《周易》揭示當時的社會狀況，……專以史注《易》，一直到今天仍然有人信從。這種治《易》的方法皆脫胎於干氏易。從這裡可以看到，干氏易學影響甚遠。」〔註60〕干寶以殷周史事說《易》，

〔註56〕引文見清・馬國翰《玉函山房輯佚書》（日本京都：株式會社中文出版社，1979年9月出版。）（無版次），頁268。

〔註57〕見《十三經注釋・周易正義》，注〈乾・初九〉說：「居第一之位，故稱『初』；以其陽爻，故稱『九』。潛者，隱伏之名；龍者，變化之物。言天之自然之氣起於建子之月，陰氣始盛，陽氣潛在地下，故言『初九潛龍』也。此自然之象，聖人作法，言於此潛龍之時，小人道盛，聖人雖有龍德，於此時唯宜潛藏，勿可施用，故言『勿用』。張氏云：『以道未可行，故稱勿用以誡之。於此小人道盛之時，若其施用，則為小人所害。寡不敵眾，弱不勝強，禍害斯及，故誡『勿用』。若漢高祖生於暴秦之世，唯隱居為泗水亭長，是勿用也。』諸儒皆以為舜始漁於雷澤。舜之時，當堯之世，堯君在上，不得為小人道盛。」

〔註58〕見宋・胡瑗《周易口義・卷一》，經部，易類第二冊（總第八冊）），收錄於文淵閣《四庫全書》（台北：商務印書館，1986年3月初版），頁8-175。此乃注〈乾・初九〉之語。

〔註59〕見宋・楊萬里《誠齋先生易傳》（山東：山東有誼書社，1991年10月第1版），頁37。此乃注〈乾・初九〉之語。

〔註60〕見林忠軍《象數易學發展史》（二）（山東：齊魯書社，1998年7月第1版），頁69。

對後世史學易一派的成立影響頗大。

（五）陸績、王弼以卦主說注《易》，影響後人注《易》體例

　　卦主之說始於京房，〔註61〕陸績發揚京房之論而以「以少爲貴」、「成卦之義」、「時位吉凶」作爲卦主說之依據。王弼、韓康伯等人則承襲京、陸「以少爲貴」、「成卦之義」、「德尊當位」、「以兩爻爲卦主」等的卦主說，主張「以一陰一陽爲卦主」、「以上下卦之中爻爲主」、「以成卦之義選取卦主」，同時也把卦主說提升爲一與眾、體與用的哲學理念。後世易學家如孔穎達、李鼎祚、俞琰、吳澄、李光地、王宏撰、錢澄之等人皆將此說視爲一個重要的注《易》體例，期待從先賢之見整理並創發出更完整的理論體系，如孔穎達《周易正易》仍延續王弼卦主說而以「尊位」、「成卦之義」、「上下卦之中爻」來論卦主。〔註62〕李鼎祚也承陸績、王弼等人之說提出一己的卦主之論。〔註63〕俞琰更將「以少爲貴」的卦主思想衍生至三、六畫卦，主張三畫卦以獨異之一爻（獨陰、獨陽）爲卦主，如坎 ☵ 離 ☲ 則以中爻爲主；六畫卦乾坎以九五爲主、坤離以六二爲主、震以初九爲主、巽以六四爲主、艮以九三爲主、兌以上六爲主、餘則取六子「剛柔之少爻」爲主。〔註64〕李光地則分爲成卦主與主卦之主，前者由「卦

〔註61〕京房的卦主說主要有「以少爲貴」、「成卦之義」、「德尊當位」、「世爻爲卦主」、「以兩爻爲卦主」、「八宮爻變爲卦主」等依據。可參見本書第四章的〈卦主說〉。

〔註62〕孔穎達注〈訟〉說：「『處得尊位爲訟之主』者，居九五之位，當爭訟之時，是主斷獄訟者也。然此卦之內，斷獄訟之人，凡有二主。案上注云『善聽之主，其在二乎？』是二爲主也。此注又云『爲訟之主，用其中正以斷枉直』，是五又爲主也。一卦兩主者，凡諸卦之內，如此者多矣。五是其卦尊位之主，餘爻是其卦爲義之主。」此則包含「尊位」、「成卦之義」、「上下卦之中爻」之義。又注〈需〉說：「『需于酒食貞吉』者，五既爲需之主，已得天位，無所復需，但以需待酒食以遞相宴樂而得貞吉。」此以「天位、尊位」論卦主。其論卦主大都繼承王弼之見。

〔註63〕李鼎祚在〈比・象〉作案語說：「六五降二，九二升五，剛往得中，爲比之主。故能原究筮道，以求長正，而無咎矣。」此說以「中爻」爲卦主，乃襲京房、陸績之說。又在〈訟・象〉作案語說：「夫爲訟，善聽之主者，其在五焉。何以明之？案爻辭：九五：訟，元吉。王氏注云：處得尊位，爲訟之主，用其中正，以斷枉直。即《象》云：利見大人，尚中正，是其義也。九二〈象〉曰：不克訟，歸逋竄也。自下訟上，患至掇也。九二居訟之時，自救不暇。訟既不克，懷懼逃歸，僅得免其終凶禍，豈能爲善聽之主哉！」亦以「中爻」爲卦主，然他不同意孔穎達以〈訟・九二〉與〈訟・九五〉爲一卦兩卦主之說。又在〈履・六三〉：「六三爲履卦之主。體說應乾，下柔上剛，尊卑合道，是以『履虎尾，不咥人，通。』」此以「吉凶時位」論卦主。

〔註64〕見俞琰《讀易舉要・卷二・卦之主爻》，經部，易類第十五冊（總第二十一冊），

之所以成者」為主，即魏晉易學家所謂「成卦之義」的卦主說，後者則由「德之善得位得時者」為主，即魏晉易學家所謂的「尊位」或符合「時位」之說者，雖然李光地之卦主說已自立一格，然莫不是受到魏晉卦主說之影響所致。〔註65〕王宏撰、錢澄之等人亦從王弼所說的「象者，統論一卦之體，明其所由之主者」及「少者，多之所貴也」來論卦主。〔註66〕

從以上論述足見魏晉說對後世的卦主說具有一定的影響力。

（六）虞翻的旁通說啟發後人注《易》體例之新思維

虞翻認為天地之間萬事萬物莫不經由乾坤的變化互通以及陰陽互相絪縕而來，故創發了「旁通」一例，此例啟發後人對「乾坤互通」、「陰陽互攝」的思考，因此項安世在《項氏家說》特立〈虞氏晁氏旁通卦法〉，認為「以對相通」、「爻象相反」就是虞翻旁通之義。惠棟《易例》舉虞翻此例時亦以〈旁通卦變〉之名稱之。爾後，焦循創新一套整全圓融的旁通義例，也是取自荀爽升降說與虞翻的旁通與卦變說，賴貴三先生說：

> 洞觀其旁通《易》例，乃淵源改造自漢《易》學家荀爽之剛柔升降說，與夫虞翻之卦變、旁通說，……從而實現其變通生成之道德哲學也。〔註67〕

虞翻說：「陽息坤成泰。天地反，以乾變坤，坤化升乾，萬物出震，『故天地變化，草木蕃』矣。」（注〈坤・文言〉）天地能如此變化，在於旁通易例推類以曲盡、觸類以旁通之圓活不滯，此例經焦循加以改造創新，成為一切道德變通生成的理論基礎。由此視之，旁通一說，確實啟發後人注《易》之思路。

收錄於文淵閣《四庫全書》（台北：商務印書館，1986年3月初版），頁21-422～21-424。

〔註65〕《周易折中》注〈漸〉說：「以女歸為義，而諸爻唯六二應五，合乎女歸之象，則六二卦主也」這是所謂主卦之主，即以「德善、得時、得位」者為卦主；又說：「漸又以進為義，而九五進居高位，有剛中之德，則九五亦卦之主。」此又以漸進成漸卦之義為卦主，是為成卦之主。見清・李光地《周易折中・卷首・卦主》（台北：真善美出版社，1981年7月再版），頁107～!21。

〔註66〕清・王宏撰《周易筮述・卷五・附卦主》主要是以十二辟卦變化的一爻為卦主，另外也說明王弼的卦主理論，見《中國古代易學叢書》第三十六卷，中國書店出版，1998年3月第1版。（無載出版地），頁77。清・錢澄之《田間易學・卷首下・卦主》主要是發揮王弼的卦主理論，見《中國古代易學叢書》第三十四卷，中國書店出版，1998年3月第1版。（無載出版地），頁650。

〔註67〕見賴貴三《焦循雕菰樓易學研究》，（台北：里仁書局，1994年7月初版），頁179。

（七）孫盛以論文方式論《易》，開啟後人義疏之學

魏晉時期庾闡的〈蓍龜論〉以論著的方式談象、數、道之間的關係，孫盛的〈易象妙於見形論〉以清談方式論《易》以及顧榮、紀瞻二人以爭辯的方式論太極的理論，〔註68〕這些論《易》之方都間接影響了南北朝的解《易》方向，《隋書・經籍志》載有宋・範歆撰的《周易義》、梁・何湮之撰的《周易疑通》、宋明帝集群臣所撰的《周易義疏》、晉・顧夷撰《周易難王輔嗣義》一卷，《唐書・藝文志》載有南齊劉瓛《周易義疏》等，都顯示注經的方式已有所轉變，不再完全是以注解文辭的方式，反而以論辯形式出現，因此《易義》、《義疏》的著作不斷應運而生。故朱熹說：「自晉以來，解經者卻又改變得不同，王弼郭象輩是也。漢儒解經，依經演繹，晉人不然，捨經而自作文。」〔註69〕足見象數、義理兩派爭辯的義疏之作，就是朱子所說的「捨經而自作文」的另種方式。

綜上所述，爲魏晉象數易學對後世各種學說影響之大要，此外仍有其他不同方面的深刻影響，如陸績注《京房易傳》三卷往往成爲今人研究京易的重要資料，又干寶以京氏易學的理論注《易》，使後世研京易者皆能詳知其體例，〔註70〕此二人對於有書無師的京氏易學之發揚起到很大之作用。又象數易學家解《易》的思路與方法仍然給後世的易學研究者不少的啓發，宋、清皆有學者堅持延用漢魏晉象數學者的解《易》之法，如宋・朱震《漢上易傳・表》說：「上採漢、魏、吳、晉、元魏，下逮有唐及今」，〔註71〕他在〈序〉文中表示動爻、卦變、互體、五行、納甲五種方法是注《易》的基礎，而這五種方法雖源於漢，卻在魏晉之時逐漸完善，故朱震說其學乃采自漢、魏、吳、晉者。又宋・鄭剛中《周易窺餘》注《易》雖采胡瑗、程子之說，但卻認爲義理學者於象多有缺略，故「兼取漢學，凡荀爽、虞翻、干寶、蜀才九家」〔註72〕以糾胡、程之失，因此全書處處可見采用虞翻、姚信、蜀才、干

〔註68〕 有關顧榮、紀瞻二人以爭辯的方式論太極的理論，見唐・房玄齡等撰《晉書》（北京：中華書局，2006 年 6 月第 8 次印刷），頁 1819～1820。

〔註69〕 《朱子語類・卷六十七》（北京：中華書局，2004 年 2 月第 5 次印刷），頁 1675。

〔註70〕 胡一桂《周易啓蒙翼傳・外篇・起月例》亦用干氏之說。李道平《周易集解纂述》亦採干氏之論。惠棟《易漢學》有〈京君明易〉一章，即用干寶之注。

〔註71〕 見《漢上易傳・表》，收錄於《通志堂經解》本第一冊，清徐乾學輯、納蘭成德校訂（台北：漢京文化事業有限公司）（無年月版次），頁 441。

〔註72〕 《周易窺餘》一書的〈自序〉與〈四庫提要〉都提到窺餘之意，即「窺竊易

寶、郭璞等人之說，故稱其書爲「窺餘」，乃窺義理易以外的象數之說。清·李道平《周易集解纂疏》亦循李鼎祚之法，起而爲漢、魏諸儒之學作疏，以矯王學空虛之失。〔註73〕從這些例子，可知此一時期的注經特色對後世象數易學的解經之法仍具一定的影響力。

綜上之論，可以看出魏晉象數易對後世易學及其他學科的影響很大，其承先啓後之功實不可沒。

第二節　評　價

歷史上對於魏晉象數學的評價褒貶不一，有批評者，也有肯定者。評之者如時人王弼則稱其「僞說滋漫」外，後有俞琰批評魏晉諸家論易數之非，他說：「大衍之數五十，崔憬去天一地四，以餘數五十爲大衍之數，李鼎祚深闢之，他如京房、馬融、荀爽、鄭玄、姚信、董遇、顧懽、王弼之徒，其說紛紛，無一可取。」〔註74〕俞琰把象數學家及王弼所論的大衍之數諸多說法全數推翻，顯然不公。又元·胡一桂也批評漢魏以來之象數學家的取象之失，他說：

> 世儒言象尚矣！……卦體其有不合〈說卦〉者，則委曲簽合傅會以
> 幸其中而數，聖人取象之意，胥失之矣！……卦有馬無乾則僞說滋
> 謾者，自漢儒以來不能不墮此弊矣！〔註75〕

這是對漢儒以來象數家取象說的不滿，認爲取象應本於《易傳》，不應象外求象，以致僞說滋謾，膠固支離。又黃宗羲在《易學象數論·自序》說：「吾讀李鼎祚《易解》，一時諸儒之說，蕪穢康莊，使觀象玩占之理，盡入於淫瞽方

家餘意綴集而成」。此引文見宋·鄭剛中《周易窺餘·提要》，經部，易類第五冊（總第十一冊）），收錄於文淵閣《四庫全書》（台北：商務印書館，1986年3月初版），頁11-396。

〔註73〕李道平在〈序〉中讚美《周易集解》一書輯漢魏晉唐諸儒眾說之功，並讚揚象數之學乃與義、文之旨相契合。見清·李道平《周易集解纂疏·自序》（北京：中華書局，2006年2月第4次印刷），頁1～2。

〔註74〕俞琰《讀易舉要·卷三·論易數之是非》，經部，易類第十五冊（總第二十一冊），收錄於文淵閣《四庫全書》（台北：商務印書館，1986年3月初版），頁21-429。

〔註75〕見胡一桂《易附錄纂註·卷十五·卦象》，收錄於《通志堂經解》本第七冊，清徐乾學輯、納蘭成德校訂（台北：漢京文化事業有限公司）（無年月版次），頁4059。

技之流，可不悲夫。」〔註76〕因爲站在義理易的立場作批判，故將李鼎祚《集解》一書所引漢魏以來的象數家盡歸爲淫瞽方技之流。此評否定所有象數易學家，似乎不大妥當，然持此論者亦不乏其人，如清・刁包《易酌》說：

> 漢晉以來談《易》者無慮數十百家，其淫於象數者既詭僻穿鑿不可
>
> 爲訓，而掇拾餘緒者又粗淺鄙陋亦不足觀。〔註77〕

刁包的象數之論乃本於《易傳》本身所固有者，因此對於漢晉以來象數學家所創的體例皆視之爲詭僻穿鑿、粗淺鄙陋。又王宏撰更把焦贛、京房以來的象數易等同管輅、郭璞之術數易，皆貶爲方技小術之流。〔註78〕

　　對於漢晉以來的象數易學亦有持肯定的看法者，如李鼎祚便認爲象數是《周易》之根源，因此采漢魏以來三十二家之作以補王學空虛之疾。〔註79〕朱震主張象數爲《易》之根本，故說：「爾後，馬鄭荀虞各自名家說雖不同，要之，去象數之源猶未遠也。獨魏王弼與鍾會同學，盡去舊說，雜以莊老之言，於是儒者專尚文辭，不復推原大傳，天人之道自是分裂而不合者七百餘年矣！」〔註80〕朱震認爲漢魏所說的象數易例其說法雖有不同，仍是導源於《周易》之〈繫辭〉與〈說卦〉二傳，因此去象數之源未遠，然王弼之注雜以莊老之言，恐失《易傳》以天道推人事的儒家義理之思，故對漢魏諸家象數之說時予肯定。惠棟根源於象數之學，尋據於漢儒之說，因此著《周易述》、《易漢學》、《易例》等書大都採漢魏晉諸儒之說，陳伯适先生指出惠棟述《易》之特色時說：

> 以虞翻、荀爽爲主，參以鄭玄、宋衷、干寶、京房、劉歆、許愼、
>
> 馬融、王肅、董遇、九家、姚信、翟元、王弼等漢魏諸家之說，融

〔註76〕見黃宗羲《易學象數論・自序》（台北：廣文書局，1981年2月再版），頁5。

〔註77〕見清・刁包《易酌・卷首》注〈說卦傳〉，經部，易類第三十三冊（總第三十九冊）），收錄於文淵閣《四庫全書》（台北：商務印書館，1986年3月初版），頁39-171。

〔註78〕王宏撰《周易筮述・原序》說：「自《易林》出而聖人之言隱，京房、管輅、郭璞輩繼之，而相天、相地、相人之術，百家雜起，言《易》者日紛，去《易》日遠，詭僻誕怪，求知所不可知而道德性命之事荒矣！」見《中國古代易學叢書》第三十六卷，中國書店出版，1998年3月第1版。（無載出版地），頁2。

〔註79〕見李鼎祚《周易集解・序》（台北：商務印書館，1996年12月臺1版第2次印刷），頁1～2。

〔註80〕見朱震《漢上易傳・表》收錄於《通志堂經解》本第一冊，清徐乾學輯、納蘭成德校訂（台北：漢京文化事業有限公司）（無年月版次），頁441。

會貫串，綜合其義，信而有徵。〔註81〕

引述漢魏諸家之說，姑且不論其得失如何，都說明一個事實，那就是對以象數方式詮解《周易》的肯定。張惠言也在《易義別錄》一書輯錄孟喜、姚信、翟元、蜀才、京房、陸績、干寶、馬融、宋衷、王肅、董遇、王廙、劉瓛、子夏等人之說，不但對其作學術源流的考證，也對這些人以象數注《易》表達肯定之思，甚至推崇其說者，他讚美姚信、蜀才及翟元之《易》說：

> 又以知時俗所尚在彼不在此，卒使空虛之儒得逞其說，經學歇絕，良可悲也。其後觀蜀才注卦變之法與虞氏同，而未得其本；翟子元時有所合而未詳，然皆孟氏之支系也，最晚乃讀姚氏注，其言乾坤致用、卦變旁通、九六上下，則與虞氏之注若應規矩。……自商瞿受易三百年而至田何，田何之傳四百年而僅得虞翻，虞翻三百年而亡，其略可見者，姚信而已耳，翟子元蜀才而已耳！故吾於三家之書，雖闕文殘字，不可比義，猶寶貴愛惜，紬繹而不敢忽者也。〔註82〕

因痛恨魏晉易學當時主流在義理學，不在象數學，因舉卦變體例以肯定其說。並推崇姚信、蜀才以及翟元三人之易堪比虞翻，而虞翻又可媲美田何、商瞿，足知漢魏晉象數易學在張惠言心中之地位。又如李道平說：

> 漢儒踵周秦而興，易師授受，一脈相承，恪守典型，毋敢失墜。凡互卦、卦變以及卦氣、爻辰、消息、納甲、飛伏、升降之說，皆所不廢。蓋去聖未遠，古義猶存，故其說往往與羲、文之旨相契合。……夫老、莊之虛無，陳、李之圖學，斷不能遠出漢儒象數之上。〔註83〕

李道平所謂的漢儒象數其實包括漢魏晉以來諸家之說，他讚譽象數學家以互卦、卦變以及卦氣、爻辰、消息、納甲、飛伏、升降等易學體例注《易》，實比以《老》、《莊》解《易》之王學及宋圖書學勝出甚多，故語多讚揚。

　　以上這些評論，都是歷來學者對漢晉象數易學評價之大要。以下則是筆者就研究所得，闡其是非，期能給予公正之評議。

〔註81〕見陳伯适《漢易之風華再現—惠棟易學研究》第八章〈會棟易學的檢討與反省〉，（台北：文史哲出版社，2006 年 2 月初版），頁 1049。

〔註82〕見孫星衍、張惠言《孫氏周易集解‧易義別錄》（山東：山東友誼書社 1992 年 9 月第 1 次印刷），頁 446。

〔註83〕見李道平《周易集解纂疏‧自序》（北京：中華書局，2006 年 2 月第 4 次印刷），頁 1。

（一）缺　失

任何一種學說有其優點也必然有其缺失，魏晉象數易學亦不例外，注《易》的體例也出現繁瑣或不嚴謹的地方，而術數易的運用也有其不合理與受限的情形。

1. 象數之論失之繁碎

依象數體例注《易》，結果造成繁衍叢脞，此其失一也。如本論文第四章闡述的所有易例都有這種缺失。又爲了通解經文，導致僵化執泥，此其失二也。如〈損・彖〉：「二簋應有時」，虞翻解說：「艮爲時，震爲應，故『應有時』也。」；又如〈乾・文言〉：「寬以居之，仁以行之」，虞翻注說：「震爲寬，仁爲行」，再如〈大有・上九〉：「自天佑之」，虞翻注說：「坤爲自，乾爲天，兌爲右，故『自天佑之』」爲了通經，不惜自創許多逸象，這些逸象往往牽合勉強，故宋・朱震《漢上易傳・叢說》說：「虞氏論象太密，則失之於牽合，而牽合之弊或至於無說」，〔註84〕顧炎武則也認爲是「穿鑿附會、象外生象」，〔註85〕王夫之更指出其弊在於「繁雜瑣屈」，〔註86〕失去《周易》原來本義。

2. 易學體例不夠嚴密

卦變、卦氣等易例確實不夠嚴密，多有自相牴牾之處，紛然雜出不能統一系統。牽合附會處頗多，甚至對天文的認識亦有錯誤紕繆之處。有關卦變說之失，黃宗羲說：「奈何諸儒之爲卦變，紛然雜出而不能歸一乎？」〔註87〕劉大鈞先生也批評道：「漢宋人的『卦變』說。確實不夠嚴密，而且多有自相矛盾之處，因而未能正確地反映出卦與卦之間的某些變化與聯系。」〔註88〕這是因爲卦變說的變例太多所致。至於卦氣說之失，就是易學家不能統一卦氣說的理論，導致一個卦或用八卦卦氣的系統或用十二消息卦氣的系統，因而產生自相牴觸的現象，如乾卦，若從十二消息卦氣的系統，則位十二辰之巳，爲四月，位東南

〔註84〕見《漢上易傳・叢說》，收錄於《通志堂經解》本第一冊，清徐乾學輯、納蘭成德校訂（台北：漢京文化事業有限公司）（無年月版次），頁675。

〔註85〕見顧炎武撰、黃汝成集釋《日知錄集釋・卷一》（台北：中華書局，1968年10月臺2版），頁6。

〔註86〕王夫之說：「漢儒泥象，多取附會，流及於虞翻，而約象互體，半象變爻，曲以象物者，繁雜瑣屈，不可勝記。」，見王夫之《船山易學・周易外傳・卷六》（台北：廣文書局，1981年2月3版），頁976。

〔註87〕見黃宗羲《易學象數論・卷二・卦變一》（台北：廣文書局，1981年2月再版），頁90。

〔註88〕見劉大鈞《周易概論》（濟南：齊魯書社，1988年6月），頁84。

方；若從八卦卦氣的系統，則位十二辰的戌亥之間，爲十月，位西北方；同一個乾卦究竟是十月或四月？爲巳或戌亥？在西北或東南？魏晉象數易學家同時吸收漢代不同卦氣說的理論，兼融並畜的結果，反而形成說法不一、體例紛然的現象。因此元・胡一桂頗有微詞指出其失並說：「若以八卦爲主，則十二卦之乾，不當爲巳之辟（十二辟卦）……若以十二卦爲主，則八卦之乾，不當在西北，……彼此二說，互爲矛盾。」〔註89〕象數學家的體例常爲了通經，導致各種各種變例、失例及矛盾牴觸的情況，確有不嚴謹之失。

3. 納甲筮法之用確有不合理之嫌

黃宗羲《易學象數論・卷一》說：「卜筮家舍納甲則休咎無以辯矣！然觀其所用，五行惟十二辰而十干無與焉，卦爲體、爻爲用，干爲主、辰爲客，有用而無體，舍主而用客，則是失輕重之倫也。」〔註90〕從五行生剋的角度來看，黃宗羲認爲應該是「卦爲體、爻爲用，干爲主、辰爲客」，然實際的納甲筮法卻是重要爻、不在卦，重在辰（十二支），不在干（十干），象數易學術數派用此納甲筮法確實用辰不用干，重爻不重卦，有「昧大而見小，舍主而用客」之嫌，因此李光地說：「漢晉間說《易》者，大抵淫於象數之末流而離其宗，故隋唐後惟王弼孤行，爲其能破互卦、納甲、飛伏之陋而專於理以譚經也，然弼所得者乃老莊之理，不盡合於聖人之道」，〔註91〕又引程子之論而說：「必欲窮象之隱微，盡數之毫忽，乃尋流逐末，術家之所尙，非儒者之所務，管輅、郭璞是也」，〔註92〕李光地認爲極盡互卦、納甲、飛伏等說乃象數學之末流，就像術家管輅、郭璞之所爲，非象數易學之正宗。從文化史的角度來看，納甲筮法亦是民眾生活的一個社會現象，自有其特色與價值，李光地的批評雖未必持平，然也點出一個事實，那就是納甲筮法缺乏一套理據，

〔註89〕 見元・胡一桂《周易啓蒙翼傳・外篇・論卦氣圖之非》，見《通志堂經解本》第七冊（台北：漢京文化事業有限公司），頁4194。

〔註90〕 見黃宗羲《易學象數論・卷二・卦變一》（台北：廣文書局，1981年2月再版），頁48～49。

〔註91〕 引文見李光地《周易折中・凡例》（台北：眞善美出版社，1981年7月再版），頁39。

〔註92〕 程子之言則出自程顥、程頤《二程遺書・二程外書・第二十一卷上》（上海：上海古籍出版社，1995年2月第2次印刷），頁213。原文說：「有理而後有象，有象而後有數。《易》因象以知數，得其義則象數在其中矣。必欲窮象之隱微，盡數之毫忽，乃尋流逐末，術家之所尙，非儒者之所務也，管輅、郭璞之學是也。」

以致容易流入術家之技，而失去人事訓誡之義。

4. 術數易之缺失在於受制乎吉凶命數

依管輅之說，以人相與命運之關係若如此之必然且靈驗，那麼何需修德補過？反之，若修德能夠扭轉命運，又何須在乎不壽之象？只要乾乾惕厲，憂患積德，相亦有可轉之時，又何必執著形法之學？此其失之一也。又管輅既知何晏爲鬼幽亡相，何需爲他卜得三卦？又何需以三卦之理誡之？若一切定在常數當中，卦象與卦德之說無乃多此一舉乎？則此其失之二也。另外，郭璞爲王敦卜卦，預知將死，自度不可以人術勝天理，故從容付死。既然人生有定數，不能占吉以免禍，又何需卜卦呢？可以預知卻無法預計，又何必禳災延壽或卜葬擇地呢？晁公武說：「若謂禍福皆係於葬，則璞不應擇凶地以取禍，若謂禍福有定數或他有以致之，則葬地不必擇矣！」〔註93〕術數易所以爲後人詬病之因，乃其理爲陰陽之術，表現爲吉凶德刑，因爲容易流於命數，拘而多忌，無法超越，故往往爲學者所斥。因此要探討命運是否能改？與相有無關係？恐怕只有修身立命，置生死度外，方能超越之，故說人術莫若天理，天理莫若修德。

（二）貢　獻

魏晉象數易學雖然不免有些缺失，然對於漢易的推廣與流傳、儒家文化價值的發揚以及對社會人類產生的教化功能都有不可抹滅的功勞。

1. 對於漢易的推廣與流傳

象數易學雖非魏晉易之主流，然能使漢人象數易學得以綿延至今而無斷絕，則魏晉象數易學家之著力多矣。它一方面繼承漢代象數注《易》的方式，依經演繹；另一方面又對漢代象數注經的作法作了補足與修正。尤其在強大玄學易的勢力抗衡下，能夠扶弱起微，綜合象數、史學、訓詁、義理等方式論《易》，以延續象數易學之生命，這對於漢易有延續之功，對於整個象數易學的發展與流傳也有著極大的貢獻。

2. 立足於儒家的文化價值，比玄理易更接近《周易》本源

魏晉時期的象數易學家擅於假象數通易辭，藉由演繹自然而闡明《易》

〔註93〕晁公武之語見錄於明・唐順之編《荊川稗編・卷五十八・論郭璞之學之謬》，子部、類書類第二百六十冊（總九百五十四冊）），收錄於文淵閣《四庫全書》（台北：商務印書館，1986 年 3 月初版），頁 954-333。

理，雖然失之繁衍叢脞，然大都能融會群言，擷取精要，切於實用，且立足於儒家的文化價值以論《易》，故更切近人事，如干寶以史論《易》，即是儒門易的一種方式，可挽救玄虛於一、二。雖然王弼廢象擯數在廓清象數易學繁瑣注經的方法上有一定的進步意義，然其結果則又落入另一層玄虛，象數易學藉象闡理則推源儒思，接近人生義理，實可矯老莊虛無之失。

3. 術數易的理論價值與社會歷史功能

推斷災異是否有數理之根源？這是評斷術數易的價值依據之一。術數易既是科技之源泉，也是迷信之淵藪，故不可不謹。吾人研究此學宜將理論價值與社會歷史功能區別看待。從理論而言，納甲筮法是透過一定的方法與程式，包含學術理論（如八宮、六親、飛伏、干支五行、八卦六位等學說）與占算運用、類比推理之過程而成，雖有鬼神感通之論，卻有其數理與科學之理則。然從社會功能視之，通經是否致用？這就成為術數易毀譽之關鍵，如果流入方技迷信只能算是《易》之支派與末流，如此便不可取；若能在占卜的活動之下蘊藏著「覺世牖民」、「神道設教」的道德寓意，那麼就達到學術研究者淑世之功，比空談義理更切實用。大抵古人以《周易》為卜筮之書，其目的在於因事寓教，立象垂戒，以切於實用為本。因此從術數文化走向科學數理或文化價值，就在於能夠將奇偶之數到陰陽觀念作一種提升，同時從筮占活動昇華到自然哲學、道德義理之層次，如此術數易便具價值與意義。而管、郭二人之學，雖有占災機祥之處，擅長「天人之占」，善言「陰陽災變」，然大抵因占立教、以修德為勸，既有吉凶測度之理據，又具占筮文化之功能，因此筆者仍給予一定程度之肯定。

小　結

從影響層面而言，魏晉象數易學承衍漢易，從各種體例的發揚到新體例的創制，以及術數易所呈現的理論系統及文化特色，其影響所及，不能單就易學發展一個面向而言，本論文則主要分為兩條路向來說明其影響，一、非易學領域的部分：主要有對後代筮法的影響、對天文學的影響以及對文學藝術的影響。二、對後世易學的影響：主要有卦變體例的影響、納甲干支之數的影響、「九六七八」之說的影響、以史注《易》的影響、卦主說的影響、旁通說的影響以及用論辯或義疏方式論《易》的影響

　　從價值方面立論，雖然不能否認象數易學仍有注《易》體例、筮法運用及受制於命數等方面的缺失。然而在象數易學衰落之時能夠扶弱起微，對漢易的訓釋和傳播，起了很大的作用，對整個象數易學的發展則有延續之功。義理易學家力圖掃象之餘，象數易學還能振衰不亡，就是這些易學家以象數為宗，推本源流，包容異同，繼承、創發以儒思為主的各項學說，對玄虛的空疏之學作了補正作用。如無其人，象數易學的發展史必然殘缺不全，也就無法造就李鼎祚的《周易集解》一書，更無法成就宋元明清象數學家的易學成就，因此從對漢易的保存、流傳及對後世象數易學的啟發，魏晉象數易學家的貢獻可謂大矣。

　　在肯定象數易學的扶弱起衰之餘，也不可忘記術數派的易學價值。缺乏術數學，魏晉象數易學史就無法呈現完整的面貌，故知術數易的加入，在象數易學的發展史上是有其重要的學術意義。這是一個亟需開拓的新領域。其學術價值與文化生命也根植在這一套系統當中，並不宜用一句「愚昧迷信」則加以擯斥或否認。

第十章 結 論

　　有關這一時期的易學，研究義理者多，探索象數者寡，主要的原因在於此時之象數學一方面內容雜瑣，另一方面資料大都亡佚不全，不易研探，本論文基於此故，選擇這個難題作一梳理，希望能挖掘一些瑰寶遺妍。

　　研究魏晉象數易學者大都立足於漢象數易的基礎，因而對於術數易法往往歸諸於占驗卜術而不予介紹。或者只注意到這時期的易學是伴隨義理易學與象數易的對立而發展的，因此把重心放在兩派對抗的內容來凸顯象數學的特點。或者站在「史」的立場去介紹人物派別的來龍去脈而不作學理的深究。或者專研象數理論忽略哲思的闡揚。因此，本論文則兼融這時期象數易學所表現的各種內涵，包含注經派的各種學術理論與體例、占驗派的各種理論與說法、以及這兩派後面所蘊藏的人事義理，最後則將這種種的象數觀點與內涵作一歸納與分析，說明這時期的象數易、術數易究竟表達何種的象數觀，甚至是義理易學家的象數觀也應該包納於魏晉象數易學中的一環，而這一點也正是學者所忽略的。

　　因此想要突破並開闢易學研究的新領域，就必須包納前面所述的各項內容，肯定並闡發辭、變、象、占、理等路向方可，這是魏晉象數易學不同於其他朝代之處，象數的內容從注經的訓詁、義疏到易例的延續創發，一直到納甲筮法與占候、射覆、占夢等術數的發揚，以及人事義理的闡發，以象數為主軸，將這些內涵貫穿在魏晉象數易學的題旨之下，使研究的觸角延伸到較寬廣的領域，並挖掘更多學者所輕忽的主題，這就是本論文選擇這一時期為研探對象的目的所在，也具有重要的學術意義。故筆者綜合以上所說的諸多要點，提出一些看法並將魏晉時期的象數易學的精髓歸綜為幾點摘要：

一、總結魏晉象數易學之內涵

底下論述的內容雖是本論文的總結，但在每個章節中筆者意在提出新說、新見，故也可視爲成果之一。

（一）重新界定象數易學之意義

歷代的易學都有其各自的時代性及特色，如此才符合《周易》變化之道的精神，魏晉的象數易學自然體現與其他時代不同的面目，既是如此，就應還原這一時期所表現的特殊風貌，而不該存有對、錯與正宗、不正宗的問題，因爲每一個易學的特徵都有其可論可議之處，何況隨著各個時代及個人看法之異，對象數易學的涵義也會有所不同，因此本論文綜合古今學者之見，反復論述之後提出一個新的義界，那就是「以卦爻符號所象徵的萬事萬物與各種易數作爲基礎，透過『取象』、『運數』等諸多方式用於注經或占筮，就是本論文象數之大要，也是魏晉象數易學之義涵。」

在這個新的義界之下，凡探究《周易》象數易的學理與方法者皆可視爲象數學，於是魏晉象數易學的內涵就包含了二個範疇，一、注經派的治《易》之學。二、占驗派攸關象數方法應用的筮術之學。前者表現在易學上主要有兩個特徵：1. 以象數爲研究之基礎，繼承兩漢注《易》之法，運用爻辰、互體、爻體、卦氣說等取象方法，探求其卦爻辭與卦爻象之聯繫，證明《周易》經傳的每一文辭都本自於象數，其目的在闡發象數易學的理論。2. 承繼東漢以訓詁注《易》的方式，但卻能廣泛採輯各家之說，融象數、義理爲一爐。僅管涉及人事哲理，但仍以象數爲《周易》之核心，這便是象數學家的突出特點。後者表現在易學上就不是「以象釋辭」，而是代之以「以象解占」，從卦象、易數、五行、納甲等說法從事占術，基本上並不悖離〈繫辭上傳〉：「聖人設卦觀象，繫辭焉而明吉凶」的目的，而所用之法仍以取象運數爲主，故仍可歸屬於象數易學的系統之下，這是從宏觀敘述的角度來定義的。

（二）詳述義理易學與象數易學抗衡的學術議題

何晏以《老》、《莊》解《易》，倡玄理易之開端。王肅以《周易》本身的象數反對鄭玄以爻辰、禮象注《易》。董遇則突破漢易象數之學，以義理注《易》。荀粲提出「六經爲聖人之糠粃」，認爲「聖人之意」在卦象之外、繫辭之表，無法透過「象數之學」來表述。鍾會作《周易無互體論》反對互體之說。王弼掃象闡理，把「取義說」視爲注《易》最重要的工作。殷浩反對

易象之論，主張「象不盡意」。韓康伯大都承襲王弼解《易》的風格，因此對於漢易的取象之法不予採納。這些義理易學家對於囿於形器的互體、卦變、五行等種種易例進行批判，認爲象數易學家因爲執泥在取象的結果反而湮沒了《周易》本來的義理精蘊。

　　相反的，管輅站在象數易學的角度爲何晏解陰陽之數與時變之義，並藉卜筮所得的艮、謙、大壯三卦的卦象來推衍人事之理，告誡何晏吉凶在德不在卜。他認爲何晏以《老》《莊》說《易》，就是背棄繫乎天地日月變化法則的卦爻之象，如此便無從掌握萬事萬物的規律，縱然辭妙於理，也無法產生眞正趨吉避凶的智慧。另外，孫盛提出「易象妙於見形論」目的在強調「易象」之妙用，反對殷浩、王弼貴道賤器之失，他認爲萬事萬物的妙理都潛藏在卦爻象的變化當中，故神妙之道仍須藉由卦爻象去表達，不可越過象數而直述易之理，否則容易空談義理而落入浮辭玄虛。至於干寶，他更認爲社會風氣的敗壞正是來自於浮華之學，故主張以實對虛，因此表現在易學觀上，就是主張以象數注《易》，反對空談義理易的虛誕之學。這些易學家站在象數易學的角度和立場，或明象，或論數，對於棄象數不論的義理易學家也同樣地予以反擊，認爲玄理易崇尙玄虛，雜以《老》《莊》，離開《易傳》儒門之思已遠。

　　然而在兩派不斷地爭論對辯之下，反而看到了二個重要的現象，一、象數是《周易》之所以成爲《周易》的基礎，因此這些義理易學家在注《易》之時也會兼採象數之說。反之，象數易學家檢討象數注《易》的種種弊端，也會吸收義理易之長，表現出「既明象數，又闡義理」的特色。二、玄理易越是發出對象數易學的攻勢，越是凸顯象數對於注《易》的重要性。

　　目前研究兩派易學論辯的文章因寫作動機之異，大都提要鉤玄、舉其大旨而已，因此本論文則將這些辯駁的議題作進一步之論述，讓人可以清楚看到彼此思想理路與方法範疇之異同。

（三）對象數易例作逐條探析以拔新領異

　　從輯佚的材料中考察這一時期象數易學家的文本，逐條分類、歸納並思辨的結果，我們可以發現雖然前賢不乏對這些易例作過析論，然仍可以找到補充或者提出不同的看法之處，如：

1. 項安世言世之言卦變者，皆自挺之出。而黃宗羲卻以爲卦變之說莫備於虞仲翔。筆者釐清「卦變說」與「變卦說」之異，一方面認爲不可

視爻變爲卦變，否則失之浮濫，凡爻有變者皆作廣義解，此則失「卦變」易例之義。另一方面認爲虞翻卦變說雖有得自荀爽升降說之啓示，然從虞翻論卦變以「六辟卦爲主要的卦變基礎」及「主變之卦動一爻則兩爻相易」等原則判定卦變說宜始自虞翻，且譽爲易學史上的創舉。

2. 坎卦與離卦在卦變之體例中，王新春在《周易虞氏學》認爲坎卦、離卦二卦是從爻的往來升降立論，但從虞翻之注〈坎〉說：「乾二五之坤，與離旁通。於爻，觀上之二。」來看，乾二五旁行流坤，是兩卦相錯旁通，而非「乾二升坤五，坤五降乾二」之意義，故筆者判爲旁通之例；又自其注說：「於爻，觀上之二。」是爲卦變之則，故又特立〈卦變與旁通、互體並用〉、〈重複生卦之說〉二小點以說明此乃旁通與卦變並用之例。

3. 因採主題式的寫作方式，故本論文對虞翻、姚信、蜀才的卦變說作出彼此關係的探討，並將之繪成圖表，以見其中卦變易例之原委。同時證明卦變說已形成於魏晉之時，後人乃自此而增益、創發或轉精者。

4. 張惠言在《易義別錄·周易姚氏注》推崇姚信乾坤致用、卦變旁通、九六上下與虞氏之注若應規矩，簡博賢先生則以爲此說殊失其旨，故主張虞姚絕異，且爲姚之正虞。本文則從「否三之五」的卦變原則來證明姚信同於虞翻之說。至於虞翻另提「賁初之四」之說，並非意謂旅卦本從賁卦而來，存此一說乃純粹爲了解經。從卦變的角度來看，姚信與虞翻對旅卦「本於否卦」的說法是一致的，因而認爲張說實可徵信。

5. 互體之例亦借鏡林忠軍先生與王新春先生豐碩的研究成果後，特益諸說：（1）先之正、爻變、成既濟而後取互者（2）易位後再互者（3）互體兼卦變者（4）先旁通再互者（5）據其半象，以爲互體者。

6. 在李銳《周易虞氏略例·半象弟十一》所舉虞翻互體兼半象之例中，筆者反覆實驗，結果發現有一個方法幾乎可使每卦得到通解，而這個方法就是直接從原卦的上下體，一取互卦、一取半象，如此便能得到一個新的別卦。

7. 卦氣說到此時已經發展出多套說法，易學家因積累多種自漢以來的種種知識，因此在注《易》時往往不自覺地混用二種以上的方位、值月或不同系統的理論，如虞翻（姤：先說復爲十一月，井九五：「二已變

坎，十一月爲寒泉。」，「言行」中孚十一月，雷動地中。「龍蛇之蟄」陽息初，震爲龍。十月坤成，十一月復生。）與干寶（乾初九復卦十一月，坎卦亦爲十一月，混用六十四卦值月說與八卦卦氣說）都有這種情形出現，筆者特別挖掘這些混用體例之說法，以供研易者省思。

8. 對於每一個易學家特殊的象數易學體例進行考察，發現到一個極爲重要的現象，那就是變例、違例特別多，形成這種情況原因有二：一是窮則變，漢易走到極致就出現不少弊端，易學家想要另闢疆域，於是產生許多新說，由於新的易例尚處於開創的階段於是顯得粗糙而不完整。二是爲了詮釋經文，推象通辭結果，常常出現變例、違例的現象。

（四）在象數易學中挖掘人事義理

研易者對這時期的象數易學家除了干寶外，往往著重在易學體例的發揚，甚少提及易義，筆者以爲這些象數易學家的特點雖在易例上，然其中仍蘊有強烈的人事哲理，因此本論文在注經派與占驗派都各自特立一個章節來探析象數易學的義理思想，以詳學者之所略。

立天地之道與立人之道是同一理則的，故人必需與天地相應，合德同化，不違自然之理方可，因此象數易學家雖然重在推象通辭，但仍從人道觀的角度提出道德修養之方及吉凶趨避之理，如各正性命、利生養德、反身修省、自強不息等，在在都表現出儒家的人文關懷。對於注經派而言，其消極目標在以道義配禍福，而其積極目標則在完成聖賢人格與治國安民的目的。對於占驗派而言，雖表現「天人感應」的神秘思潮，但仍重視治國安民、減低刑罰、謙虛修德、憂患趨避等思想。因此象數學派雖然以象數爲主體，但也重視以人文義理解《易》，藉此表達對個人修爲、社會政治理想、人生境界的追求。然而象數易學家的易理與義理易學家的義理最大的不同點在於義理易雜揉儒道二家之說，雖有人事之訓誡，然仍以形而上之道爲易理之旨歸。象數易學家之道卻是推源《易傳》、本乎儒家之說，不說形上之理，不論道的玄虛，直指地道、妻道、臣道、人道等行止、動靜、吉凶、善惡等說法，凸顯「人事」的精神，以君子、史事等實其說，表現十分明顯的儒門易特色。

（五）為象數易學史添上術數易之新章

關於術數易學，學界看法歷有歧見，從理論而言，其體系不如象數易般完整，而其理論的依據大抵不外於天人感應，卦爻之象、陰陽之數、神化之

變、幽冥之情等說；從方法而論，它是一門技術，帶有神秘意味的占術。學者研究象數易學通常忽視此術數易或僅提帶過而不細究，原因有五：一、認為二人只有術而無學，不能正式列入象數易學之門室。二、術數之學乃迷信不足取。三、其法因資料亡佚不全，故顯得繁複難解。四、認為其宗旨則在占斷人事吉凶，獨言禍福，無關道德。五、恐無科學根據，故謹而不發。

之所以讓學者謹慎不敢開拓這個領域，尚有一個重大的原因就是江湖術士利用「周易」從事五行易之占算，誇大「數」的作用與功能，從汽車車牌、電話號碼到樂透彩券無不展現「數」的神通廣大，並藉此論斷吉凶，使人盲目趨避而失去以道義配合禍福的憂患省思，因此讓人輕鄙術數易之學，殊不知此為術家所為而非易家之論。

來知德曾主張「聖人之書」與「術家之異」在於「能否以道義配禍福」，能貞正於德者雖有象占之說，仍為聖人之書；否則卜得「獲禽」之象則為吉，卜得「斃馬」之象則曰凶，此為術家之論非聖人之理。可惜來知德逕將京房、郭璞列入術家而貶之於易家之外，〔註1〕故本文毅然決然將術數易納入象數學當中，目的在於區分術家與易家之異，故特立第六章占驗派的學與術來說明其體系與思想仍有其學術意義與價值在，如管輅、郭璞繼承焦、京的占筮系統，援納甲、宮卦、世應、卦氣、五行、互體等理論從事占驗，豐富象數易學體系，不但為後世術數易的發展開拓理論依據，也在易占術流行的魏晉時期表現出一定的思想成就。但不可否認的，有關術數迷信蕪雜的部分也不可全盤照收或一味吹捧。故筆者一方面將這一套卜筮的技術程序提升到學理的高度，以證易學家與占算家之別；另一方面則說明這些占驗並非獨言吉凶，也蘊含著義理，莫不與實際人生有關，反而符合聖人教化前民之作用。

（六）將納甲說與納甲筮法從「術」提升至「學」的地位

今日吾人做學問，往往將重點擺在「學」而非「術」上，甚至輕鄙而務棄去。然既稱「學術」，宜二者並重，以成「理則」與「實證」兼顧之功，基於此故，本論文將納甲筮法做二個層面的探究：一是學理根據。一是技術操作。從學理根據而言，證明由西漢的焦、京到魏晉的虞翻、陸績、管輅、郭

〔註1〕 來知德說：「聖人一部《易經》皆利於正，蓋以道義配禍福也，故為聖人之書。術家獨言禍福，不配以道義，如此而詭遇穫禽則曰吉，得正而斃焉則曰凶，京房、郭璞是也。」來知德撰、鄭燦訂正《易經來註圖解》（台北：中國孔學會，1988年11月再版。），頁426。

璞、干寶，自注經至占驗，這一套筮法是有其理論體系的。從技術層面來看，也包含兩個方向 1. 占斷的原理：為五行生克、納甲宮卦、世應飛伏、六親六神、陰陽之數、卦爻之象等說。2. 起卦之法：仍以大衍之數為主，而非錢蓍法。而這些技術運用也是有其體系的。這是本論文相當重要的一個突破。

納甲筮法正流行於這一時期，從上層精英文化到下層方技之流都受到這套筮法的影響，可知納甲筮法所擔當的歷史大任頗為重要。況且此術從起卦、裝卦到論斷，所運用的正是象數學中「取象運數」的方式，利用各種卦象、爻象、變卦、互體及陰陽奇偶之數的推闡變化，作出對自然人事的精妙剖析及吉凶論斷。不但發揮八卦、六十四卦的易象，同時也表現《易傳》中所呈現的陰陽之數與消長之義。整體而言，宇宙間萬事萬物的道理包納在這一套象數符號當中，一切的人事禍福慶咎的法則也都蘊藏在此數理當中。因此未能熟悉納甲筮法就無法窮盡魏晉象數易學發展上的全盤面貌。

由於這樣的一個十分特殊的筮法，至今尚無學者給予學理上的關注，原因在於諸多筮例，多記其事而略其法，使人望文探幽竟無所得，既神秘又玄妙，因此學者僅將其視為象數學當中的一個體例而已，未作深究的工作，筆者察納甲學並未正式列入學術領域，故而從理論思維、學說依據、占筮概念及布卦方法來作進一步地研究，初步獲得三個成果：一、從陸績對《京房易傳》的注解中可知完整的六親法已完成於三國之時。六神之說則尚未見完全運用在納甲筮法當中，直至郭璞則可見完整的六神、六親說。二、證明納甲筮法不等於錢蓍法、火珠林法。三、管輅、郭璞筮驗之例固然有術家禍福之占斷，但並非單言禍福而不知道德趨避之道，故仍給予義理之關注。

（七）兼顧並爬梳象數易學與義理易學之象數觀

在魏晉之時之所以會形成象數易與義理學易的分歧，主要是易學家們對象數的看法及其衍發的問題持著不同見解所致。因為二者關注的重點不同，其成果自然也不同。

1. 象數易學家的象數觀

虞翻說：「六十四卦，皆觀象繫辭。」（注〈鼎·彖〉）從象數易學家所取的物象來看，顯示他們所重視的是人類的實際事物，而非高深的玄理。這正映證孫盛所主張「易象妙於見形」的理論，亦即所有形而上的義理都必需顯用於形而下的象數之上，否則輕忽象數而專注玄理，就會讓人產生「有體無

用」的空虛之感。因此，從這個意義來說，魏晉象數易學家的象數觀也可以說是對玄理易「貴道賤器」的一種反動。

就因為反對忽象明義、游談無根的注《易》之思，故象數易學家力圖在象數的基礎上作義理的解說與闡發，因此表現出「象可盡意」、「象中求意」、「以象釋辭」等的思想與方法。從這條理路出發，他們闡論易數亦是著重在實事的面向上，故把「一」視為創生宇宙的元氣，而非「道」；把「四十九」視為著之用數，而非紛繁之現象；把陰陽之數視為一切尊卑秩序的教化。這些就是象數學家的象數觀。

2. 義理易學家的象數觀

義理易學家注《易》的核心主要擺在易理，而非象數。雖然不完全脫離象數的詮解方式，但極力擺脫象數學家以各種易例注《易》，他們兼融儒道之思或作注解或義疏，表現出以義理為主、以象數為末的傾向。

在藉象闡義的路向下，對於象、數、言、意、道、器等問題自然有著與象數易學家不同的理路，因此主張「隨其事義而取象」、「意先象後」、「意中求象」、「假象釋理」等的思想與方法。於是對於易數的闡揚也以玄妙之理為主，因此他們把「一」視為萬形萬用的本體；把「四十九」視為人事紛繁之現象，表現出「一眾」、「體用」、「有無」、「本末」、「母子」等玄學思想的特質。因此認為「象數」所成立的原因，就是要尋繹出隱藏在象數之中的「道」，故韓康伯說：「非忘象者，則無以制象。非遺數者，則無以極數。至精者無籌策而不可亂，至變者體一而無不周，至神者寂然而無不應。斯蓋功用之母，象數所由立。」（注〈繫辭上傳〉），這些就是義理學家的象數觀。

二、揭示幾個重要的成果

除了前面所說的幾點重要的嶄獲之外，本論文運用歷史考證與邏輯推論的方式，釐清或辨正幾個重要的易學疑案，簡結如下：

（一）定〈易象妙於見形〉為孫盛所為

朱伯崑《易學哲學史》以《世說新語》說：「殷與孫共論」一語認為主詞在殷，以及從此文之意與王派「象不盡意」類近，故判為殷浩之作。清・嚴可均也認為此文是殷浩所作。而馬國翰輯則從史志記載判定為孫盛所作。筆者歸此文為孫盛所作，有四個理由。1. 劉孝標的「其論略」並無交待「其」

是指孫盛或殷浩。雖以殷爲第一位，然既說「共論」，則表示二人皆有作此文之可能。2. 根據《晉書》記載，指稱孫盛著有〈易象妙於見形論〉。今不信《晉書》，反信清人之論，不甚合理。3. 既然以「易象妙於見形」爲題，其重易象可知。4. 以圓化之道來論證論「易象之妙」在於見形而離形，即用以顯體。而非玄理易去象數直蹈形上之理，往往懸空不實，有浮虛之失。

以圓化之道來論證論「易象之妙」者有二重點：（1）以「圓化之道」即是融合「有」、「無」之道。眞正體道的人，「道」、「器」是融合無間的，不可如王派以「無」統「有」，也不可如裴頠以「有」爲本體而無法御治因應，通達無礙。孫盛認爲卦爻象是體現萬事萬物變化的「迹」、「器」，聖人之意不可脫離形器與事迹去求形上之道，因此易義就必須要建築在易象之上，否則會落入浮辭玄虛空談義理。反之，若只是執著於易象又會造成繁瑣僵化而失去眞正的卦義。所以「圓化之道」就是要融通「迹」與「道」，從「形迹」與「象器」當中去體會卦義與形上之意。（2）將〈易象妙於見形論〉一文作義疏以張皇幽渺，並說明與「圓化之道」的思路一致，因而證明此文爲孫盛所爲。

（二）歸董遇爲義理易學派

清·唐晏在《兩漢三國學案》將董遇歸爲京氏一派，然考其二十一條注《易》之章句，雖多取資象數學家如孟、京、荀爽、鄭玄、虞翻、陸績等人之說，但並非取其象數之說，乃多取義訓及音訓，故無法據此推論董遇爲象數學家。今則從董遇《易》注輯佚的二十一條注解直探其義，定其爲義理易學者。如〈屯·象〉說：「天造草昧」，董不從互虞翻互體、納甲注易，也不從鄭玄、荀爽「草創冥昧」之說，直接以微物訓之，自創新義又不從象數取義。又如注〈夬·九五〉：「莧陸夬夬」，荀爽從爻象取義，虞翻從上下卦體取義，董則直接從莧陸二字取義。再如注〈謙·大象〉說：「謙，君子以捊多益寡。」董遇注說：「捊，取也」有取多益少之義。他例亦大都如是，由此可證董遇注《易》以義理爲重，故歸之爲義理易學派。

（三）辨正唐晏對虞翻、陸績、董遇歸類的問題

1. 歸虞翻爲孟氏派之失

唐晏把虞翻歸爲孟氏派的依據是因爲《三國志》本傳記載其高祖父少治孟氏易。然唐晏在《兩漢三國學案》一書指出所謂的孟氏之學則爲陰陽災變、消息、爻辰等說，虞翻雖承孟、京易學，有消息之論，卻不主張陰陽災變之

說，故知唐晏歸於孟氏易不甚妥當。

2. 歸陸績、姚信為「不知宗派」之失

陸績雖是綜融各派、兼象數、義理之說，然主要的易學思想仍是在注解《京氏易傳》上，他以卦主、八宮、飛伏、干支、五行、爻辰、互體、納甲、六親等體例解《易》，歸為京氏派比歸「不知宗派」為妥當。至於姚信之易，有互體、消息、易位、納甲、爻辰等說，然主要的特色在於承襲荀氏升降以及虞氏卦變，故可歸為虞氏易。

3. 歸董遇為京氏易之失

將董遇之易歸為京氏易也同樣不妥，從前面的論述中，可知董取義為多，取象為寡，歸董遇為京氏易反讓人有唐突之感。因為唐晏以齊詩象徵陰陽讖緯之風，以齊詩譬京易，表示唐晏對京易的看法是偏重在陰陽五行、占驗災異的特徵，今審視董遇之注《易》，並無讖緯占驗之情形，因此歸為京氏易一派，亦不妥。

（四）確立魏晉之時仍用大衍筮法

「納甲筮法」則是以系統的五行生克學說為主，它的重點在於論斷吉凶所援以為據的理論，而不是在於「揲蓍求卦」、「籤詩」或「以錢代蓍」的起卦方法。後人見火珠林法的解卦內涵與京房納甲易法相近，便以為以錢代蓍的火珠林法便是納甲筮法，其實這是混淆起卦方式與解卦內涵所導致的錯誤。可見納甲筮法的要義在斷卦的原理與內涵。火珠林法才是「以錢代蓍」的起卦方式加上「納甲筮法」的占斷理論所成。釐清二者之別，才能論斷魏晉之時雖有納甲筮法，卻不見有以錢代蓍之說，本論文提出六點理由證明此說，並說明大衍筮法仍是當時流行之筮法：

1. 史志、文獻不見郭璞有以錢代蓍之記載，亦不載其布卦之法，但從其林辭的內涵來看，可以判定他「解卦」之依據仍是依據五行生克的納甲原理。

2. 唐・賈公彥解釋《周易》「六畫而成卦」時說：「古用木畫，今則用錢」，惠棟引言下有注說：「古謂三代，今謂漢以後」，「今」宜解為唐或為漢？這是值得思慮的問題，據此作為漢代已有錢蓍法，其證據尚嫌不足。

3. 學者多半以唐詩有君平擲卦錢一說即認為錢蓍法自漢代已有之。然詩者，象徵比類有之，唐代已行銅錢代蓍之法，詩人作詩形容君平卜筮

之業，或僅爲譬喻象徵，非必眞爲擲卦錢。

4. 《京氏易傳》並無提及有關錢蓍法之事，反倒有「四營而成易，十有八變而成卦」、「揲蓍布爻」之說。

5. 三國時陸績注《京氏易傳》，不但未見錢蓍法之發揮，反倒把「四營十八變」作詳盡之注解，使韓康伯等人皆遵而循之，足證大衍筮法仍是此時占算重要的方式。

6. 北周‧衛元嵩的《元包經傳》雖與《火珠林》一樣皆昉於京房八宮卦與五行之理，然卻仍以蓍草爲起卦之法。

從以上諸說，可知納甲筮法不等於錢蓍法，亦不同於火珠林法，且在魏晉之時仍未見以錢代蓍之法，此乃本論文一個頗爲重要的成果。

三、撮論這時期象數易學重要之特色

這一個時期的象數易學大致承襲孟、京一系的解《易》內涵。唯術數易的部分，不再像漢象數學家仍從事注《易》解《易》，而是以易象、易道及各種神學理論去占算人事之吉凶，因而表現出與漢象數易不同的特點。

（一）肯定孟、京一系的解《易》法及用《易》法

象數學中的「易例」最容易體現易學家解《易》的特徵與風格，同時也可看出其治《易》的法則與易學的流派。因此本論文從虞翻、陸績、姚信、干寶等人用宮卦、納甲、爻辰、五行、世應、飛伏、卦氣等說法從事注經，可知魏晉的象數易學家仍是肯定並發揮孟、京一系的注《易》之法。另外，管輅、郭璞也運用孟、京一系的理論來從事占驗，筆者從「技術」的層面提昇到「學理」的高度，希冀爲此時期的象數學提供合理與正確的方向。

（二）開創異於漢象數易學的新方向

此可分注經派與占驗派來說明魏晉象數易開創出異於漢象數易的新方向。

1. 注經派

（1）義理與象數、古文與今文融會貫通的治《易》理路，反而不受家法與師法之限制而形成較爲特殊的現象，故其注《易》思維顯得較爲活潑自由，或以義疏、或以音訓，或引眾家之說的訓詁之學，或突軼前人之說而有自己的創穫。如孫盛的〈易象妙於見形論〉便是一例。

（2）易學家在孟、京之學有書無師的情況下，可以改變角度提出更精闢

的意義，如陸績把京房的六親說得更爲明確；又如干寶提出十二卦氣說，顛覆漢易十二辟卦之說，其納甲說更增益刑德、六神、九族等內容；再如姚信的爻辰說也異於京房與鄭玄的說法。這些都是對漢易重新詮釋及演繹的結果。

（3）卦變之說經由虞翻、姚信、蜀才創發演繹，奠定後世論此說之基礎，雖非條理精密，但卻發前人所未發。

2. 占驗派

雖然管、郭則逐漸脫離注《易》解《易》的系統，純粹以易象、易道、各種方術以及神學理論去占驗人事之吉凶，不似漢占驗象數易仍兼通陰陽、五行、消息等體系以注《易》。然易占亦爲學《易》之要義，非有一點眞機及神明之德不能爲之。管、郭二人之學觀變玩占，占義雙顯，亦不失聖人寡過之微義。且其發揚之納甲筮法影響後人甚鉅，雖較漢易多一分術數意味，然站在寬厚的學術向度而言，其對術數學、民俗文化方面的貢獻自然是甚於漢象數易學的。

四、提出一些值得重視或思考的問題

術數易的確存在許多值得探索的內容，它可以提昇到學理與哲學的境域。然而若以科學來驗證，則不免令人產生疑竇，質疑它是否靈驗？是否有一定的原理與規則？亦或眞否能透過一定數量的占卜實例，以科學的分法來解析而得出令人信服的理論體系，這是筆者正在深思的問題。

另外，管輅對文王八卦方位的質疑，是否啓開宋人先天學的思想？筆者未有直接證據，僅提出問題，留待他日突破。又魏晉卦氣說屢屢兼用漢易兩種以上的說法或提出新說，這些究竟有無更深的用意，也留待繼續研究。

（一）探究術數究竟有無哲學與科學內涵

《周易》術數學是否存在眞實的哲學與科學內涵？從哲學的角度而言，這一套學問乃根基於天人感應、萬物有靈等原理而成，認爲天地自然的規律與人生歷史、社會現象都是相互感應的，人事的所作所爲，天必應之如響，順應自然之道，天則給予福佑；違反天命，天則降予禍端。天人之際幽微精妙，吉凶隨著著數達到天人交感的目的。表面看來，這似乎充斥著神秘的意味。實際上，這與注經派「推天道以論人事」及「以人事以成天地之功」亦無不同。甚者，與儒家「天人合一」之說更有著異曲同功之妙，故〈乾・文

言〉要說：「夫大人者，與天地合其德，與日月合其明，與四時合其序，與鬼神合其吉凶。先天而天弗違，後天而奉天時。天且弗違，而況於人乎？況於鬼神乎。」儒家以德義配天，以道義配禍福，基本上就是《周易》憂患意識的精髓所在，術數家只是用不同的語言來表達天人同構的思想而已，而其實這與《周易》的「屈信相感而利生焉」（〈繫辭下傳〉）、「情偽相感而利害生」（同前）、「《易》無思也，無爲也，寂然不動，感而遂通天下之故」（〈繫辭上傳〉）、「與天地相似，故不違」（同前）、「二氣感應以相與」（〈咸・彖〉）等思想是類近的，是一種探情索隱的前識之學，如同今日的心靈學、靈魂等學說。

從科學的角度而言，天文、曆法之學往往是術數學的理論根據，〈繫辭上傳〉說：「仰以觀於天文，俯以察於地理，是故知幽明之故。」管輅所擅長的「占候術」，看似神秘，而其實無不建立在「類萬物之情」的象數體系上，以卦象模擬四時更替和氣候變化，而其實就是注經派卦氣說、消息說與納甲說的實際運用。像這樣利用卦爻之象與陰陽之數來類比占卜之事，並從自然現象來推斷人生社會現象，從而逆往知來、預測吉凶的術數是否具有科學的內涵？一般而言，術數包含兩種內蘊：一是靈感思維、一是方法技術。這一套結合四象八卦、奇偶之數、陰陽五行、生克制化等術數網絡，其感通的工具就是象與數，而感通的主角便是人的靈感德慧，正如科學家利用原子、分子、電子等元素或透過某種演算公式，從而對天文、氣象、地震等作出各種預測，至於科學是否百分百的準確度也受制於大自然許多因素的左右，就像術數程序能否應驗也受到占卜者本人的直覺本能、德性智慧等因素所影響。然而從管、郭所留下的筮例往往靈驗無比，說明這一套技術法則與科學演算模式有著某種相同的因果關係，它能確切地反映自然和社會的規律，預見事物發展的軌跡。因此術數家設卦觀象，依據天地自然運行的規律而建立起一套前知的預測能力，到底有無科學性？這是亟待開發的一個課題。

天地自然與萬事萬物之間有著同感同應的宇宙節律已逐漸引起科學家的重視，當代的科學家也開始利用種種方法研究人的大腦具有前知的能力以及天人之間是否可以傳遞超前訊息？正如每有地震、暴風雨發生之前兆，一些異象的發生如蚯蚓、昆蟲成千成萬的出現，也讓科學家感到嘖嘖稱奇，這些不可思議的感應或許就是術數體系的另類科學，只是尚未被開發罷了。

（二）啟發宋人先天之學的思想

《三國志・魏書・管輅傳》裴松之注引〈管輅別傳〉說：「輅不解古之聖

人，何以處乾位於西北，坤位於西南。夫乾坤者天地之象，然天地至大，為神明君父，覆載萬物，生長無首，何以安處二位與六卦同列？乾之象象曰：『大哉乾元，萬物資始，乃統天。』夫統者，屬也，尊莫大焉，何由有別位也？」管輅對後天八卦的懷疑，以及對先天八卦方位的思索，是否對後人具有啟發之功，值得思考。

（三）卦氣說之啟示

1. 虞翻注〈繫辭上傳〉：「言行，君子之所以動天地也。可不慎乎。」時說：「中孚十一月」，又注〈姤・大象〉及〈繫辭下傳〉：「龍蛇之蟄，以存身也」時皆說：「復為十一月」可見他已意識到二卦皆可表徵冬至之情，干寶注〈乾・初九〉說：「十一月之時，自復來也。」後何妥解說：「當十一月，陽氣雖動，猶在地中」，以復卦、中孚卦十一月為一年節氣之始乃十二月配六十四卦之思，虞翻與干寶皆未詳明其由，以致胡一桂、黃宗羲都卦氣說乃是取其孚信之義，並非取節氣之實，故有宋・邵雍黜卦起中孚之說，代之以復為冬至、姤為夏至之說。而實際上，虞翻並非取孚信之義，其注〈中孚・大象〉卦已有「雷動地中」之說，取陽動之說，只是他又有復卦十一月之說，干寶更將乾陽初動說成十一月卦，也有一陽初動之義，然皆未能詳論，致使後人胡一桂質疑卦氣究竟應起中孚或起復卦？其實宋人以復為冬至並非創舉，虞、干已曾說爾，只是未能統一說法，因此後學者可就此問題作進一步地探研。

2. 干寶引〈說卦傳〉「帝出乎震，……成言乎艮，此《連山》之易也。」的卦氣理論卻說此為《連山易》，個說法基本上與《易・乾鑿度》說法類似。《易・乾鑿度》一方面認為艮終始於東北方，為十二月；巽在東南方，為四月；乾在西北方，為十月。另一方面又說：「故艮漸正月，巽漸三月，坤漸七月，乾漸九月」。顯然是八卦與十二地支無法一一對應，故以「漸」來解決卦氣理論牴牾之處，那麼干寶往往將〈說卦傳〉與《連山易》說成同一系統是否是否有他的道理在？此亦值得思慮。

綜上所述，深入挖掘魏晉易學發展之軌跡及其學術思想內涵，確立其範疇及研易之新領域與新視野，以期推動和深化魏晉象數易學的研究，使非主流的易學也能得到學者的重視，如此就達到本論文的終極目標。

參考書目

壹、專著類

一、易學類

（一）古代典籍（依照年代）

1. 《子夏易傳》，春秋·卜商撰，《漢學堂經解》上冊，揚州：廣陵書社，2004年 4 月第 1 版第 1 次印刷。

2. 《周易孟氏章句》，漢·孟喜撰，《玉函山房輯佚書》第一冊，日本京都：株式會社中文出版社，1979 年 9 月出版。（無版次）

3. 《周易京氏章句》，漢·京房撰，《玉函山房輯佚書》第一冊，日本京都：株式會社中文出版社，1979 年 9 月出版。（無版次）

4. 《周易馬氏注》，漢·馬融撰，《玉函山房輯佚書》第一冊，日本京都：株式會社中文出版社，1979 年 9 月出版。（無版次）。

5. 《易緯通卦驗》，漢·鄭玄注，嚴靈峯編輯無求備齋《易經集成》第一百六十冊，台北：成文出版社，1976 年臺 1 版。（無月份）

6. 《周易鄭康成注》，漢·鄭玄撰、宋王應麟編，嚴靈峯編輯無求備齋《易經集成》第一百七十五冊，台北：成文出版社，1976 年臺 1 版。（無月份）

7. 《周易荀氏注》，漢·荀爽撰，《玉函山房輯佚書》第一冊，日本京都：株式會社中文出版社，1979 年 9 月出版。（無版次）。

8. 《虞翻周易注》，吳·虞翻撰，嚴靈峯編輯無求備齋《易經集成》第一百七十冊，台北：成文出版社，1976 年臺 1 版。（無月份）

9. 《京氏易傳注》，吳·陸績撰，嚴靈峯編輯無求備齋《易經集成》第一百七十七冊，台北：成文出版社，1976 年臺 1 版。（無月份）

10. 《陸氏周易述》，吳・陸績撰、姚士粦輯，嚴靈峯編輯無求備齋《易經集成》第一百七十七冊，台北：成文出版社，1976 年臺 1 版。（無月份）

11. 《周易董氏章句》，魏・董遇撰，《玉函山房輯佚書》第一冊，日本京都：株式會社中文出版社，1979 年 9 月出版。（無版次）

12. 《周易何氏解》，魏・何晏撰，《玉函山房輯佚書》第一冊，日本京都：株式會社中文出版社，1979 年 9 月出版。（無版次）

13. 《王肅周易注》，魏・王肅撰，嚴靈峯編輯無求備齋《易經集成》第一百七十一冊，台北：成文出版社，1976 年臺 1 版。（無月份）

14. 《周易姚氏注》，吳・姚信撰，《玉函山房輯佚書》第一冊，日本京都株式會社中文出版社，1979 年 9 月出版。（無版次）

15. 《周易翟元注》，（魏晉）翟元撰，《玉函山房輯佚書》第一冊，日本京都株式會社中文出版社，1979 年 9 月出版。（無版次）

16. 《周易向秀注》，晉・向秀撰，《玉函山房輯佚書》第一冊，日本京都株式會社中文出版社，1979 年 9 月出版。（無版次）

17. 《周易蜀才注》，晉・范長生撰，《玉函山房輯佚書》第一冊，日本京都株式會社中文出版社，1979 年 9 月出版。（無版次）

18. 《周易正義》，魏・王弼、晉韓康伯注、唐・孔穎達疏（十三經注疏本），台北：大化書局，1989 年 10 月 4 版。

19. 《周易干氏注》，晉・干寶撰，《玉函山房輯佚書》第一冊，日本京都株式會社中文出版社，1979 年 9 月出版。（無版次）

20. 《周易集解》，唐・李鼎祚撰，台北：商務印書館，1996 年 12 月臺 1 版第 2 次印刷。

21. 《周易口義》，宋・胡瑗撰，文淵閣《四庫全書》經部，易類第二冊（總第八冊）），台北：商務印書館，1986 年 3 月初版。

22. 《紫巖易傳》，宋・張浚撰，《通志堂經解本》第五冊，清徐乾學輯、納蘭成德校訂，台北：漢京文化事業有限公司。（無年月版次）。

23. 《漢上易傳》，宋・朱震撰，《通志堂經解》本第一冊，清徐乾學輯、納蘭成德校訂，台北：漢京文化事業有限公司。（無年月版次）。

24. 《周易窺餘》，宋・鄭剛中撰，文淵閣《四庫全書》經部，易類第五冊（總第十一冊），台北：商務印書館，1986 年 3 月初版。

25. 《易璇璣》，宋・吳沆撰，文淵閣《四庫全書》經部，易類第五冊（總十一冊），台北：商務印書館，1986 年 3 月初版。

26. 《易原》，宋・程大昌撰，文淵閣《四庫全書》經部，易類第六冊（總十二冊），台北：商務印書館，1986 年 3 月初版。

27. 《周易本義》，宋・朱熹撰，台北：老古文化出版社，1981 年 7 月初版。

28. 《郭氏傳家易説》，宋‧郭雍撰，文淵閣《四庫全書》經部，易類第七冊（總第十三冊），台北：商務印書館，1986 年 3 月初版。

29. 《誠齋先生易傳》，宋‧楊萬里撰，山東：山東有誼書社，1991 年 10 月第 1 版。

30. 《易圖説》，宋‧吳仁傑撰，文淵閣《四庫全書》經部，易類第九冊（總第十五冊），台北：商務印書館，1986 年 3 月初版。

31. 《易傳燈》，宋‧徐總幹撰，文淵閣《四庫全書》經部，易類第九冊（總第十五冊），台北：商務印書館，1986 年 3 月初版。

32. 《易禪傳》，宋‧林至撰，《中國古代易學叢書》第十一卷，中國書店出版，1998 年 3 月第 1 版。（無載出版地）。

33. 《朱文公易説》，宋‧朱鑑撰，文淵閣《四庫全書》經部，易類第十二冊（總第十八冊），台北：商務印書館，1986 年 3 月初版。

34. 《周易輯聞》，宋‧趙汝楳撰，《通志堂經解》本第五冊，清徐乾學輯、納蘭成德校訂，台北：漢京文化事業有限公司。（無年月版次）。

35. 《易雅》，宋‧趙汝楳撰，《通志堂經解本》第五冊，台北：漢京文化事業有限公司。

36. 《三易備遺》，宋‧朱元昇撰，《通志堂經解本》第四冊，台北：漢京文化事業有限公司。

37. 《讀易舉要》，宋‧俞琰撰，文淵閣《四庫全書》經部，易類第十五冊（總第二十一冊），台北：商務印書館，1986 年 3 月初版。

38. 《易象義》，宋‧丁易東撰，文淵閣《四庫全書》經部，易類第十五冊（總第二十一冊），台北：商務印書館，1986 年 3 月初版。

39. 《易筮通變》，宋‧雷思齊撰，文淵閣《四庫全書》經部，易類第十五冊（總第二十一冊），台北：商務印書館，1986 年 3 月初版。

40. 《易附錄纂註》，元‧胡一桂撰，《通志堂經解》本第七冊，清徐乾學輯、納蘭成德校訂，台北：漢京文化事業有限公司。（無年月版次）。

41. 《周易啓蒙翼傳》，元‧胡一桂撰，《通志堂經解》本第七冊，清徐乾學輯、納蘭成德校訂，台北：漢京文化事業有限公司。（無年月版次）

42. 《易纂言》，元‧吳澄撰，《中國古代易學叢書》第十七卷，中國書店出版，1998 年 3 月第 1 版。（無載出版地）。

43. 《易纂言外翼》，元‧吳澄撰，《中國古代易學叢書》第十七卷，中國書店出版，1998 年 3 月第 1 版。（無載出版地）。

44. 《易學變通》，元‧曾貫撰，文淵閣《四庫全書》經部，易類第二十冊（總第二十六冊），台北：商務印書館，1986 年 3 月初版。

45. 《周易圖説》，元‧錢義方撰，《中國古代易學叢書》第二十一卷，中國書店出版，1998 年 3 月第 1 版。（無載出版地）。

46. 《易經來註圖解》，明・來知德撰、鄭燦訂正，台北：中國孔學會，1988年11月再版。

47. 《像象管見》，明・錢一本撰，文淵閣《四庫全書》經部，易類第二十七冊（總三十三冊），台北：商務印書館，1986年3月初版。

48. 《卦變考略》，元・董守諭撰，《中國古代易學叢書》第三十卷，中國書店出版，1998年3月第1版。（無載出版地）。

49. 《日講易經解義》，清・牛鈕、孫在豐等奉敕撰，文淵閣《四庫全書》經部，易類第三十一冊（總三十七冊），台北：商務印書館，1986年3月初版。

50. 《易酌》，清・習包撰，文淵閣《四庫全書》經部，易類第三十三冊（總三十九冊），台北：商務印書館，1986年3月初版。

51. 《易學象數論》，清・黃宗羲撰，台北：廣文書局，1981年2月再版。

52. 《船山易學》，清・王夫之撰，台北：廣文書局，1981年2月3版。

53. 《田間易學》，清・錢澄之撰，《中國古代易學叢書》第三十四卷，中國書店出版，1998年3月第1版。（無載出版地）。

54. 《周易筮述》，清・王宏撰撰，《中國古代易學叢書》第三十六卷，中國書店出版，1998年3月第1版。（無載出版地）。

55. 《仲氏易》，清・毛奇齡撰，《中國古代易學叢書》第三十六卷，中國書店出版，1998年3月第1版。（無載出版地）。

56. 《易小帖》，清・毛奇齡撰，《中國古代易學叢書》第三十六卷，中國書店出版，1998年3月第1版。（無載出版地）。

57. 《周易淺述》，清・陳夢雷撰，文淵閣《四庫全書》經部，易類第三十七冊（總四十三冊），台北：商務印書館，1986年3月初版。

58. 《易圖明辨》，清・胡渭撰，北京：九州出版社，2008年1月第1次印刷。

59. 《周易折中》，清・李光地撰，台北：真善美出版社，1981年7月再版。

60. 《遂初堂易論》，清・潘耒撰，嚴靈峯編輯無求備齋《易經集成》第118冊，台北：成文出版社，1976年臺一版。（無月份）

61. 《周易傳義合訂》，清・朱軾撰，文淵閣《四庫全書》經部，易類第四十一冊（總四十七冊），台北：商務印書館，1986年3月初版。

62. 《周易函書約存》，清・胡煦撰，《中國古代易學叢書》第四十三卷，中國書店出版，1998年3月第1版。（無載出版地）。

63. 《河洛精蘊》，清・江慎修撰，北京：學苑出版社，2006年3月第3版。

64. 《周易述》，清・惠棟撰，北京：九州出版社，2005年5月第1版。

65. 《易例》，清・惠棟撰，嚴靈峯編輯無求備齋《易經集成》第150冊，台北：成文出版社，1976年台一版。（無月份）

66. 《周易述、易漢學、易例》清・惠棟撰，北京：中華書局，2007 年 9 月第 1 版。

67. 《孫氏周易集解・易義別錄》清・孫星衍、張惠言撰，山東：山東友誼書社，1992 年 9 月第 1 版。

68. 《易圖略》，清・焦循撰，《續修四庫全書》經部，易類第二十七冊《易圖略》，上海：上海古籍出版社，2002 年 3 月第 1 版。

69. 《周易虞氏略例》，清・李銳撰，嚴靈峯編輯無求備齋《易經集成》第一百五十冊，台北：成文出版社，1976 年臺一版。（無月份）

70. 《周易辨畫》，清・連斗山撰，《中國古代易學叢書》第四十八卷，中國書店出版，1998 年 3 月第 1 版。（無載出版地）。

71. 《周易考異二》，清・宋翔鳳撰，《續修四庫全書》第二十八冊，上海：上海古籍出版社，2002 年 3 月第 1 版。

72. 《周易集解纂疏》，清・李道平，北京：中華書局，2006 年 2 月第 4 次印刷。

73. 《學易筆談、讀易雜識》清・李光地撰，瀋陽：遼寧教育出版社，1997 年 3 月第 1 版。

74. 《豐川易說》，清・王心敬撰，文淵閣《四庫全書》經部，易類第四十五冊（總五十一冊），台北：商務印書館，1986 年 3 月初版。

（二）近人著作（依照姓氏筆劃）

1. 《王弼易學解經體例探源》，尹錫珉撰，成都：巴蜀書社，2006 年 12 月第 1 版。

2. 《周易虞氏學》，王新春撰，台北：鼎淵文化事業有限公司，1999 年 2 月初版。

3. 《周易虞氏學》，王新春撰，台北：鼎淵文化事業有限公司，1999 年 2 月初版。

4. 《神秘的周易智慧》，王新春撰，北京：中國書店，2004 年 5 月第 3 次印刷。

5. 《易傳通論》，王博撰，北京：中國書店，2003 年 8 月第 1 版。

6. 《易學哲學史》，朱伯崑撰，台北：藍燈文化事業，1981 年 9 月初版。

7. 《周易知識通覽》，朱伯崑主編，山東：齊魯書社，2004 年 1 月第 3 次印刷。

8. 《京房易學流變考》，江弘遠，台中：瑞成書局，2006 年 8 月 1 版 1 刷。

9. 《易學本體論》，成中英撰，北京，北京大學出版社，2006 年 9 月第 1 版。

10. 《周易經傳溯源》，李學勤撰，北京：中國社會科學出版，2007 年 3 月第 1 版。

11. 《周易象數通論——從科學角度的開拓》李樹菁遺著、商宏寬整理，常秉義主編，北京：光明日報出版社，2004 年 4 月第 1 版。

12. 《周易探源》，李鏡池撰，北京：新華書店，1991 年 7 月第 3 次印刷。

13. 《易學與史學》，吳懷祺撰，北京：中國書店，2005 年 8 月第 1 版。

14. 《周易闡微》，呂紹綱撰，台北：韜略出版有限公司，2003 年 11 月第 2 版。

15. 《周易全解》，金景芳、呂紹綱撰，上海：上海古籍出版社，2005 年 9 月第 2 次印刷。

16. 《先秦漢魏易例述評》，屈萬里撰，台北：學生書局，1985 年 9 月 3 版。

17. 《象數易學發展史》（一），林忠軍撰，山東：齊魯書社，1994 年 7 月第 1 版。

18. 《象數易學發展史》（二），林忠軍撰，山東：齊魯書社，1998 年 7 月第 1 版。

19. 《周易鄭氏學闡微》，林忠軍撰，上海：上海古籍出版社，2005 年 8 月第 1 版。

20. 《義理易學鉤玄》，林麗真撰，台北：大安出版社，2004 年 11 月第 1 版。

21. 《周易義理學》，祁潤興撰，上海：上海古籍出版社，2007 年 5 月第 1 版。

22. 《周易經傳梳理與郭店楚簡思想新釋》金春峰撰，台北：臺灣古籍出版有限公司，2003 年 1 月初版

23. 《易說評議》，尚秉和撰，北京：光明日報出版社，2006 年 4 月第 1 版。

24. 《周易鄭氏學》，胡自逢撰，台北：文史哲出版社，1990 年 7 月文 1 版。

25. 《易象論》，侯敏撰，北京：北京大學出版社，2006 年 1 月第 1 次印刷。

26. 《易經雜說》，南懷瑾撰，北京：中國世界語出版社，1994 年 2 月第 2 版。

27. 《周易虞氏學》，徐昂撰，嚴靈峯編輯無求備齋《易經集成》第一百八十冊，台北：成文出版社，1976 年臺 1 版。（無月份）

28. 《易學源流》，徐芹庭撰，台北：國立編譯館，1987 年 8 月初版。

29. 《虞氏易述解》，徐芹庭撰，台北：五州出版社，1974 年 2 月出版。

30. 《周易陸氏學》，徐芹庭撰，台北：成文出版社，1977 年 2 月初版。

31. 《魏晉七家易學之研究》，徐芹庭撰，台北：成文出版社，1977 年 2 月初版。

32. 《兩漢十六家易注闡微》，徐芹庭撰，台北：五州出版社，1975 年 12 月。

33. 《易學源流》，徐芹庭撰，台北：國立編譯館，1987 年 8 月初版。

34. 《兩漢易學史》，高懷民撰，台北：中國學術著作獎助委原會，1970 年 12 月初版。

35. 《宋元明易學史》，高懷民撰，台北：高懷民（荷美印刷），1994 年 12 月初版。

36. 《周易古經通說》，高亨撰，台北：洪氏出版社，1977 年九月初版。

37. 《朱震的易學視域》，唐琳撰，北京：中國書店，2007 年 7 月第 1 版。

38. 《易之道》，苗孝元、姜在生撰，山東：齊魯書社，2003 年 7 月第 2 次印刷。

39. 《易經圖典舉要》，常秉義編撰，北京：光明日報出版社，2004 年 4 月第 1 版。

40. 《易經圖典精華》，常秉義編撰，北京：光明日報出版社，2005 年 9 月第 1 版。

41. 《周易與曆法》，常秉義撰，北京：中國華僑出版社，1999 年 1 月第 1 版。

42. 《周易辭典》，張善文編撰，上海：上海古籍出版社，1993 年 3 月第 2 次印刷。

43. 《象數與義理》，張善文撰，台北：洪業文化事業有限公司，1997 年 1 月初版 1 刷。

44. 《周易選評》，張善文撰，上海：上海古籍出版社，2004 年 4 月第 1 版。

45. 《歷代易學家考略》，張善文撰，台北：鼎淵文化事業有限公司，2006 年 2 月初版。

46. 《歷代易學要籍解題》，張善文撰，台北：鼎淵文化事業有限公司，2006 年 2 月初版。

47. 《易道主幹》，張其成撰，北京：中國書店，2003 年 7 月第 4 次印刷。

48. 《象數易學》，張其成撰，北京：中國書店，2003 年 6 月第 1 版。

49. 《易圖探秘》，張其成撰，北京：中國書店，2003 年 1 月第 4 次印刷。

50. 《易象延》上、中、下，張延生撰，北京：團結出版社，2007 年 3 月第 2 次印刷。

51. 《易學考論》，梁韋弦撰，黑龍江：黑龍江人民出版社，2005 年 5 月第 1 次印刷。

52. 《易學考論》，梁韋弦撰，哈爾濱：黑龍江人民出版社，2005 年 5 月第 1 版。

53. 《漢易卦氣學研究》，梁韋弦撰，山東：齊魯書社，2007 年 1 月第 1 版。

54. 《京房易》，梁湘潤編撰，台北：行卯出版社，1976 年 6 月初版。

55. 《周易研究論文集》（第三輯），黃壽祺、張善文編，北京：師範大學出版社，1990 年 5 月第 1 版。

56. 《周易研究論文集》（第四輯），黃壽祺、張善文編，北京：北京師範大學出版社，1995 年 5 月第 1 版。

57. 《周易譯注》，黃壽祺・張善文撰，台北：頂淵文化事業有限公司，2004年9月初版3刷。

58. 《易學群書平議》，黃壽祺撰、常秉義點校，北京：光明日報出版社，2006年4月第1版。

59. 《周易經傳研究》，楊慶中撰，北京：商務印書館，2005年11月第1版。

60. 《大易類聚初集》（第十八冊），趙韞如編次，台北：新文豐出版社，1983年10月初版。

61. 《周易研究史》，廖名春、康學偉、梁韋弦撰，湖南：湖南出版社，1991年7月第1版。

62. 《周易經傳與易學史新論》廖名春撰，山東：齊魯書社，2001年8月第1版。

63. 《京氏易源流》，郭彧撰，北京：華夏出版社，2007年4月北京第1版。

64. 《易圖講座》，郭彧撰，北京：華夏出版社，2007年1月第1版。

65. 《走進伏羲》，郭志成、郭韜撰，北京：光明日報出版社，2005年9月第1版。

66. 《周易圖釋經典》，劉大鈞主編、李尚信、施維整理，成都：巴蜀書社，2004年6月第1版。

67. 《周易概論》，劉大鈞撰，山東：齊魯書社，1988年6月第3次印刷。

68. 《今、帛、竹書周易綜考》劉大鈞撰，上海：上海古籍出版社，2004年4月第1版。

69. 《大易集說》，劉大鈞主編，成都：巴蜀書社，2003年6月第1版。

70. 《大易集述》，劉大鈞主編，成都：巴蜀書社，1998年10月第1版。

71. 《大易集釋》上、下，劉大鈞主編，上海：上海古籍出版社，2007年5月第1版。

72. 《象數易學研究》（第三輯）劉大鈞主編，成都：巴蜀書社，2003年3月第1版。

73. 《周易象數精解》，劉大鈞等撰，成都：巴蜀書社，2004年5月第1版。

74. 《兩漢象數易學研究——周易集解導讀》，劉玉健撰，廣西：廣西教育出版社，1996年第1版。

75. 《易學科學史綱》，董光璧撰，武漢：武漢出版社，1993年12月第1版。

76. 《漢易之風華再現：惠棟易學研究》，陳伯适撰，台北：文史哲出版社，2006年2月初版。

77. 《易學史叢論》，潘雨廷撰，上海：上海古籍出版社，2007年6月第1版。

78. 《易學與天文學》，盧央撰，北京：中國書店，2006年1月第2次印刷。

79. 《京氏易傳解讀》，盧央撰，北京：九州出版社，2004年10月第1次印

刷。

80. 《魏晉四家易研究》，簡博賢撰，台北：文史哲出版社，1986 年 1 月初版。

81. 《十家論易》，蔡尚思主編，長沙：岳麓書社，1993 年 3 月第 1 版。

82. 《談易》，戴君仁撰，台北：開明書店，1974 年 3 月第 4 版。

83. 《天人之思－周易文化象徵》蔣凡、李笑野撰，成都：四川人民出版社，2007 年 1 月第 1 版。

84. 《大易情性》，蕭漢明主編，武漢：湖北教育出版社，2002 年 8 月第 1 版。

85. 《阜陽漢簡周易研究》，韓自強著，上海：上海古籍，2004 年 7 月第 1 版。

86. 《象數易鏡原》，鄧立光撰，成都：巴蜀書社，1993 年 11 月第 1 版。

87. 《周易象數義理發微（附五行探原）》，鄧立光撰，上海：上海辭書，2008 年 8 月初版。

88. 《馬王堆帛書易經斠理》，嚴靈峯撰，台北：文史哲出版社，1994 年 7 月初版。

89. 《第四屆海峽兩岸周易學術研討會大會論文集》，台北：中華民國易經學會編印，1999 年。

二、方術類（子部術數類置於此。古籍按年代，近著按姓氏筆劃）

1. 《易洞林》，晉・郭璞撰（黃奭輯本）嚴靈峯編輯無求備齋《易經集成》第一百五十三冊，台北：成文出版社，1976 年臺 1 版。（無月份）

2. 《周易洞林》，晉・郭璞撰、王謨編撰（《漢魏遺書鈔》本），嚴靈峯編輯無求備齋《易經集成》第一百五十三冊，台北：成文出版社，1976 年臺 1 版。（無月份）

3. 《元包經傳》，北周・衛元嵩撰，文淵閣《四庫全書》子部，術數類第一百零九冊（總第八百零三冊），台北：商務印書館，1986 年 3 月初版。

4. 《五行大義》，隋・蕭吉撰，台北：廣文書局，1987 年 7 月第 1 版。

5. 《元包數總義》，宋・張行成撰，文淵閣《四庫全書》子部，術數類第一百零九冊（總第八百零三冊），台北：商務印書館，1986 年 3 月初版。

6. 《星學大成》，明・萬民英撰，三河市：華齡出版社，2006 年 6 月第 1 版。

7. 《易冒》，清・程元如撰，台北：武陵出版有限公司，1990 年 8 月初版

8. 《卜筮正宗》，清・王洪緒撰、孫正治點校，河北：中州古籍出版社，1994 年 9 月第 1 版。

9. 《易隱》，清・曹九錫撰、韓少清編校，北京：中國廣播電視出版社，2006 年 12 月第 1 版。

10. 《御定星歷考原》，清・李光地等奉敕編，文淵閣《四庫全書》子部，術

數類第一百一十七冊（總第八百一十一冊），台北：商務印書館，1986 年
3 月初版。

11. 《神秘的術數》，王玉德、林立平等撰，南寧：廣西人民出版社，2004 年
1 月第 1 版。

12. 《方術》，仲林撰，重慶：重慶出版社，2006 年 1 月第 1 版。

13. 《中國術數文化史》，宋會群撰，開封：河南大學出版社，2003 年 10 月
第 2 次印刷。

14. 《中國方術考》，李零撰，北京：東方出版社，2001 年 8 月第 2 版。

15. 《中國方術續考》，李零撰，北京：東方出版社，2001 年 8 月第 2 版。

16. 《四庫全書堪輿類典籍研究》李定信撰，上海：上海古籍出版社，2007
年 10 月第 1 版。

17. 《先秦兩漢之陰陽五行學說》李漢三編，台北：維新書局，1968 年元月
初版。

18. 《中華文化神秘辭典》，吳康主編，海口：海南出版社，2002 年 2 月第 2
次印刷。

19. 《周易古筮考‧周易尚氏學》尚秉和注、常秉義點校，北京：光明日報出
版社，2006 年 1 月第 1 版。

20. 《數與數術札記》，俞曉群撰，北京：中華書局，2005 年 9 月第 1 版。

21. 《術數探秘》，俞曉群撰，北京：生活、讀書、新知三聯書店，1994 年 12
月第 1 版。

22. 《周易占筮學》，章秋農撰，杭州：浙江古籍出版社，1990 年 8 月第 1 版。

23. 《神秘的占候》，張家國撰，南寧：廣西人民出版社，2004 年 1 月第 1 版。

24. 《方術與中國傳統文化》，張榮明撰，上海：學林出版社，2000 年 5 月第
1 版。

25. 《周易預測例題解》，邵偉華撰，廣東：敦煌文藝出版社，1993 年 3 月第
1 版。

26. 《古典術數文獻述論稿》，趙益撰，北京：中華書局，2005 年 9 月第 1 版。

27. 《納甲筮法講座》，劉大鈞撰，桂林：廣西師範大學出版社，2006 年 3 月
第 1 版。

28. 《中國古代占卜術》，衛紹生撰，淡水：谷風出版社，1993 年 6 月。

29. 《神秘與迷惘─中國古代方術闡釋》，衛紹生撰，鄭州：河南人民出版社，
2006 年 1 月第 1 版。

30. 《四庫全書術數初集》，謝路軍主編，三河市：華齡出版社，2006 年 6 月
第 1 版。

三、經史類（古籍按年代，近著按姓氏筆劃）

（一）經　類（《易經》類以外，包含小學類）

1. 《說文解字注》，漢・許慎撰、清・段玉裁注，台北：漢京文化事業有限公司，1980 年 3 月初版。

2. 《尚書注疏》，漢・孔安國傳、唐・孔穎達等正義（十三經注疏本），台北：藝文印書館，1982 年 8 月 9 版。

3. 《毛詩注疏》，漢・毛亨傳、鄭玄箋、唐・孔穎達等正義（十三經注疏本），台北：藝文印書館，1982 年 8 月 9 版。

4. 《周禮注疏》，漢・鄭玄注、唐・賈公彥疏（十三經注疏本），台北：藝文印書館，1982 年 8 月 9 版。

5. 《禮記注疏》，漢・鄭玄注、唐・孔穎達等正義（十三經注疏本），台北：藝文印書館，1982 年 8 月 9 版。

6. 《論語注疏》，魏・何晏注、宋・邢昺疏（十三經注疏本），台北：藝文印書館，1982 年 8 月 9 版。

7. 《春秋左傳正義》，晉・杜預注、唐・孔穎達等正義（十三經注疏本），台北：藝文印書館，1982 年 8 月 9 版。

8. 《春秋左傳正義》，晉・杜預注、唐・孔穎達等正義（十三經注疏附校勘記），台北：大化書局，1989 年 10 月 4 版。

9. 《左傳正義》，唐・孔穎達正義，台北：廣文書局，1972 年 8 月再版。

10. 《經典釋文》，唐・陸德明撰、楊家駱主編，台北：鼎文書局，1975 年 3 月再版。

11. 《禮書》，宋・陳祥道撰，文淵閣《四庫全書》經部，禮類第一百二十四冊（總第一百三十冊），台北：商務印書館，1986 年 3 月初版。

12. 《周禮全經釋原》，明・柯尚遷撰，文淵閣《四庫全書》經部，禮類第九十冊（總第九十六冊），台北：商務印書館，1986 年 3 月初版。

13. 《尚書引義》，清・王夫之撰，北京：中華書局，1976 年 5 月第 1 版。

14. 《五禮通考》，清・秦蕙田撰，文淵閣《四庫全書》經部，禮類第一百三十三冊（總第一百三十九冊），台北：商務印書館，1986 年 3 月初版。

15. 《經典釋文序錄疏證》，清・吳承仕，台北：崧高書社，1985 年 4 月出版。

16. 《經學歷史》，皮錫瑞撰，台北：河洛圖書出版社，1974 年 9 月臺初版。

17. 《經學通論》，皮錫瑞撰，台北：商務印書館，1989 年 10 月 5 版。

18. 《中國經學發展史論》，李威熊撰，台北：文史哲出版社，1988 年 12 月初版。

19. 《春秋左傳注》，楊伯峻撰，台北：源流文化事業有限公司，1982 年 3 月

初版。

（二）史　類（包含史書與目錄類）

1. 《史記》，漢・司馬遷撰，台北：成文出版社，1971 年 10 月初版。

2. 《漢書》，漢・班固等撰，台北：成文出版社，1971 年 10 月初版。

3. 《晉紀》，晉・干寶撰，黃奭輯《黃氏逸書考》第三冊，京都：株式會社中文出版社，1986 年 10 月出版。

4. 《後漢書》，南朝・宋范曄撰，台北：成文出版社，1971 年 10 月初版。

5. 《南齊書》，梁・蕭子顯撰，台北：成文出版社，1971 年 10 月初版。

6. 《晉書》，唐・房玄齡等撰，北京：中華書局，2006 年 6 月第 8 次印刷。

7. 《隋書》，唐・魏徵等撰，台北：成文出版社，1971 年 10 月初版。

8. 《新唐書》，宋・歐陽修等撰，台北：成文出版社，1971 年 10 月初版。

9. 《經義考》，清・朱彝尊撰，北京：中華書局，1998 南 11 月第 1 版。

10. 《四庫全書總目提要》，清・紀昀等撰，台北：藝文印書館，1989 年 1 月 6 版。

11. 《閩中理學淵源考》，清・李清馥撰，台北：商務印書館，1971 年。

12. 《文史通義》，清・章學誠，台北：盤庚出版社（無載年月版次）。

13. 《續修四庫全書》，《續修四庫全書》編纂委員會、復旦大學圖書館古籍部，上海：上海古籍出版社，2002 年 3 月第 1 版。

14. 《歷代人物年里通譜》（中國史學名著），楊家駱主編，台北：世界書局，1993 年 1 月第 4 版。

15. 《三國志集解》，盧弼撰，台北：漢京文化事業有限公司，2004 年 3 月初版。

16. 《古史辨》第三冊，顧頡剛撰，北平：樸社，1931 年 11 月初版。

四、子集類（古籍按年代，近著按姓氏筆劃）

（一）子　類（含宗教類）

1. 《孟子注疏》，漢・趙岐注、宋孫奭疏（十三經注疏本），台北：藝文印書館，1982 年 8 月 9 版。

2. 《呂氏春秋》，漢・高誘注，《諸子集成》第六冊，北京：中華書局，1993 年 1 月第 8 次印刷。

3. 《淮南子》，漢・高誘注，《諸子集成》第六冊，北京：中華書局，1993 年 1 月第 8 次印刷。

4. 《論衡集解》，漢・王充撰、劉盼遂集解、楊家駱主編，台北：世界書局，

1966 年 3 月再版。

5. 《周易參同契》，漢‧魏伯陽撰、長生陰眞人註，《正統道藏》第三十四冊，映字號，台北：新文豐出版有限公司，1995 年 1 版 3 刷。

6. 《孔子家語》，魏‧王肅撰，台北：中華書局，1984 年 5 月台 6 版。

7. 《世說新語箋疏》，南朝‧宋劉義慶撰、民余嘉錫著，北京：中華書局，1989 年 3 月出版。

8. 《古畫品錄》，南齊‧謝赫撰，文淵閣《四庫全書》子部，藝術類第一百一十八冊（總第八百一十二冊），台北：商務印書館，1986 年 3 月初版。

9. 《藝文類聚》，唐‧歐陽詢等撰，京都市：中文出版社，1980 年 12 月再版。

10. 《廣弘明集》，唐‧釋道宣撰，《大藏經》第五十二冊中，台北縣：無量壽出版社，1988 年。

11. 《歷代名畫記》，唐‧張彥遠撰，文淵閣《四庫全書》子部，藝術類第一百一十八冊（總第八百一十二冊），台北：商務印書館，1986 年 3 月初版。

12. 《太平御覽》，宋‧李昉撰，石家莊：河北教育出版社，2000 年 3 月第 2 次印刷。

13. 《夢溪筆談》，宋‧沈括撰，北京：中華書局，1985 年北京新一版。

14. 《墨池編》，宋‧朱長文撰，文淵閣《四庫全書》子部，藝術類第一百一十八冊（總第八百一十二冊），台北：商務印書館，1986 年 3 月初版。

15. 《二程遺書‧二程外書》，程顥、程頤撰，上海：上海古籍出版社，1995 年 2 月第 2 次印刷。

16. 《項氏家說》，宋‧項安世撰，北京：中華書局，1985 年新 1 版。（爲《叢書集成初編》之一）

17. 《朱子語類》，宋‧朱熹撰，北京：中華書局，2004 年 2 月第 5 次印刷。

18. 《洪範皇極內篇》，南宋‧蔡沈撰，文淵閣《四庫全書》子部，術數類第一百一十一冊（總第八百零五冊），台北：商務印書館，1986 年 3 月初版。

19. 《經濟文衡》，宋‧滕珙編，文淵閣《四庫全書》子部，儒家類第十冊（總第七百零四冊），台北：商務印書館，1986 年 3 月初版。

20. 《困學紀聞》，宋‧王應麟撰，台北：商務印書館，1966 年 10 月台 1 版。（四部叢刊）

21. 《學齋佔畢》，宋‧史繩祖撰，文淵閣《四庫全書》子部，雜家類第一百六十冊（總第八百五十四冊），台北：商務印書館，1986 年 3 月初版。

22. 《重修革象新書》，元‧趙友欽撰，文淵閣《四庫全書》子部，天文算法類第九十二冊（總第七百八十六冊），台北：商務印書館，1986 年 3 月初版。

23. 《雅述》，明·王廷相撰，《四庫全書存目叢書》·子部八四，台南縣：莊嚴文化，1995 年 9 月初版。

24. 《荊川稗編》，明·唐順之編，文淵閣《四庫全書》子部、類書類第二百六十冊（總九百五十四冊），台北：商務印書館，1986 年 3 月初版。

25. 《黃宗羲全集》，清·黃宗羲撰、沈善洪主編，杭州：浙江古籍出版社，2005 年 1 月第 1 版。

26. 《日知錄集釋》，清·顧炎武撰、黃汝成集釋，台北：中華書局，1968 年 10 月臺 2 版。

27. 《曆算全書》，清·梅文鼎撰，文淵閣《四庫全書》子部，天文算法類第一百冊（總七百九十四冊），台北：商務印書館，1986 年 3 月初版。

28. 《御定佩文齋書畫譜》，清·孫岳頒等奉敕撰，文淵閣《四庫全書》子部，藝術類第一百二十五冊（總第八百一十九冊），台北：商務印書館，1986 年 3 月初版。

29. 《荀子集解》，清·王先謙撰《諸子集成》第二冊，北京：中華書局，1993 年 1 月第 8 次印刷。

30. 《管子校正》，清·戴望撰，《諸子集成》第五冊，北京：中華書局，1993 年 1 月第 8 次印刷。

31. 《墨子閒詁》，清·孫詒讓撰，《諸子集成》第四冊，北京：中華書局，1993 年 1 月第 8 次印刷。

32. 《莊子集釋》，清·郭慶藩，台北：鼎淵文化事業有限公司，2005 年 1 月初版。

33. 《張子正蒙注》，楊家駱主編，台北：世界書局，1967 年 9 月再版。

（二）集　類

1. 《昭明文選》，梁·蕭統撰，台北：藝文印書館，1979 年 3 月 9 版。

2. 《文心雕龍注》，梁·劉勰撰，台北：宏業書局，1975 年 2 月初版。

3. 《容齋續筆》，宋·容邁，北京：中華書局，2006 年 10 月第 2 次印刷。

4. 《滄浪詩話》，宋·嚴羽，台北：里仁書局，1987 年 4 月初版。

5. 《漢魏六朝百三家集》，明·張溥撰，江蘇：廣陵古籍刻印社，1990 年 3 月第 1 次印刷。

6. 《堯峯文鈔》，清·汪琬撰，文津閣《四庫全書》任繼愈、傅璇琮總主編，集部（別集類）第二五四冊（總一三一五冊），台北：商務印書館，1986 年 3 月初版。

7. 《全晉文》，清·嚴可均輯，北京：商務印書館，2006 年 2 月第 2 次印刷。

8. 《觀堂集林》，清·王國維撰，北京：中華書局，1991 年 12 月秦皇島第 5 次印刷。

五、輯佚類

1. 《漢魏二十一家易注》，清・孫堂輯，嚴靈峯編輯無求備齋《易經集成》第一百六十九冊～第一百七十一冊，台北：成文出版社，1976 年臺一版。（無月份）

2. 《玉函山房輯佚書》，清・馬國翰輯，日本京都：株式會社中文出版社，1979 年 9 月出版。（無版次）

3. 《易緯、詩緯、禮緯、樂緯》，清・黃奭輯，上海：上海古籍出版社，1993 年 4 月第 1 版。

4. 《漢學堂經解》，清・黃奭輯，揚州：廣陵書社，2004 年 4 月第 1 版第 1 次印刷。

5. 《黃氏逸書考》，清・黃奭輯，日本京都：株式會社中文出版社，1986 年 10 月出版。（無版次）

六、哲學與通論類（古籍按年代，近著按姓氏筆劃）

1. 《兩漢三國學案》，清・唐晏撰、吳東民點校，台北：仰哲出版社，1987 年 11 月。

2. 《中國美學史》（第一卷），李澤厚、劉綱紀撰，台北縣：漢京文化事業有限公司，1986 年 8 月。

3. 《中國哲學人物辭典》，谷方撰，山西：書海出版社，1990 年 11 月第 1 版。

4. 《魏晉清談》，唐翼明撰，台北：東大圖書公司，1992 年 10 月初版。

5. 《中國文學家大辭典・先秦漢魏晉南北朝卷》，曹道衡、沈玉成撰，北京：中華書局，1996 年 8 月第 1 版。

6. 《理學、佛學、玄學》，湯用彤撰，北京：北京大學出版社，1991 年 2 月第 1 版。

7. 《魏晉玄學論稿》，湯用彤、魯迅、容肇祖等撰，台北：里仁書局，1995 年 8 月初版。

8. 《魏晉玄學》，湯用彤撰，台北：佛光文化事業有限公司，2001 年 4 月初版。

9. 《郭璞研究》，連鎮標撰，上海：上海三聯書店，2002 年 7 月初版。

10. 《王弼集校釋》，樓宇烈校釋，台北：華正書局，1992 年 12 月初版。

11. 《魏晉思想論》，劉大杰撰，上海：上海古籍出版社，2000 年 9 月第 2 次印刷。

12. 《中國美學史大綱》撰，葉朗撰，台北：滄浪出版社，1986 年 9 月初版。

13. 《意象學廣論》，陳滿銘撰，台北：萬卷樓圖書股份有限公司，2006 年 11

月初版。

14. 《辭章學十論》，陳滿銘撰，台北：里仁書局，2006 年 5 月初版。

15. 《道家文化研究》第十二輯，陳鼓應主編，北京：生活、讀書、新知三聯書店，1998 年 1 月第 1 版。

16. 《老子今注今譯及評介》，陳鼓應撰，台北：商務印書館，2005 年 4 月第 5 次印刷。

17. 《京房評傳》，盧央撰，南京：南京大學出版社，2001 年 10 月第 2 次印刷。

18. 《王弼與中國文化》，韓強撰，貴陽：貴州人民出版社，2001 年 10 月第 1 次印刷。

19. 《魏晉南北朝文學與思想研討會論文集》，國立成功大學中文系編輯，台北：文史哲出版社，1991 年 8 月初版。

貳、論文期刊類

一、學位論文（依照姓氏筆劃）

1. 《漢易象數學研究》，井海明撰，山東大學博士論文，2006 年 4 月。

2. 《魏晉易學研究》，王天彤撰，山東大學博士論文，2007 年 5 月

3. 《王肅之經學》，李振興撰，國立政治大學中國文學研究所，1976 年 5 月。（嘉新水泥公司文化基金會研討論文，第三三六種。）

4. 《宋易大衍學研究》，江弘毅撰，國立臺灣大學中國文學研究所，1991 年。

5. 《易傳之變易思想研究》，林師文欽撰，國立高雄師範大學國文學系研究所碩士論文，1985 年 5 月。

6. 《周易時義研究》，林師文欽撰，國立高雄師範大學國文學系研究所博士論文，1995 年。（台北：國立編譯館，2002 年 10 月初版。）

7. 《王弼及其易學》，林麗眞撰，臺灣大學中國文學研究所碩士論文，1972 年。

8. 《王肅周易注及其易學思想》，南金花撰，中國人民大學碩士論文，2005 年 5 月。

9. 《南北朝周易學研究》，張勇撰，西北大學碩士論文，2005 年 4 月。

10. 《象數哲學研究》，張其成，北京大學博士論文，1997 年。

11. 《魏晉南北朝易學考佚》，黃師慶萱撰，國立臺灣師範大學國文研究所博士論文，1972 年 7 月。（台北：幼獅文化事業公司，1975 年 11 月。）

12. 《宋代史事易學研究》，黃忠天撰，國立高雄師範大學國文研究所博士論文，1995 年 5 月。

13. 《宋象數易學研究》，劉瀚平撰，國立政治大學中國文學研究所博士論文，1976 年 5 月。（台北：五南圖書出版公司，1994 年 3 月初版。）

14. 《焦循雕菰樓易學研究》，賴貴三撰，國立台灣師範大學國文研究所博士論文，1993 年。（台北：里仁書局，1994 年 7 月初版。）

15. 《惠棟易學研究》，陳伯适撰，國立政治大學中國文學研究所，2006 年。

16. 《今存三國兩晉經學遺籍考》簡博賢撰，國立臺灣師範大學，中國文學研究所博士論文，1980 年 7 月。（台北：三民書局，1986 年 2 月初版）

二、期刊論文（依照姓氏筆劃）

1. 〈《周易》象數源流、發展探賾〉，丁楠撰，天水師範學院學報，2008 年 7 月第 28 卷第 4 期。

2. 〈試論虞氏易學旁通說的易理內涵〉，王新春撰，《周易研究》，1996 年第 3 期（總第 29 期）。

3. 〈哲學視野下的漢易卦氣說〉，王新春撰，《周易研究》，2002 年第 6 期（總第 56 期）。

4. 〈荀爽易學乾升坤降說的宇宙關懷與人文關切〉王新春撰，《中國哲學史》，2003 年第 4 期。

5. 〈論王弼易學與《易傳》的關係〉田永勝撰，《人文雜志》，1999 年第 3 期。

6. 〈論王弼易學對兩漢象數易學的繼承〉田永勝撰，《周易研究》，1998 年第 3 期（總第 37 期）。

7. 〈周易筮法的概率研究〉，向傳三撰，《周易研究》，1997 年第 4 期（總第 34 期）。

8. 〈干寶的《周易》古史觀〉，朱淵清撰，《周易研究》，2001 年第 4 期（總第 50 期）。

9. 〈論周易卦變〉，何澤恒撰，《毛子水先生九五壽慶論文集》，幼獅文化事業公司，1987 年 4 月出版。

10. 〈略論荀粲與言、意之辨的關係〉，李耀南撰，《安徽教育學院學報》（哲學社會科學版），1999 年 4 月第 17 卷第 2 期。

11. 〈論術數對中國古代哲學的影響〉，何麗野撰，《哲學研究》2003 年第 11 期。

12. 〈術數及其在古代儒家思想中的"不在場"——兼求教于朱伯崑先生〉何麗野撰，《社會科學》，2005 年第 11 期。

13. 〈干寶易學研究〉，林忠軍撰，《周易研究》，1996 年第 4 期（總第 30 期）。

14. 〈論象數易學演變、特徵及其意義〉林忠軍撰，《學術月刊》，1997 年第 7 期。

15. 〈論漢魏易學之嬗變〉，林忠軍撰，《社會科學戰線》（哲學研究），2001年4期。

16. 〈試論鄭玄易數哲學〉，林忠軍撰，《孔子研究》，2003年第3期。

17. 〈如何看待易象——由虞翻、王弼與朱熹對易象不同的看法說起〉，林麗真，《周易研究》，1995年第2期（總第24期）。

18. 〈范長生的易學思想〉，唐明邦撰，《宗教學研究》，2001年第4期。

19. 〈象數易道論綱〉，倪南撰，《周易研究》，2003年第4期（總第60期）。

20. 〈鄭玄易學思想探論〉，高新民撰，《隴東學院學報》（哲學社會科學版），2004年第1期。

21. 〈王弼對易學的承啓與轉折〉，孫小金撰，《社會科學》，2005年第2期。

22. 〈京房易學思想述評（上）〉，崔波撰，《周易研究》，1994年第4期（總第22期）。

23. 〈試論《周易》占筮的社會文化功能〉崔波撰，《安陽大學學報》，2004年9月第3期（總第11期）。

24. 〈"卦氣"與"歷數"，象數與義理〉，梁韋弦撰，《松遼學刊》（人文社會科學版），2001年10月，第5期。

25. 〈《周易》象數與道教神秘〉，張志哲撰，《中華文化論壇》，1994年第2期。

26. 〈秦漢易學思想的發展〉，張濤撰，《管子學刊》，1998年第2期。

27. 〈馬融易學淺議〉，張濤撰，《孔子研究》，2001年第4期。

28. 〈《周易》的哲學思辨〉，喬兆坤撰《運城學院學報》，第22卷第3期，2004年6月。

29. 〈郭璞易學淵源考〉，連鎮標撰，《周易研究》，1999年第3期（總第41期）。

30. 〈郭璞易占與道教關係探考〉，連鎮標撰，《周易研究》，2002年第6期（總第56期）。

31. 〈郭璞易學思想考〉，連鎮標撰，《周易研究》，2004年第4期（總第46期）。

32. 〈漢代《易》的承傳與《易》學的演化——《兩漢群經流傳概說》之一〉，《西華師範學院學報》（哲學社會科學版），2003年第5期。

33. 〈王肅《周易注》、王弼《周易注》與荊州學派關係初探〉，郝虹撰，《大連大學學報》，2003年2月，第24卷第1期。

34. 〈王肅易學芻議〉，樂勝奎，《周易研究》，2002年第4期（總第54期）。

35. 〈卦變說探微〉，郭彧撰，《周易研究》，1998年第1期（總第35期）。

36. 〈中國宋代之前的占候家〉，劉昭民撰，《中國科技史料》，1994年第15

卷第 2 期。

37. 〈京氏世卦起月〉，劉玉健撰，《周易研究》，1996 年第 2 期（總第 28 期）。

38. 〈五行說與京房易學〉，劉玉健撰，《周易研究》，1996 年第 4 期（總第 30 期）。

39. 〈魏晉至唐初易學演變與發展的特徵〉，劉玉健撰，《周易研究》，2003 年第 4 期（總第 60 期）。

40. 〈論魏氏月體納甲說及其對虞氏易學的影響〉，劉玉健撰，《周易研究》，2001 年第 4 期（總第 50 期）。

41. 〈「卦氣」溯源〉，劉大鈞撰，《中國社會科學》，2000 年第 5 期。

42. 〈《易緯》八卦卦氣思想初探〉，劉彬撰，《周易研究》，2004 年第 6 期（總第 68 期）。

43. 〈明亮而警醒的眼睛──評劉大鈞先生《納甲筮法》〉，《周易研究》，1996 年第 3 期（總第 29 期）。

44. 〈漢代道家易學鈎沉〉，陳鼓應撰，《台大文史哲學報》，2002 年 11 月第 57 期。

45. 〈干寶籍貫考〉，陳耀東、陳思群撰，《嘉興學院學報》，2005 年 3 月第 17 卷第 2 期。

46. 〈試論王弼的「執一統眾」思維方式〉，謝綉治撰，《嘉南學報》，2002 年 11 月第 28 期。

47. 〈試論王弼的「得意忘言」與儒釋道的形上義理〉，謝綉治撰，《嘉南學報》，2004 年 12 月第 30 期。

48. 〈管輅易學述論〉，謝綉治，國立高雄師範大學國文系，《第十四屆所友暨第一屆研究生學術討論會論文集》，2007 年 6 月。

49. 〈論《京氏易傳》與後世納甲筮法的文化內涵〉，蕭漢明撰，《周易研究》，2002 年第 2 期。

50. 〈論象數詮《易》的效用與限制〉，鄭吉雄撰，《中國文哲研究集刊》，2006 年 9 月第 29 期。